◉ 성인은 앎을 구현하는 사람이다. 그리하여 옛 조선 선비들은 공부하고 배우는 것을 우선으로 삼았다.

⊙ 「주자초상」, 전 최북, 비단에 채색, 1773년경, 운곡서원. 주자에 따르면 마음은 모든 이치를 전체적으로 갖추고 있어서, 그것이 그대로 드러나면 성인의 도덕적 행위가 막힘없이 구현될 수 있다고 한다.

⊙ 『주자대전』, 주희, 도산서원.

⊙ 유학적 공부의 주교재가 되었던 사서삼경.

⊙『논어』, 조선시대, 서울역
사박물관. 공자는 "현자를 보
면 바르게 할 일을 걱정하고
현명하지 못한 사람을 보면
안으로 스스로를 반성한다"
라며 도덕, 즉 부끄러움에 대
하여 말했다.

⊙『심경부주』, 33.2×23.2cm, 1794, 수원화성박물관. 송宋의 진덕수가 여러 경전에서 심성 수양에 관한 격언들을 발췌해 편수한 『심경心經』에 명明나라의 정민정이 주를 붙여 편찬한 책이다.

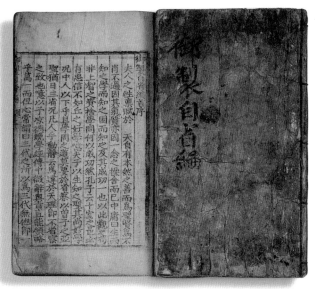

⊙『어제자성편』, 영조 편, 20.6×12.0cm, 1746, 국립중앙박물관. '밝은 도리를 밝게 드러내는 것'은 혼자만의 일로 끝나지 않는다. 그것은 필연적으로 군왕과 신하 사이의 관계를 포함하는 일이었다. 즉 군왕은 '밝은 덕을 밝히는 일'을 모범적으로 수행해야 했는데, 영조가 독서와 생활을 통해 느낀 바를 담은 이 책은 자기반성의 치열함을 알려주는 중요한 자료다.

⊙ 「경재잠도敬齋箴圖」, 이황, 『성학십도』 제9도, 국립중앙박물관. 주희가 「주일잠」을
바탕으로 「경재잠」을 완성시켰는데, 경재잠이란 마음을 경건하게 감독하여 잠시도
놓지 않는 방법에 대한 이야기이다.

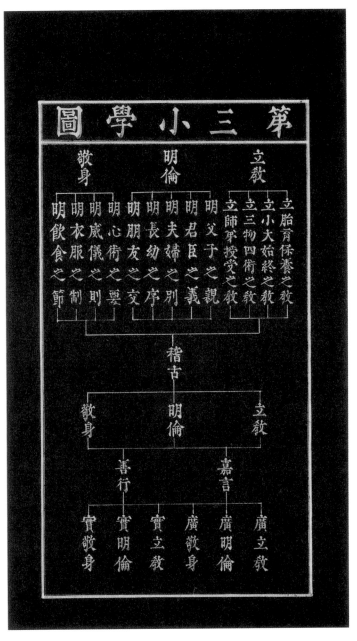

⊙ 「소학도」, 이황, 『성학십도』 제3도, 국립중앙박물관. 『소학』은 유학의 초보적인 수신 교과서로 사대부 집안 소년들은 이 책을 읽는 것에서 본격적인 유학 공부로 들어섰다. 이 그림은 이황이 『소학』을 그림으로 표현한 것이다.

⊙『오경백편』, 37.0×24.0cm, 1798, 서울역사박물관. 다섯 가지 유교경전에서 100편의 글을 가려 뽑은 책이다. 유학의 여러 경전은 성현의 지혜를 담고 있고, 책 속의 성현은 그대로 생활 속의 스승이 된다. 문제는 글자 공부에서 벗어나 스승을 만나기를 바라는 태도에 있다. 자기 수양에의 치열한 의지와 도덕적 결핍에 대한 부끄러움이 마음속에서 사라지는 순간 유학의 세상도 끝나고 만다는 것을 언제나 염두에 두지 않으면 안 된다.

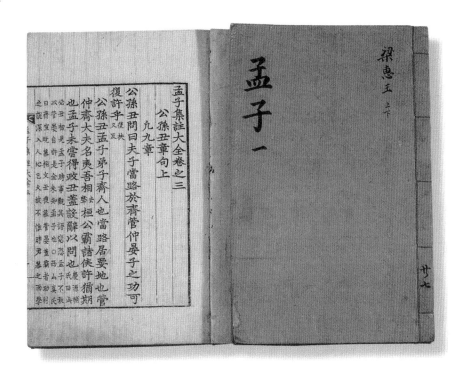

孟子 一

孟子集註大全卷之三

公孫丑章句上

九九章

公孫丑問曰夫子當路於齊管仲晏子之功可
復許乎

公孫丑孟子弟子齊人也當路居要地也管
仲齊大夫名夷吾相桓公霸諸侯許猶期
也孟子未嘗得政丑蓋設以問也

⊙『맹자집주』, 주희, 34.2×22.0cm, 1800, 국립
중앙박물관. 맹자는 "부끄러워하는 마음은 사람
이라면 누구나 가지고 있고 (…) 부끄러워하는 마
음은 곧 의로움"이라고 했다.

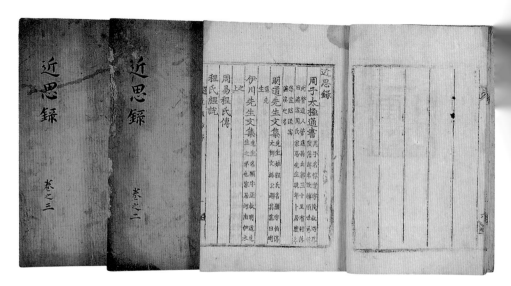

⊙ 『근사록』, 주희·여조겸 편, 32.9×22.7cm, 조선시대, 국립진주박물관. "경건한 마음을 갖는다는 것은 다만 마음을 한가지에 집중하는 것일 따름이다. 마음을 한가지에 집중하면 이미 가고 있는 방향으로 다이지 쓸데없이 동쪽으로 가거나 또 서쪽으로 가거나 하지 않는 것이다. 이와 같이 한다면 바로 딱 들어맞는 자리에 있을 따름이다."

⊙「김시습초상」, 비단에 채색, 71.8×48.1cm, 보물 제1497호, 무량사. 비운의 천재 김시습은 우리가 바로 요임금과 순임금의 마음을 갖고 있다고 선언한다. 그렇다면 그 마음을 구현하여 그 인물과 같은 정도에는 오를 수 있어야 자기에게 부끄럽지 않을 수 있을 것이다.

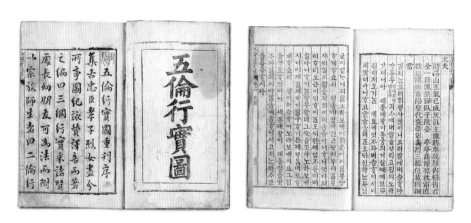

⊙『오륜행실도』, 27.8×17.9cm, 1859. 우리의 생명은 오늘날에도 자연적 생명, 사회적 생명, 정신적 생명의 총합으로 말해질 수 있다. 이런 생명을 베풀어준 이들에게 보답을 다해야 한다는 의무를 오늘날의 우리도 지니는데, 그것은 조선시대에 오륜五倫으로 강조되었다.

⊙「효자도」(설포가 집안을 깨끗이 청소하다), 조선시대, 국립중앙박물관. 한나라 때 사람 설포薛包의 계모는 설포를 몹시 미워해 그를 때리고 집 밖으로 내쫓았지만, 설포는 새벽마다 집 안으로 들어와 깨끗이 청소했다. 뒷날 부모가 죽고 재산을 나눌 때 설포는 가장 쓸모없는 밭과 가구 등을 갖고 다른 것은 아우들에게 나누어주었다.

◉「도산서원」, 정선, 종이에 담채, 56.3×21.2cm, 1734, 간송미술관. 50대부터
의 이황은 가르치는 사람, 스승의 모습을 통해서만 제대로 설명될 수 있다. 특히
60세에서 70세까지는 도산서당에서 가르쳤는데, 교육자로서의 이황은 역사
속에서 그가 갖는 위상을 확정한다.

⊙「화개현구장도」, 이징, 비단에 담채, 89.3×56.0cm, 보물 제1046호, 1643, 국립중앙박물관.
이 그림은 조선 성리학의 대가 정여창의 별장을 그린 것이다. 정여창은 별장에 머물면서 실천을
위한 독서를 주로 했다. 주희 역시 "다만 한산한 것에만 맡긴다면 즐거움을 얻을 수 없으니 모름
지기 독서를 해야 한다"고 했다.

⊙ 「나무 아래에서의 독서樹下讀書圖」, 최북, 비단에 채색, 26.1×21.5cm, 18세기, 선문대박물관.
공자 이후 동양 역사에서 전개된 교육의 역사는 앎을 유통시키는 것이었다. 이것은 물론 책을 읽
는 것을 주로 하는 공부를 통해서 이루어졌다.

⊙ 조선시대의 관복, 소수박물관. 관리와 유학자의 이상은 이익을 추구하는 것이 아니었다. 유학자는 도덕을 학습하는 존재이고, 관리는 자기의 덕성을 모범으로 드러내어 백성들이 아름다운 삶을 살아가도록 계도하고 지도하는 사람이었다.

⊙ 「모당홍이상공평생도」, 김홍도, 종이에 채색, 1781, 국립중앙박물관. 유학의 세계에서 배우는 사람은 일정한 성취에 이르면 출사하여 관직에 나아가고, 자신이 갖춘 덕성을 세상을 향해 펼쳐내야 했다.

부끄러워야

사람

이다

부끄러워야 사람이다

고전으로부터 배운다

윤천근 지음

글항아리

살아간다는 것은 간단한 문제가 아니다. 그것은 하나의 기적을 보여주는 일이다. 한 사람의 삶은 하나의 우주를 드러낸다. 한 사람이 살고 죽는 것에 의해 하나의 우주는 나타나고 사라진다. 한 사람이 어떤 선택을 하고 어떤 삶을 사느냐에 따라서도 그 하나의 우주가 어떤 성격을 띠고, 어떤 내용을 갖추느냐가 결정된다.

한 사람이 살고 죽는 것은 존재론의 문제이다. 한 사람이 어떻게 살고 어떻게 죽느냐의 문제는 수양론적인 문제이다. 이 둘은 서로 긴밀하게 연결되어 있다. 살고 죽는 것은 물론 중요한 일이지만, 어떻게 살고 어떻게 죽느냐 하는 것과 맞물리면 아주 결정적인 문제가 된다.

그냥 살고, 그냥 죽는 것은 생물학적인 기적을 보여주는 것이다. 그것이 기적이 되는 이유는 전적으로 진화론적 차원에 놓인다. 그것만으로도 한 사람의 존재 양상은 지구 탄생 이후 시간의 역사, 아니 어쩌면 빅뱅 이후 진화의 역사를 보여주는 기적의 증거라고 할 수 있다. 그러나 그것은 생물의 위대함, 인간 종의 위대함을 알려주는 것이긴 해도 나의 위대함을 보여주는 것은 아니다. 그 기적의 전부는 나 이전의 물질과 생명의 역사가 총

력을 기울여 만들어놓은 것이고, 그 부분에서 내가 한 일은 그 기적에 편
승해서 고등생명체로의 시간을 향유하거나 소비한 것이 전부라고 하겠다.
그것뿐이라면 나는 이 기적을 상속받을 만한 자격을 지닌 자라고 하기 어
렵다. 이 속의 나는 기적의 빛을 바래게 만드는 존재일 따름이다.

　자신의 삶을 살려 하고, 위대한 생명으로 죽을 수 있도록 노력하는 것
은 내 기적을 보여주는 일이다. 그것이 기적이 되는 것은 나의 고뇌와 노력
에 의해 가능해진다. 진화의 역사가 총력을 기울여 만들어준 고등생명체
인 나는 스스로를 볼 수 있는 존재이고, 스스로를 고민할 수 있는 존재이
고, 스스로를 위해 노력할 수 있는 존재다. 이런 능력을 갖추고 있으므로
나는 고등생명체로 분류될 수 있다. 그런데 이런 능력을 갖추기만 하고 구
현하지 않는다면, 그것은 이런 능력을 갖추지 못한 자와 다를 바 없고, 스
스로 '고등'이라는 자를 떼어버리고 일반 생명체의 자리로 떨어져버리는
것을 바람과 다르지 않다. 그러한 사람은 진화의 기적 위에서 내 기적을 주
체적으로 만들어가는 자라고 하기 어렵다.

　진화의 기적 속에 태어나는 은총을 입었으므로 그 바탕 위에 내 기적
을 만들어 은혜에 답할 수 있는 존재가 고등생명체이다. 그런 나야말로 진
화의 기적을 상속받을 자격을 갖는 존재이고, 진화의 기적이 토해내는 빛
에 광채를 더하는 존재라고 할 수 있다.

　우리 각자는 누구나 그런 능력을 갖고 있다. 우리는 그런 능력을 구현하
여 결국 우리를 자신의 기적을 만드는 자로 우뚝 서게 할 수도 있고 우리
가 상속한 기적조차 무너뜨리는 자로 물러서게 할 수도 있다. 선택은 우리
것이다. 그 선택에 대해 책임져야 하는 것도 우리 자신이다.

책머리에

내 기적을 전망하고 실천적인 노력을 다하려고 애쓰는 사람은 멀리 있는 이상을 바라보는 존재이고, 이상의 높이에 도달하지 못한 지금의 자신을 직시하는 존재이다. 기적을 전망하는 자는 언제나 그 이상과 그 현실 사이의 틈을 갖는다. 이 틈 속에 자리잡고 있는 것은 부끄러움이다. 부끄러움이란 이상의 눈을 가지고 현실의 자신을 솔직하게 바라보는 자의 마음속에 자리를 잡는 감정이다. 이 감정을 갖지 않는 사람은 스스로의 현실에 만족하고 있거나 혹은 내 기적을 만들어가기에 아무 관심이 없거나, 둘 중 하나다.

대부분의 우리는 부끄러움과 동행한다. 그러나 우리가 부끄러움을 갖는다고 해도 그 부끄러움을 자산으로 삼아 기적을 향해 나아가는 노력을 적극적으로 행하는 존재라고 할 수는 없다. 부끄러움을 기반으로 기적을 만들려는 사람은 큰 이상을 전망하며, 크게 부끄러워하는 사람이고, 그 부끄러움 앞에 무릎 꿇지 않으며 이를 자랑으로 바꿔내기 위해 진군을 거듭하는 자다.

이 글을 쓰는 나는 스스로가 이런 부끄러움의 사람이기를 소망한다. 그러나 내 소망은 많은 부분 환영과 같은 것이다. 내가 알고 있는 나의 가장 부족한 측면은 실천력이다. 나는 내 앎에 대해서도 부끄러움이 있지만, 허약한 실천력에 대해서는 견디기 어려울 정도로 부끄럽다. 나는 내 의지가 보다 강고해지고 내 노력이 보다 치열해져서 언젠가는 실천력의 약점을 극복할 수 있기를 바라지만, 아마도 그것은 평생을 씨름해보아도 얻기 어려운 경지일 것이다.

부끄러운 부분을 많이 갖고 있는 내가 부끄러움을 주제로 하는 글을 쓰

부끄러워야 사람이다

려고 하니 진실로 부끄러워서 몸 둘 바를 모르겠다. 그러나 병을 가진 사람은 그 병을 자랑해야 한다고 한다. 여러 사람이 도움의 손길을 보내줄 것이기 때문이다. 부끄러움을 가진 내가 부끄러움을 주제로 글을 쓰는 것도 이런 병 자랑과 같은 의미를 지니는 것이리라. 이 주제를 가지고 조금이나마 고민을 했던 시간이 다음의 내 생에서 하나의 지남으로서의 역할해 내가 부끄러운 일을 덜하게 하는 결과를 이끌어냈으면 좋겠다는 것이 솔직한 나의 바람이다.

2012년 여름에 쓰다

풀뫼 윤천근

恥

부끄러움이 이끌어 가는

도덕의 길

恥

1. 부끄러움의 시인
윤동주

죽는 날까지 하늘을 우러러

한 점 부끄럼이 없기를,

잎새에 이는 바람에도

나는 괴로워했다.

별을 노래하는 마음으로

모든 죽어가는 것을 사랑해야지

그리고 나에게 주어진 길을

걸어가야겠다.

오늘 밤에도 별이 바람에 스치운다.

이 시는 윤동주의 저 유명한 「서시」다. 윤동주는 많은 시를 남긴 시인이

아니지만, 많은 독자를 갖고 있는 시인이라고는 할 수 있다. 「서시」는 윤동

주의 여러 시 중에서도 특히 많은 사람이 애호하는 명작이다.

이 시는 잎새와 별, 바람 등의 낭만적인 낱말들이 전면에 나와 있기 때문에 깨끗하고 섬세한 분위기를 풍긴다. 그런 까닭에 소녀적인 감상을 자극하는 권능을 유감없이 발휘한다. 그러나 이 시의 중심에 놓여 있는 것은 '나에게 주어진 길을 걸어가야겠다'는 결연한 각오라고 할 수 있다. 죽음을 전제하는 결연한 각오다. 이런 점에서 이 매력적인 시는 상당히 이중적인 감성이 교묘히 교차하는 특징을 갖는다. 한쪽에는 '죽음'과 '나의 길'을 중심에 장착하고 있는 남성적인 시정신이 자리잡고 있고, 다른 한쪽에는 '별'과 '부끄러움'을 전면에 내세우고 있는 여성적인 시정신이 움직이고 있는 것이다. 외유내강형의 구조를 갖추고 있는 셈이다. 이러한 이중성이야말로 이 시가 성공을 거둘 수 있었던 비밀의 열쇠라고 할 수 있다.

윤동주가 '나의 길'을 '죽음'으로 인식하고 있는 것은 식민지적 상황이 만든 처절한 자기인식의 결과물이다. 식민지의 청년 윤동주—이 시의 화자가 갖고 있는 이중적 감성의 정체다. 식민지와 청년은 매우 비극적인 결합물이다. 그것들은 각자 상대로부터 가장 먼 자리에 위치하는 의미항을 갖고 있다. 서로 등을 돌리고 있는 것이다. 윤동주가 지닌 비극성은 바로 이 점에 놓인다. 그저 식민지 사람이거나 그저 청년이었다면 윤동주는 그렇게 비극적인 감성의 주인공이 되지 않았을 것이다. 그러나 청년 윤동주는 자기 속에서 식민지 사람이라는 운명을 바라보고 있다. 그런 인식이 마음속에서 절절히 살아 움직이는 순간, 윤동주는 죽음을 전망하고 부끄러움을 떠올리는 감성의 주인공이 될 수밖에 없었다.

청년은 꿈과 이상을 해바라기하는 사람, 인생의 낭만적인 한 시기를 살아가는 사람이다. 청년기의 이 화려한 감성은 극히 소녀적인 것이라 할 수도 있다. 그것은 색깔로 치면 투명한 물빛이거나 선연한 하늘빛이다. 그것이 더럽혀지는 것을 예감하는 것만으로도 우리는 슬픔 속에 빠져들지 않을 수 없다. 청년의 슬픔은 우리 마음을 들뜨게 한다. 그것은 누선을 자극하면서 동시에 우리의 꿈을 부드러운 손길로 어루만진다. 그것은 청년이 현실의 사람이 아니기 때문이다. 청년은 이상의 사람이므로, 그 슬픔조차 아름다운 색조를 띠게 마련이다. 그러나 이것은 통상의 경우에 할 수 있는 말이다. 인생의 황금기를 사는 청년, 꿈과 이상을 해바라기할 권능을 갖추고 있는 청년, 그러한 청년은 평화의 시대에나 만날 수 있는 존재다. 식민지에서라면 청년은 절대로 그런 여유를 찾을 수 없다.

식민지 시대는 빛이 증발된 시대, 청년이 청년으로 살 수 없는 시대다. 이런 때에 꿈과 이상의 사람으로 살아간다는 것은 그 자체가 자기혐오를 불러일으킬 수밖에 없다. 식민지 시대는 현실의 사람으로 살아가기를 강제당하는 때이다. 역사의 질곡이 그 땅과 하늘을 총체적으로 썩어 문드러지게 해서 물빛도 투명할 수 없고, 하늘빛도 선연할 수 없는 때이다. 이런 때에는 청년도 지사가 되고 열사가 되지 않으면 자기혐오의 덫에 치여 절망하지 않을 수 없다. 청년이 자기 속에서 식민지 사람을 발견하는 순간 그는 꿈과 이상이 실종된 절박한 현실의 공간 속으로 옮겨진다. 바로 윤동주가 놓여 있는 환경이다.

식민지 사람이라는 것을 바라보지 않았다면 윤동주는 인생을 즐기는 평범한 청년으로 살아갈 수 있었을 것이다. 그러나 식민지 사람이라는 자기 확인이 이루어지는 순간 윤동주는 더 이상 행복한 청년으로 살 수 없는 존재가 된다. 청년이면서 더 이상 청년으로 살 수 없게 된 윤동주의 자기인식은, 매순간 자기 속의 청년과 치열하게 경쟁하면서 현실의 이념을 불러들이지 않을 수 없다. 더럽혀지지 않고 그냥 있는 때라도, 그것은 인생의 환희를 구가하는 청년으로 있는 시간이 되는 것이므로, 식민지 사람이라는 인식으로부터 날아오는 자기모멸의 칼날에 상처를 입을 수밖에 없는 일이다. 그러니 윤동주는 매순간 자기 속에서 청년을 밀어내고 식민지 사람을 불러내는 노력을 해야만 한다. '잎새에 이는 바람'에도 그는 '괴로워하는' 사람이 될 수밖에 없는 것이다.

엄밀하게 말해서 '잎새에 이는 바람'은 윤동주의 죄가 아니다. 바람은 언제나 잎새에 인다. 바람에 흔들리는 잎새가 없는 경우도 없고, 잎새를 흔들어주는 바람이 없는 경우도 없다. 지구의 역사는 바람과 잎새, 또는 잎새와 바람 사이에서 이루어진다. 초목이 없는 지구도 없고, 바람이 없는 지구도 없다는 말이다. 그럼에도 이 지극히 일상적인 자연현상은 윤동주의 죄가 된다. 식민지 사람이라는 자기인식을 지닌 윤동주의 의식 지평에서 나타나고 있는 일이다.

윤동주에게는 한 가지 선택의 가능성만이 주어져 있다. 그는 식민지 사람이라는 생각을 받아들일 수도 있고 거부할 수도 있다. 이 생각을 거부한다면 그는 현실 시간을 살아가는 청년이 될 수 있다. 청년으로서의 그가 꿈과 이상을 내걸고 자연스럽게 청년의 내면에서 길어 올려지는 인간의 환희를 노래할 여유가 주어질 수 있는 것이다. 그러나 식민지 사람이라는 생각을 받아들인다면, 그는 절대로 현실 시간을 살아가는 청년이 될 수 없다. 그는 현실 시간을 살아가는 지사나 열사가 되어야만 하고, 그의 청년은 유형당하는 것을 자청하지 않을 수 없다.

식민지의 청년 윤동주는 이렇게 자기 속에 절대적으로 배타하는 두 인격을 동행시키고 있는 불행의 주인공이다. 「서시」는 식민지 사람이라는 인식을 받아들이고 있는 청년 윤동주의 심리적 풍경을 절절하게 그린 시다. 역설적으로 '잎새에 이는 바람'에도 '환희의 감정'이 떠들썩하게 일어날 수밖에 없는 청춘의 시기를 살고 있으므로, 윤동주는 잎새에 이는 바람에도 '괴로워하는' 사람이라 할 수 있다. 매순간이 환희로 떠오를 수 있는 청춘이므로 그때마다 부끄러움을 내걸고 자신을 검속할 수밖에 없는 것이 아니겠는가?

1장 부끄러움이 이끌어가는 도덕의 길

2. 부끄러움의 권능

부끄러움은 우리 마음속에 자리잡고 있는 감정의 하나다. 윤동주에게 그 부끄러움은 그가 자청하고 있는 삶의 어떤 조건이다. 윤동주는 이 감정이 자기 속에서 활발하게 움직일 수 있도록 전폭적으로 권능을 부여하고 있다. 그는 그것이 자기 마음속 모든 영역에서, 이를테면 잎새에 이는 바람을 느끼는 지점에서도 움직일 수 있도록 그 의식을 설계하고 있다. 윤동주의 마음속에서 부끄러움이란 모든 가치를 드러내는 유일한 조건으로 설정되어 있는 셈이다.

마음은 본래 주인이 없다. 이 말은 적절하지 않은 것일지도 모른다. 마음은 그 자체로 있는 것이 아니라 우리 속에 있는 것이므로, 애초에 우리를 주인으로 삼고 있기 때문이다. 그러나 마음이 우리 속에 있는 것이라 해도, 마음이 우리를 주인으로 받아들이고 있는 것은 아니다. 그것은 본래 주인 없는 상념들이 자기 멋대로 떠돌아다니는 빈 밭에 지나지 않는다. 그 빈 밭에 자리잡고 앉아 우리 자신을 내거는 순간, 마음은 우리라는 주

부끄러워야 사람이다

인을 갖게 된다.

마음이 우리라는 주인을 받아들이면, 그것은 우리의 꿈과 이상이 유통되는 공간이 되어야 한다. 그런데 마음이란 원래가 주인을 받아들이는 데 익숙한 물건이 아니다. 그렇기 때문에 우리 속에 터전을 열어두고 있으면서 주인인 우리와는 별 관련이 없는 자유의 성채를 구가하지 않던가. 이 자유의 성채에 우리가 그것의 주인임을 알리는 깃발을 하늘 높이 띄워올린다 하더라도, 마음은 그 깃발만으로는 일사불란하게 우리의 조종을 받아들여서 통일되고 질서잡힌 의식을 갖추어주지 않는다. 깃발은 언제나 허공에 떠 있는 것이고, 지면에서 실제로 움직이는 것은 생각의 작은 씨앗들이기 때문이다. 이를테면 이것은 여왕개미와 개미 집단 사이 같은 상호 관계를 갖는다고 할 수 있다. 여왕개미는 개미집 안에 깊이 들어앉아 자신의 개미 집단을 향해 페르몬을 발산한다. 개미들은 개미집으로부터 멀리 떨어져 있을 때에도 여왕의 페르몬을 감각하여 그 통제력에 따라 움직인다. 여왕의 지도력은 얼마나 강한 페르몬을 내뿜어 먼 데까지 미치게 하느냐에서 결정된다. 여왕의 페르몬은 다만 허공에 높이 떠올라 있을 뿐만 아니라 먼 길 떠나 있는 일개미의 촉수에까지 이르게 마련이다. 그러므로 일개미는 여왕의 지도에 따를 수 있는 것이다.

우리 마음밭에 떠올라 있는 깃발이 생각의 씨앗 하나하나에까지 미칠 수 있다면 마음은 주인인 우리에 의하여 통제될 터이다. 여왕개미에게는 그 페르몬이 미치는 영역과 그렇지 않은 곳이 단순한 영역 구분 이상의 의미를 지니지 않는다. 페르몬의 영향권 안은 이 여왕개미의 왕국이고, 그 밖은 다른 여왕개미의 영역이다. 이 여왕개미에게 전체 세상은 어떤 모습이든 상관없다. 그것은 그의 관심 사항이 아니다. 여왕개미는 다만 자기 왕국 안에서 유통될 수 있는 페르몬을 생산해내는 것으로 족하다.

우리의 마음밭은 여왕개미의 세계와는 다르다. 그것은 정해진 영역을 따로 갖지 않는다. 마음밭에 들어서 있는 영역은 혹은 지나치게 좁거나 혹은 지나치게 넓다. 이 마음은 하나의 생각이 겨우 움직일 수 있는 넓이를 갖거나, 우주 전체를 담을 만한 넓이를 갖는다. 하나이면서 전체인 것이다. 여왕개미는 왕국 저쪽은 신경 쓸 필요가 없으나, 우리의 마음밭에는 저쪽이 따로 없다. 그러므로 마음밭은 보다 적절하고 보다 철저하게 지도될 필요가 있다.

윤동주의 마음밭을 통제하고 조절하는 것은 부끄러움이다. 부끄러움은 이중의 통제력을 행사하는 도구다. 그것은 마음밭에 떠올라 있는 깃발이면서, 동시에 마음의 반성작용을 이끌어가는 도구다. 마음이 움직이기 전에도 이것은 일정한 통제력을 행사하지만 마음이 움직인 다음에도 그리한다. 앞의 것은 마음의 지향으로 작용하는 통제력이고, 뒤의 것은 마음의 작용 결과에 개입하는 반성력이다.

윤동주에게 있어 이것은 '부끄러운 짓을 하지 말자'는 일종의 선언으로 내걸려 있는 지향성이다. 이것은 마음이 움직이기 전에, 행동이 일어나기 전에 개입하여 마음과 행동을 규율하는 권능을 부여받고 있다. 윤동주의 시정신이 주로 움직이는 영역은 바로 이곳이다. 이 사전적 규율 작업을 완벽하게 수행하기 위해 윤동주는 전전긍긍한다. 바람이 불어드는 모든 순간, 잎새가 움직이는 모든 순간에 윤동주의 마음은 각성된 촉수를 드러낸다. 이 사전 검속의 치열함은 그의 인생을 시시각각 깨어 일어나게 하

부끄러워야 사람이다

고, 매순간 자기 마음의 움직임을 빈틈없이 조감하게 한다. 그저 흐릿하게 스쳐 지나는 순간이 없고, 아무렇게나 일어나는 마음이 없어지는 것이다. '오늘 밤'에도 그는 이런 명제를 앞에 놓고 자신과 대면하지 않을 수 없다.

윤동주의 마음속에서 부끄러움이 갖는 권능은 주로 이렇게 사전 검속의 치열함으로 모습을 드러낸다. 그러나 부끄러움이라는 것은 원래 이중의 그물망을 갖고 있는 마음의 어떤 태도다. 그것은 사전 지도의 치열함이라는 그물망과 사후 반성의 치열함이라는 그물망을 함께 갖는다. 윤동주는 그중 앞의 것을 중심으로 하여 「서시」를 짓지만, 치열성만 가지고 말하자면 뒤의 것이 더욱 부끄러움이 갖는 권능을 대표한다. 후자 쪽의 치열함을 보여주는 것을 윤동주의 시에서 찾는다면 아마 「또 다른 고향」 정도를 꼽을 수 있을 것이다. 그 시는 다음과 같다.

고향에 돌아온 날 밤에
내 백골이 따라와 한방에 누웠다.

어둔 방은 우주로 통하고
하늘에선가 소리처럼 바람이 불어온다.

어둠 속에 곱게 풍화작용하는
백골을 들여다보며
눈물짓는 것이 내가 우는 것이냐
백골이 우는 것이냐

아름다운 혼이 우는 것이냐.

지조 높은 개는
밤을 새워 어둠을 짖는다.
어둠을 짖는 개는
나를 쫓는 것일 게다.

가자 가자
쫓기우는 사람처럼 가자
백골 몰래
아름다운 또 다른 고향에 가자.

이 시는 부끄러움을 내걸고 있지는 않으나 자기진단과 치열한 반성을 끌어안고 있기는 하다. 자기진단과 반성은 부끄러움이라는 말로 번역될 수도 있다. '백골이 되어 있는 나'에 대한 진단, 좌절된 '아름다운 혼'이 토해내는 울음이 이 시의 중심에 자리잡고 있다. 그냥 울음이 아니라 전력을 다해서 마음 밑바닥으로부터 끌어올린 피울음이 거기에 있는 것이다. '백골이 되어 있는 자기'는 윤동주의 치열한 자기진단의 결과물이다. 이를 앞에 두고 윤동주는 반성하고 성찰한다. '아름다운 혼'의 사람으로 살고자 했던 것은 윤동주의 소망이다. 그러나 피투성이의 시대와 남루가 되기 쉬운 생활의 상투성은 윤동주를 배반하여 고작 '백골이 되어 있는 자기'를 만들어냈다. 이 '백골'을 바라보면서 윤동주의 부끄러움은 치열한 자기성

부끄러워야 사람이다

찰을 수행한다.

그 결과, 절망 같은 부끄러움이 그의 현실을 뒤덮는다. 그러나 절망하고 좌절하는 것은 미래에 대한 전망이 없는 사람들의 것이다. 부끄러움이란 절망과 좌절의 영토에 뿌리내리고 있는 것이 아니다. 그것은 절망과 좌절의 영토에 높이 떠올려져 있지만, 그 뿌리는 꿈과 희망의 영역에 뻗쳐 있다. 그런 까닭에 그것은 절망과 좌절을 부끄러움의 빛으로 비추어낼 수 있다. 절망과 좌절만을 보고 있는 사람은 부끄러움을 길어내지 못한다. 그들은 그저 절망하고, 그저 좌절할 뿐이다. 그들은 그 속에 침몰하여 바르게 설 힘을 갖추지 못한다. 부끄러움은 반성을 전제로 하는 것이고, 반성은 떨치고 일어나기를 목표로 삼는 것이다. 부끄러움을 도구로 받아들이는 사람에게 반성은 이차적인 자기성찰의 수단이 된다.

마음이 부끄러움의 지도 노선에 철저하게 순응한다면, 일어나는 모든 생각이나 구현되는 모든 행위가 적절하게 바름을 갖추어낼 수 있을 것이다. 그러나 마음의 통제력은 절대적일 수 없다. 마음과 행동의 관계도 진실로 투철하게 기능하는 것만은 아니다. 부끄러움이 갖는 사전 검속의 치열성은 이런저런 이유로 숨겨질 가능성이 있다. 그러므로 부끄러움을 요식적인 수단으로 쓰는 것이 아니라 진실로 그것을 통해 자신의 바름을 굳건하게 세우려는 사람이라면, 사전 검속의 권능을 부여하는 것에서 그칠 수 없다. 그렇게 마음이 움직이고 행동이 드러난 다음의 시점에 개입하여 다시 성찰하고 반성해서 스스로를 바르게 하는 부끄러움의 이차적 권능이 반드시 뒤따르게 마련이다.

무엇보다도 이러한 권능의 개입 여지는 마음이라는 것이 출발하는 지점에서는 그 모습이 흐릿해서 어떤 그림을 그려낼지 분명하지 않을 수 있고, 또 행동이라는 것이 진행되는 과정에서는 그것이 놓여 있는 상호관계가 확정되지 않아 결국 어떤 의미를 지니는 것인지가 투명하게 드러나지 않을 수 있다는 점에서 확보된다. 드러난 결과를 통하여 마음의 형태, 행동의 양상이 완성되는 것이므로, 이것을 바탕에 두고 반성하며 성찰하는 과정이 뒤따르지 않고서는 부끄러움을 내세워 바름을 완성시키려는 목적이 성공을 거둘 수 없으리라는 이야기다.

　이렇게 부끄러움은 이중의 거름망을 갖는 성찰의 도구다. 부끄러움의 내용은 바름이 갖추어낸다. 부끄러움이란 바름을 전제로 하여 움직이는 도구라는 말이다. 바름에 대한 결연한 태도가 부끄러움의 치열성을 결정해준다.

부끄러워야 사람이다

3. 생각의 목표와
부끄러움

　　　　　　부끄러움이란 그 자체로서 목표가 될 수 없는 감정이
다. 부끄러움이란 있어야 할 어떤 것의 결핍으로부터 파생되는 일종의 정
감적인 태도다. 있어야 할 어떤 것이 전제되고, 그것의 충족을 가치 있게
생각하는 태도가 움직일 때, 그 결핍감을 부끄러움으로 옮기는 정감이 드
러날 수 있다.

　마음은 자유로운 의식을 떠올리는 주체다. 마음이 있을 때 생각은 저절
로 길을 떠나게 마련이다. 우리는 태어나면서부터 마음을 가지므로, 우리
의 마음이 짓는 생각도 태어날 때부터 우리에게 주어지는 것이라고 하겠
다. 이러한 생각은 목표를 따로 갖는 것이 아니라 자기 나름의 자유를 드
러내는 것이다. 자유로운 생각들은 집중되거나 지향되기 어려우므로 단상
을 떠올리는 것에서 끝나곤 한다. 이런 생각은 결론을 만들어낼 필요도 없
고, 어떤 체계를 갖추어낼 필요도 없다. 오늘 생각한 것을 내일 잊어버려도
아무 문제가 없고, 오늘 생각한 것을 내일 뒤집어엎어도 상관 없다. 생각의

권능은 어떤 사유를 떠올리는 것으로 족하지 그 사유에 대한 책임을 질 필요까지는 없기 때문이다.

결과에 책임을 지는 생각은 어떤 목표를 내걸고 있는 생각이다. 생각이 주인을 받아들인다는 것은 생각이 목표를 갖고 책임을 지는 자리로 옮겨짐을 뜻한다. 생각은 그 스스로는 이런 변용을 이루어낼 힘을 갖지 못한다. 생각이 주인을 받아들이는 순간, 생각은 주인의 목표를 자신의 목표로 삼고, 그 목표를 이루어낼 책임과 의무를 지게 된다. 비로소 생각은 주인의 목표를 이루어내기 위해 좋은 결론을 만들 책임을 지고, 좋은 행동으로써 주인이 목표를 이루도록 이끌어가야 하는 의무를 지게 된다.

윤동주의 경우 생각은 식민지의 사람이라는 것을 자각함으로써 그 식민지로부터 벗어나는 것을 목표로 받아들인다. 식민지 사람이라는 인식이 반드시 식민지로부터 벗어나는 목표를 떠올리는 것은 아니다. 식민지 사람으로 잘 살아가는 것을 모색하는 이의 목표가 떠올려질 수도 있다. 이것은 동전의 양면과 같다. 식민지 사람으로 잘 살기를 선택한 사람의 목표는 식민지 건설에 참여하는 것이 될 수 있다. 이런 사람들에게 바름의 잣대는 윤동주의 반대편에서 움직이게 마련이다. 식민지 사람이라는 자기인식은 필연적으로 윤동주의 목표와 선택을 바름으로 평가해내는 잣대를 갖게 되는 것이 아니라는 말이다. 생각이 그 스스로의 목적을 갖지 않는 것과 마찬가지로 가치도 그 스스로의 정당성을 갖는 것이 아니라고 할 수 있다. 생각이 목표를 갖게 되는 것은 주인을 가짐으로부터 비롯되고, 생각이 바름을 무엇으로 세우느냐 하는 것 역시 주인의 가치를 평가의 잣대로 받아들임으로써 비롯된다.

부끄러워야 사람이다

따라서 바른 목표를 갖는다는 것은 주인이 바른 사람이어야 함을 전제한다. 바른 주인은 바른 생각이 만들어가고, 바른 생각은 바른 주인이 만들어가는 것이라는 이 쌍방향의 관계는, 생각이 진행되어나가고 마음이 만들어져나가는 것이 상호관계의 끊임없는 연속이라는 점을 우리에게 알려준다.

인간은 마음의 사소한 생각들을 모아 그 마음이 지향하는 우주관, 세계관, 인간관, 역사관, 가치관을 만들어 가져야 하는 존재이고, 또 그러한 마음의 일정한 지향을 내세워서 사소한 생각들을 규율해나가야 하는 존재다. 큰 잣대와 작은 생각이 뒤섞여 하나로 돌아가는 것이 마음이 보여주는 현상적인 모습이다. 그렇게 얽힌 생각들이 유통되는 것이므로, 어떤 생각의 한 부분에서 바름이 모습을 드러냈다고 하여 전체적인 마음의 행사가 바름을 드러내는 쪽으로 지향되었다고만은 할 수 없는, 부분과 전체의 논리가 그 속에 혼재한다. 따라서 마음의 어떤 부분이 움직이는 지점에서 바르게 움직일 수 있도록 지도하는 노력과, 또 전체적으로 바름의 통일적 지향을 만들어나가는 노력이 뒤따라야 할 것이다.

이렇게 유기적 관계를 통하여 마음의 어떤 지향이 일정한 목표와 가치를 떠올렸을 때, 그것은 우리의 지금 생각과 행위를 평가하는 기준으로 쓰일 수 있다. 이 기준을 가져다놓고 우리는 이상의 목표와 이루어낸 현실을 비교할 수 있다. 그리고 그 비교 검토 과정이 흡족한 결론을 만들어낼 때 우리는 자긍심을 느낄 수 있을 것이다. 반대로 그 과정이 만족스럽지 못한 결론을 낸다면 그 결핍으로부터 오는 심리적 상실감을 느낄 수밖에 없고, 이것은 부끄러움이라는 감상으로 나타날 것이다.

부끄러움이란 목표와 현실 사이에 드러난 결핍으로부터 파생되는 정서다. 이것을 부끄러움이라는 감성으로 떠올리는 것은 충족을 전제로 하여 그 부족을 받아들일 때 우리의 마음이 짓는 태도다. 충족을 바람직한 것으로 전제하지 않는 사람에게서는 그 결핍이 부끄러움을 길어올리지 않는다. 따라서 부끄러움이라는 것은 그 결핍을 결핍으로 확인하는 것에서 끝나는 것이 아니라, 그 결핍을 충족으로 채워놓고자 하는 다음의 노력으로 이어질 수밖에 없는 마음의 태도라고 하겠다.

부끄러워야 사람이다

4. 바름의 목표와
부끄러움

　　부끄러움이 움직일 수 있는 마음은 목표나 이상을 전제로 하는 마음이다. 인간은 어떤 방식으로든 마음속에 목표나 이상을 들여놓는다. 모든 것은 인간의 마음속에 자리잡은 일정한 목표나 이상이 될 수 있다.

　　이를테면 인간은 돈을 잘 벌어 재벌이 되려는 목표를 가질 수 있고, 아름다운 사람이 되어서 많은 사람의 사랑을 받으려는 목표를 가질 수 있다. 인간은 잘 달리는 사람이 되는 목표를 내세울 수도 있고, 노래를 잘하는 사람이 되는 것을 지향할 수도 있다. 우리가 내세울 수 있는 목표의 수는 결국 사람들의 숫자만큼이나 다양할 것이다. 이런 모든 목표는 우리의 삶을 견인하는 동력으로 일정한 역할을 한다는 점에서 차이가 없다. 그리고 그 목표의 결핍 정도에 따라 자기 마음속에서 부끄러움의 정서를 떠올리는 조건으로 기능한다는 점에서도 동질적이다.

　　그러나 목표가 주어지고 부끄러움이 작동하는 것이 우리 마음속에서

다 똑같은 의미와 가치를 지닌다고 할 수 없다. 달리기를 잘하는 사람이 내세우는 목표와 그 결과의 부족한 측면이 떠올리는 부끄러움은 그 사람에게만 의미와 가치를 지닌다. 노래를 잘 부르려는 사람이 내세우는 목표와 그렇게 하여 떠올리는 부끄러움과는 관계가 없다. 즉 이런 현실적이고 구체적인 목표는 한 부류의 사람들과만 관계를 가질 뿐인데, 이는 선택이 달라지는 순간 의미와 가치가 증발되기 때문이다.

　달리기를 잘하거나 노래를 잘하는 것은 물론 중요한 가치 중 하나일 것이다. 그런 목표를 이루어냈을 때 우리는 행복을 느낄 것이 틀림없다. 그러나 그런 것보다 더 큰 가치가 있을 것이다. 바름이 바로 그것이다. 달리기를 잘하려는 목표를 정한 사람이 최고의 달리기 주자가 되는 방법을 바르게 선택하고, 그것에 입각해서 노력해서 얻는 행복감은 부정이나 편법을 써서 얻는 행복감과는 차원이 다를 터이다. 이를테면 어떤 사람이 다른 사람들의 발을 묶어놓고 혼자서 달리기를 해 일등이 되었다면, 그 성공이 그 사람을 만족시켜주기는 어렵다. 그것은 그 사람이 다른 모든 사람과 함께 같은 조건에서 최선의 노력을 다하여 일등이 되었을 때와는 다른 감정을 줄 것이 분명하다.

　그러므로 바름의 조건을 충족시킬 때와 그렇지 못할 때, 비록 똑같이 목표를 이루었다고 해도 그곳에서 움직이는 정서는 달라질 수밖에 없다. 하나는 충족감일 것이고 다른 하나는 부끄러움일 것이리라는 말이다. 물론 바름의 방법을 택했을 때 목표를 이룬 것이 그 사람에게 행복감을 가져다줄 것이고, 바르지 않은 방법으로 목표를 이루었을 때에는 겉으로 어떨지 몰라도 속으로는 부끄러움을 느끼지 않을 수 없을 것이다.

이런 점에서 목표를 정하고 가치의 잣대를 세우는 데에는 바름의 문제를 회피할 수 없다. 목표 역시 그의 양식이 허용하고, 인간의 일반적 양식이 납득할 수 있는 것이 선택될 때와 그렇지 않을 때에는 그것이 우리 마음속에서 불러일으키는 정서와 감흥이 달라질 수밖에 없다. 이를테면 어떤 사람이 속이고 훔치는 것을 목표로 정했다고 할 때, 그 목표가 그 자신의 양식을 만족시키는 것이라고 보기는 어렵다. 그 사람의 양식이 그것을 부정적인 것으로 바라볼 터이고, 그 자신은 아니라고 해도 주변 사람들이 그 사람의 목표를 지지하기보다는 비판할 수밖에 없으니, 그로부터 오는 결핍감을 모면할 수는 없을 것이다.

이러한 결핍감은 부끄러움이 자리를 잡게 하는 요인이다. 이 경우 부끄러움은 그 자신에게 그런 목표를 버리고 양식을 만족시켜줄 다른 정당한 목표를 설정할 기회를 줄 수 있을 것이다. 그러나 모든 사람이 부끄러움을 이용하여 정당한 목표를 가설하는 쪽으로 옮겨가지는 않는다. 부끄러움을 숨기고 그 목표에서 적당히 이익을 얻는 선택을 할 수도 있다. 그 경우 그는 이익에 영혼을 파는 선택을 하는 셈인데, 마음속에는 부끄러움의 천형을 지고 살아갈 수밖에 없을 터이니, 그 선택에서 진실로 이익을 본다고 할 수 있을지는 의문이다.

어떠한 목표를 마음속에 받아들이느냐 하는 점에 있어서조차 우리의 선택을 흐리게 하는 요소들은 우리를 유혹하여 스스로의 관심과 결정을 왜곡시키는 기능을 한다. 그 하나하나의 다른 목표들이 가지고 있는 조건들을 구체적으로 탐색해보는 것은 어려운 일이다. 그리고 그렇게 하는 것이 실제로 필요한 것도 아니다. 일반적인 측면에서 본다면 우리가 살펴봐

야만 하는 목표의 가짓수는 헤아릴 수 없을 만큼 많지만, 어떤 한 사람의 입장에서는 그의 마음이 관심을 표명하는 몇 가지로 한정될 수밖에 없으니, 한 사람의 마음 지평에서 선택의 대상으로 떠오르는 것은 우리 마음을 어지럽힐 정도로 번잡하게 주어지진 않는다. 그리고 그런 것을 결정하는 방법은 매우 단순하다.

일단 우리가 잘할 수 있는 것, 진실로 좋아하는 것을 가려 뽑아 가시권에 갖다놓는 선택을 하면 된다. 그렇게 하면 모든 경우의 수는 배제되고 몇몇 구체적인 목표만 남는다. 그렇게 가시권에 들어온 것들을 앞에 놓고 다시 점검해볼 필요가 있는 것은 그것들이 우리 양식에 꺼릴 것이 없는 바른 목표인가 하는 점이다. 이 지점에서 움직이는 우리의 마음은 부끄러움이라는 정서와 직접적으로 관계된다. 바름이란 부끄럽지 않음을 담보하는 유일한 조건이기 때문이다.

목표를 받아들일 때 우리가 직면하는 바름의 문제는 목표를 이루어가는 노력에 있어서도 동일하게 제출된다. 목표의 부끄럽지 않음이 모든 것의 부끄럽지 않음을 보장해주지는 않기 때문이다. 노력의 부끄럽지 않음, 수단의 부끄럽지 않음이 함께 이뤄질 때 결과의 부끄럽지 않음이 보장될 수 있다. 바름이란 총체적인 문제다. 부분의 바름만으로 모든 것이 끝나는 것은 아니다.

이를테면 우리는 결과가 나쁘지만 동기는 좋은 것이었으니 그것으로 되었다는 식의 말을 듣는다. 예를 들어 어떤 남자가 마음속으로 좋아하던 여자를 만나 사랑의 마음을 주체하지 못하여 허락 없이 키스를 했다고 할 때, 우리는 그 속에서 움직이는 남자의 선의를 느낄 수는 있지만, 그 남자

부끄러워야 사람이다

가 택하고 있는 방법이나 혹은 달성하고 있는 결과에 대해서는 동의하기 힘들다. 이런 것에서 우리가 확인할 수 있는 바는 동기의 바름과 수단의 바르지 않음이고, 동기의 바름이 수단의 바르지 않음을 덮어버릴 수 없는 것에서 오는 결핍감이다.

이와 반대로 결과는 바르지만 동기는 바르지 않은 것도 같은 문제점을 안고 있다. 예를 들어 의적 홍길동이 도둑질로 번 재산을 풀어 많은 사람을 구휼했다면, 우리는 이 행위에서 결과의 바름과 수단의 바르지 않음을 같이 이야기할 수 있다. 이 경우 우리는 결과의 바름을 크게 보아서 수단의 바르지 않음을 눈감아주곤 한다. 이런 사례는 우리 주변에서 의외로 자주 확인된다. 그런데 엄밀하게 말해서 여기서 우리가 볼 수 있는 것은 역시 수단의 바르지 않음이 불러일으키는 결핍감의 문제다.

부끄러움을 불러일으키는 잣대는 도덕적인 것이다. 도덕이야말로 인간의 양식과 연결되어 있고, 이것에 거리낌이 없을 때 인간의 행복감이 크게 향유되기 때문이다. 바름의 구체적인 조건은 문화권마다, 시대마다, 사람마다 다르게 설정될 수 있다. 그러나 바름의 명제를 갖지 않는 인간은 없고, 바름의 명제가 충족되는가의 여부에 따라 행불행이 결정되지 않는 인간도 없다. 바름의 잣대를 통과해 주어지는 행복감은 우리를 크게 구원한다. 이 지점에서 주어지는 행복감은 부끄러움을 밀어내는 권능을 지닌다. 부끄러움이 전혀 없는 행복감, 그것을 우리에게 선사할 수 있는 것은 바름의 잣대를 통과하여 우리가 이루어내는 성취다. 그 동기의 차원에서도, 수단이나 방법의 차원에서도, 결과의 차원에서도 바름의 문제가 발생하지 않는다면, 우리는 부끄러움 없는 행복감 속에서 진실로 그 목표의 성취를

즐길 수 있을 것이다. 인간이 가질 수 있는 행복감 중에서 이보다 더 큰 것
은 찾기 어렵다.

부끄러워야 사람이다

5. 통합된 인격과
부끄러움의 잣대

인간은 안과 겉의 문제를 가질 수 있는 존재다. 자신을 가장할 수 있는 존재, 아마 이 점에서 뛰어난 천성을 보이는 존재로는 인간이라는 종이 첫 손가락에 꼽힐 것이다. 인간은 마음의 존재이기도 하고, 동시에 행위의 존재이기도 하다. 인간의 마음과 행위는 서로 연결되어 있으나, 둘 사이에는 가식의 벽이 가로놓일 수 있다. 밖으로 드러난 것이 행위이고, 안으로 숨겨져 있는 것은 마음인데, 그 숨겨지고 드러내는 것 사이에서 반드시 상호 일치의 줄긋기가 이루어지는 것만은 아니다. 이 안과 겉을 잇는 관계의 모호성은 인간의 여러 의도와 조건이 개입할 여지를 만들어낸다. 타자의 시선, 자신의 욕망 같은 것이 뒤엉켜 가장된 얼굴과 가식의 행위를 만들어내는 것은 다 이 모호성이 일으키는 문제다.

이 모호성의 문제는 비단 자신과 타자 사이에서만 나타나는 것이 아니다. 그것은 자기와 자기 사이에서도 드러난다. 아마도 자기 자신 사이에서 갈팡질팡하는 유일한 존재가 인간이라 할 수 있을 것이다. 그런 점에서 가식과 가장이 없거나, 적어도 그것이 문제를 거의 야기하지 않을 정도의 통합된 인격을 갖춰야 하는 존재가 인간이기도 하다. 자기 속에서 자신과 또 다른 자신이 주도권을 쥐기 위해 경쟁하는 것이 본격적인 양상을 띤다면, 그런 사람은 심리학적인 자기분열을 보일 것이다.

"예. 그리고 그것이 인간이에요. 당신이 아까부터 우리 일행에게 던져온 질문, 아마 당신은 우리를 아직 이해하지 못하셔서 그렇겠지요. 무례하다고 꾸짖지 않으시겠다면 설명드리겠습니다. 나는 하나가 아니에요.—당신은 나눌 수 없는 것을 나눠놓고는 선택하라고 질문하셨어요.—영원의 숲, 영원의 숲 아시죠? 거기서는 자신이 자신을 죽이게 되어요. 그러면 어떻게 되지요? —나가면 그 사람은 사라져버려요. 나라는 존재가 아무리 남아 있어도 다른 사람들이 모두 잊어버리게 되면 그 사람은 없는 것과 마찬가지예요. 아직까지 그걸 모르세요? 나라는 것은, 나라는 것은 이 몸 안에만 있는 것이 아니라구요. 다른 사람들에게, 모든 다른 것에 다 내가 있어요. 그것이라구요. 그 모든 것을 모았을 때 내가 있는 거라구요. 우리는 그렇게 살아요. 그것이 인간이에요."(이영도, 『드래곤라자』 7권, 275~279쪽)

이영도의 놀라울 정도로 매혹적인 저 판타지 소설에서 묘사되는 다수로서의 인간학은 절절하게 진실을 반영하고 있다. 그러나 이렇게 기억과 관계를 통해 타자를 받아들이거나, 타자에게 자신의 부분을 양도하는 인간의 존재 방식은, 그럼에도 불구하고 단수로서의 인간 존재의 정당성을 해체시켜낸다고 볼 수는 없다. 다수로서의 인간학이 진실을 반영하는 정도만큼이나 단수로서의 인간학 역시 진실일 수밖에 없다.

인간은 주관의 통일이 문제가 되는 존재다. 주체가 통합되어 있음이 전제되지 않는다면 인격이 문제가 될 수 없고, 도덕이 문제가 될 수도 없다. 이영도식의 다수로서의 인간을 염두에 두더라도 이 점은 마찬가지다. 나의 정체성이 분명할 때 나뉘는 내 부분도 내 모습을 분유할 수 있게 되기 때문이다. 나의 것에 속할 수 없다면 비록 타자에게 나누어준다고 해도 나를 추억하거나 혹은 연상케 하는 기능을 수행할 수 없지 않겠는가?

이를테면 배우 이영애는 「공동경비구역」의 한소령이나 「친절한 금자씨」의 금자씨의 인격을 걱정할 이유가 없다. 그들 하나하나는 그 작품의 시간 속에 닫혀 있는 존재물이기 때문이다. 그들은 나뉘는 것이 문제되지 않는다. 통합되어야 하는 것은 이영애 자신이다. 통합이 문제되지 않는 지점에서는 인격의 문제가 일어나지 않는다. 1971년생 배우 이영애는 그 자신의 인생 속에 통합되어 있으므로, 그것은 그녀의 고민과 반성이 진행되는 영역이 될 수 있다. 한소령 이영애와 금자씨 이영애는 그것이 연기되는 시간을 벗어난다면 이영애와 분리되어 독자적으로 놓일 뿐이므로, 이영애는 시간을 통과해가면서 그것을 걱정할 이유가 없다.

그런 점에서 내 마음의 통일성, 마음과 행위의 통합 등은 나라는 인격을 전제할 때 반드시 선결되어야 하는 부분이라 하겠다. 이런 통일성을 전제로 할 때에만 내가 갖추어야 할 것이나 내가 갖추지 못한 것이 따져 물어질 수 있고, 여기서 이런 모습을 내보이고 저기서 저런 모습을 내보이는 것이 갖는 문제점이 점검될 수 있다. 이것을 다른 말로 하면, 도덕적 문제 상황이 비로소 의미를 지니게 된다는 것이다. 부끄러움의 감성도 내가 정립되고 나서야 비로소 드러날 수 있다. 나의 부끄러움이지 다른 이의 부끄러움일 수는 없지 않은가?

1장 부끄러움이 이끌어가는 도덕의 길

무슨 이야기인가? 부끄러움이란 주체가 자신에 대해서 느끼는 결핍감의 인식이라는 말이다. 그러므로 자기가 설정될 수 있을 때에만 나타나는 감상이지, 자기가 설 수 없는 데에서 말해질 수는 없다. 그것은 현실의 자신과 이상으로서의 자신이 하나의 묶음으로 사유될 때 그 사이에서 생겨나는 간극이 만들어내는 것이다. 그러므로 현실의 자신과 이상의 자신을 하나로 여기는 자기 통합적 의식이 전제되어야만 부끄러움을 통한 자기 사유가 가능해지고, 부끄러움을 통한 자기 사유가 있을 때에 현실의 자신이 결핍한 부분을 보완하려는 노력이 뒤따를 수 있다는 이야기다.

부끄러워야 사람이다

6. 다른 이의 시선 앞에 세운 나의 부끄러움

부끄러움이 목표로부터 어긋나 있는 스스로를 바라보는 자신의 감상이라고 할 때, 그 목표로 전제되어 있는 것이 갖추고 있는 성격에 따라 그것의 실질적인 내용은 조금씩 다른 모습으로 읽힐 수 있다. 그런 점에서 그것은 사적 감정으로도, 공적 감정으로도 읽힐 수 있다.

이를테면 우리가 목표를 노래를 잘하는 것으로 설정한다면 목표의 상실로부터 오는 결핍감, 그러니까 목표를 이루지 못할 때 우리에게 찾아드는 부끄러움은 노래 잘하는 것에 별 의미를 부여하지 않는 이에게는 공동의 것으로 인식될 수 없다. 그러나 부끄러움의 원적지가 노래 잘하는 것 자체가 아니라 그것에 투입했던 노력에 걸려 있다면, 이것은 어떤 목표를 가지고 그것을 이루기 위해 노력하는 모든 사람에게 동일하게 의미를 가질 수 있는 것, 즉 공적 감정으로 기능할 수 있을 것이다. 그렇기 때문에 노래 잘하는 것을 목표로 삼은 어떤 사람이 '네가 노래를 잘 못하는 것은 부끄러운 일이다'라는 지적을 그 목표를 갖지 않는 타자에게서 받는 것은 적절치 않겠지만, '네가 노래를 잘 부르기 위한 노력을 제대로 하지 않은 것은 부끄러운 일이다'라는 지적은 얼마든지 받을 수 있다.

인간은 단수이면서 동시에 복수로 살아가는 존재다. 개인이면서 동시에 집단 속 존재일 수밖에 없다. 이런 이중성은 자기 자신으로서의 나와 남들에게 보이는 나가 다를 수 있다는 문제를 드러낸다. 인간은 자기 통합이 되어 있는 존재가 아니라 이를 추구하는 존재다. 완성형 인간은 없다. 인간은 도중에 있는 자인 것이다. 도중에 있는 자로서의 인간은 단군의 인격에서 가장 잘 드러난다. 단군은 복합적 존재다. 그는 곰의 아들인 동시에 인간의 아들이고, 신의 아들이다. 곰으로부터 신에게까지 걸쳐 있는 영역에 단군의 인격이 펼쳐져 있다. 그는 곰으로부터 신으로 나아가는 존재이고, 끝내 자기 인격을 통일적으로 상승시켜서 신이 되는 존재다. 인간이 통일적 인격을 완성시킨다는 것은 신이 되는 것이다. 단군에게서 그것은 산신이다. 단군의 산신은 공자의 성인과도 같다. 공자는 더 이상 마음의 문제가 없는 자, 하늘의 성실함을 부족함 없이 갖춘 자를 성인으로 추상한다. 그런 통합은 신의 것이거나 신적인 것이다. 대부분의 사람은 기껏해야 도중에 있는 자일 따름이다. 그렇기 때문에 보통의 인간은 자기 자신과 남들에게 보여주는 자신 사이에 일종의 편차를 갖게 마련이다.

대원군은 자기 자신을 감추어 개망나니로 보이기를 바랐다. 그는 자신의 재능을 숨겨서 얻고자 하는 목표가 있었기 때문이다. 이렇게 자기 자신을 일부러 감추어 무너뜨려 보이는 것도 아예 없지는 않다. 그러나 그것은 일반적인 경우라고 하기는 어렵다. 그것 자체가 이미 비일상적인 환경임을 반영하는 말이다. 대부분의 사람은 보이는 자기를 분식粉飾하고 가장한다.

그것은 인간에게는 집단의 삶이 있고, 집단 속에서의 평판이 중요하기 때문이다. 인간에게는 자기 향상의 이상적 목표가 있는데, 그 목표가 개인의 의식 지평에서만 형체를 갖는 것이 아니라 집단의 하늘 속에 걸쳐져 있는 훈장으로 유통되기도 하기 때문이다. 이런 까닭에 인간은 개인으로서 집단에 관심을 갖고 집단적 삶에 개입하기도 하고, 집단으로서 개인의 삶을 평가하고 그 삶에 끼어들기도 하는 것이다.

우리가 다른 사람들을 향하여 좋은 가르침을 달라고 말하는 것은 그들이 우리를 향하여 '당신은 부끄럽지 않습니까'라고 눈살을 찌푸릴 수 있도록 일정한 권능을 부여하는 것이다. 도덕은 집단이 같이 이루어가는 것이므로, 나를 규찰하고 지도할 권능이 부모에게, 형제에게, 친구에게, 스승에게, 세상 사람들에게 주어지는 것은 당연한 노릇이다. 타자의 비평과 규율을 통해서라도 내가 좀 더 바르게 될 수 있다면 그것이 더 좋은 결과를 가져오기 때문이다.

그렇지만 이것은 동전의 양면처럼 이중의 의미를 갖는 것으로 이해되어야 한다. 일단 우리가 진심으로 타인에게 자신의 모습을 보여주고, 그 훈계와 지도에 따라 자기를 개혁해나간다면, 이러한 개인과 타자 사이의 관계는 상당히 바람직한 기능을 수행할 수 있을 것이다. 도덕은 사회적 지지를 통해 만들어가는 측면이 있기 때문이다. 도덕이란 일정하게 자기희생을 전제로 하므로, 자신은 희생하고 타자들은 희생하지 않는다면 의지가 무너질 가능성이 없지 않다. 이를테면 어떤 사람이 세금을 많이 낸다고 할 때 주변에서 다른 사람들이 탈세를 밥 먹듯이 하고 세금을 착실하게 내는 그를 비웃는다면 그의 착실함은 무너질 가능성이 크다. 이것은 우스운 예 같

1장 부끄러움이 이끌어가는 도덕의 길

지만 의외로 파괴력이 큰 우리의 행동 방식이다. 물론 이 예는 그 반대의 양상으로 적용될 수도 있다. 어떤 사람이 탈세하는 것을 부끄럽게 생각하여 착실히 세금 납부하는 것을 즐긴다면 그러한 행위는 그의 주변에서 세금을 착실하게 내는 것을 자랑스럽게 여기는 사람들을 길러낼 수 있을 것이다.

인간 영역에서 이러한 사회 논리는 다양하게 제출될 수 있다. 이러한 인간의 사회 논리적 특성은 무시될 수 없는 자산이다. 이를 활용해 우리는 도덕적 부끄러움의 사회문화화 전략을 이끌어나갈 수도 있다. 결국 인류의 문화가 지향했던 길은 이쪽에 걸쳐 있는 것이라고 할 수도 있다. 좋은 인간 사회를 이루기 위한 상호 견제와 문화적 인도 체제를 갖추는 사회는 분명히 바람직한 세상으로 나아가는 중요한 도구를 확보했다고 할 수 있다.

문제는 이것이 형식화로 흐를 가능성이 있다는 점이다. 이른바 체면치레용이 될 가능성을 배제할 수 없다는 문제는 진지하게 고민해볼 필요가 있다. 오늘날은 그렇지 않아도 '카메라 앞의 인간들의 시대'이다. 카메라 앞의 천사들의 시대—영상문화 시대의 자화상이다. 카메라가 돌아갈 때는 배우처럼 선한 사람 연기를 하고, 카메라에서 비켜서 있을 때에는 아무렇게나 처신하는 것은 아마도 우리 역사 속에 뿌리 깊은 염치의 문화가 지닌 부정적 양상 가운데 하나일 것이다. 이 점에서 타인의 시선을 활용하여 공동의 사회적 가치를 만들어가는 이 형식적 부끄러움의 문화는 부끄러움에 대한 우리 사유의 중심에 자리잡을 수 없다. 그러나 중심적 부끄러움 문화의 원활한 작동을 돕는 보조적 역할은 충분히 수행할 수 있을 것이다.

7. 자신의 내면을 지향하는
비판의 칼날, 부끄러움

부끄러움 문화의 중s심에는 자기반성의 치열함이 놓인다. 우리는 부끄러움을 내걸고 두 가지 말을 할 수 있다. 그것은 다음과 같다.

"당신, 부끄러운 줄 아십시오."

"나는 굉장히 부끄럽습니다."

이 말들은 단순히 두 가지의 말이 아니라, 두 종류의 말이다. 서로 근원적으로 다른 세계관을 바탕으로 하는 말이라는 것이다. 차이는 '당신'과 '나' 사이에 있다.

'당신, 부끄러운 줄 아십시오'라는 말은 우리가 앞에서 이야기한 '다른 이의 시선 앞에 세운 나의 부끄러움' 영역에 놓인다. 이것은 '보이는 모습'을 전제로 한 '도덕적 평가'가 사회적 비평으로 주어지는 형태다. 그런데 이 말의 실질적인 내용은 '그런 당신의 모습을 보니 나는 굉장히 부끄럽습니다. 그러니 당신도 부끄러워야 할 것입니다'라는 것이어야 한다. 그러니 실제로는 말하는 당사자의 '나는 부끄럽습니다'라는 선언에 불과하고, 사실 따로 종류를 갈라 내세울 수 있는 말이라고 할 수 없다. 결국 부끄러움을 앞에 두고 우리가 하고 있는 말은 '나는 부끄럽습니다' 하나로 통합될 수 있다. 상황이 그렇기는 하지만 우리는 이런 두 종류의 말을 자주 마주치고, 사실 '나는 부끄럽습니다'라는 말보다는 '당신, 부끄러운 줄 아십시오'라는 말에 더욱 빈번하게 노출된다. 인간의 의식은 직접적으로 밖으로 열려 있고, 특히 눈을 매개로 하는 시각적 정보에 의해 먼저 인상을 만들어 갖기 때문이다. 인간은 먼저 타인을 본다. 자기를 보는 것은 그 뒤다. 타인에 대한 정보가 먼저이고, 자기에 대한 인식은 그 뒤인 것이다. 거기다 이 문제에는 남을 손가락질하는 일을 쉽게 하고 자기반성은 어렵게 할 수밖에 없는 인간 의식도 개재된다. 그런 까닭에 인간은 '나는 부끄럽습니다'라는 발언보다는 '당신, 부끄럽지 않습니까'라는 발언에 익숙할 수밖에 없다.

그런데 앞에서도 말했듯이 '당신, 부끄럽지 않습니까'라는 말은 그것이 타자를 향한 손가락질일 때는 실제적인 의미를 갖지 못한다. 그것은 결국 그 말을 들은 사람의 마음속에서 도덕적 감성을 자극하고, 그래서 '그래, 나는 부끄럽다'라는 반성적 의식을 불러일으킬 때 비로소 일정한 의미를 갖게 된다. 그러니 '당신, 부끄럽지 않습니까'라는 말에서 보다 우선적으로 따질 필요가 있는 것은, 이런 말을 듣는 사람보다는 이런 말을 하는 사람의 의식이다. 부끄러움이라는 명제를 앞에 두고 다른 이의 허물을 먼저 보는 것은 이 극히 매력적인 도덕적 정서를 효과적으로 쓰는 방식이 아니다. 이것은 무엇보다도 스스로의 내부를 향할 때 결정적 중요성을 지니는 말이다. 그리고 그 실제적인 의미가 '나는 부끄러운 사람이고 싶지 않다'라는 도덕적 각오의 모습을 띨 때, 이 말의 효용성은 극대화될 수 있다.

도덕은 항상 위기 앞에 놓여 있는 것이다. 자기만족이나 자기 자랑 속에서는 도덕적 자아가 자라날 공간이 마련되기 어렵다. 인간은 이기와 이타 사이에 걸터앉은 존재이고, 이기로 나아갈 길은 넓게 열려 있는 데 반해 이타로 나아갈 길은 흐릿하게 만들어져 있다. 도덕은 이타의 영역에 걸쳐 있다. 이기로 쉽게 기우는 자신의 마음을 견제하고 규율하는 반성적 정서가 부끄러움이다. 이 부끄러움을 자기반성의 동력으로 삼을 수 있을 때 인간은 이기로 기울려는 자신을 추슬러서 이타의 자아를 세울 수 있다. 그러므로 이것은 언제나 '나는 부끄럽다'는 자기진단의 모습을 갖는 것이어야 한다. '나는 부끄럽지 않다'는 자기진단으로는 이런 힘을 불러낼 수 없다.

그런 점에서 부끄러움이란 자기 자신의 이 순간의 의식을 반성하는 비판의 칼날이라 하겠다. 그것은 지금 내 속에서 움직이고 있는 도덕적 의식을 정립하는 자기의식이다. 따라서 그것은 매순간, 즉 의식과 행동이 형체를 갖추어가는 순간마다 움직이는 정서가 아니면 안 된다. 전의 반성과 전의 자기비판은 지금의 내 의식, 지금의 내 행동에서는 권능을 갖지 못한다. 언제나 우리 속에서 결정적 권능을 갖는 것은 지금의 반성, 지금의 자기비판이다.

"과연 나는 아무것도 이루어놓은 일이 없습니다. 학교의 교사가 되었으나 교육가도 되지 못하고, 대학교에 공부를 보내주신 은인이 있었으나 그것도 마치지 못하고, 독립운동에 참여하였으나 그것도 중도에 버려버리고, 글을 지어보았으나 문사도 되지 못하고, 삼십 평생에 일생 먹고살 만한 재산은커녕 의식을 얻을 만한 아무 기능조차 가지지 못하였으니, 이런 못난이가 어디 있습니까? 아아! 여러 은인의 은혜와 사랑이 헛된 데로 돌아갔습니다."(이광수,『묵상록』, 우신사, 1985, 28쪽)

이광수의 이러한 말은 삼십대의 이광수가 우리에게 들려주는 종합적인 자기평가의 결과물이다. 여기서 이광수는 자기 삶을 총체적으로 재점검하고 있다. 이런 반성이야말로 진실로 부끄러움의 가치를 가장 빛나게 쓰고 있는 하나의 사례다. 부끄러움이란 자기 자신의 이상의 눈으로 스스로의 못난 현실을 반성하기 위한 목적으로 쓸 때 그 가치가 크게 드러난다. 문제는 이러한 반성이 말만으로 행해지는 것이 아니어야 한다는 점이다. 이 점은 누가 점검할 수 있는 것이 아니다. 이러한 반성을 진행해나가고 있는 이광수 자신만이 알 수 있는 문제이다.

또한 이광수의 이런 반성이 설령 삼십대의 한 시절에는 광휘를 드러냈다고 해도, 반성이 일회적으로 끝나서는 그것을 통해 이루어낼 성과를 기대하기 어렵다. 삼십대의 이광수는 그의 출생 시기가 1892년이므로 1922년에서 1932년 사이에 놓인다. 1917년에『무정』의 발표로 그 천재성을 유감없이 드러냈고, 1918년 애정의 도피인지는 모르겠으나 베이징행을 통해 독립운동 전선에 뛰어든 이광수의 이십대는 찬란했다. 그러나 찬란한 이십대는 삼십대에 들어서면서 빛이 바랜다.

1921년과 1922년의 이광수를 생각해보자. 1920년에 허영숙과 두 번째 결혼을 하면서 조국으로 돌아온 그는 1921년 4월,『독립신문』주필을 지낸 혐의로 일제에 의해 체포된다. 그런데 이때 이광수는 별다른 곤욕을 당하지 않고 풀려나며, 1922년에는 그 의혹투성이의「민족개조론」을 발표한

부끄러워야 사람이다

다. 「민족개조론」—이광수의 삼십대를 뒤덮고 있는 문제의 진원지다. 이광수의 「민족개조론」은 도산 안창호의 사상을 자기식으로 재구성한 것인데, 그 서문 격의 짧은 글에서 이 글을 짓는 입장과 태도를 다음과 같이 기록하고 있는 것이 눈에 띈다.

"이 글의 내용인 민족개조의 사상과 계획은 재외동포 중에서 발생한 것으로서 내 것과 일치하야 마츰내 내 일생의 목적을 이루게 된 것이다. 나는 조선 내에서 이 사상을 처음으로 신앙하게 된 것을 무상한 영광으로 알며 이 귀한 사상을 선각한 위대한 두뇌와 공명한 여러 선배동지에게 이 기회에 또 한번 존경과 감사를 들입니다. 원컨대 이 사상이 사랑하는 청년 형제자매의 순결한 가슴 속에 깁히 뿌리를 박아 꽃이 피고 열매가 매쳐지이다."

이렇게 도산 안창호의 사상이라는 점을 암시하면서 이광수는 자신의 「민족개조론」을 제출한다. 우리 민족의 민족성을 비판하는 이 논설은 내용상 안창호의 그것과 큰 차이가 없지만, 안창호의 사상이 그 순결한 정신을 찬양하는 것 중의 하나로 받아들여지는 반면, 이광수의 이 사상은 변절자의 자기혐오로 받아들여진다는 것이 아이러니다. 이런 차이는 이 두 사람의 이때 이후의 행적에서 비롯된다.

이광수의 삼십대는 이렇게 민족개조론과 친일적 행적의 출발 지점이라고 할 수 있다. 앞에서 우리가 인용했던 이광수의 삼십대에 나타나는 자기반성은 이 문제와 직접적으로 연관되어 있다. 나는 이 시기 이광수의 자기반성이 기만적인 것이라고 보지는 않는다. 그리고 이후의 이광수의 행위 중에는 드러난 친일적 경향 외에 숨겨진 민족주의적 내용이 있는 점을 인정한다. 그러나 이광수 같은 천재적 인물이 자신이 밖으로 보여준 친일적 경향이 갖는 파급력이 얼마나 클지를 간과했다는 것은 이해가 되지 않는다. 이 점에서 나는 이광수의 드러난 행위가 진실로 그 속마음은 따로 감추고 있다고 보지 않는다. 그러므로 이광수의 삼십대에 보이는 자기반성은 결국 치열성이 떨어진다고 평가할 수밖에 없다.

치열성이란 전부냐 전무냐를 가름하는 총체적 자기 인식을 바탕으로 한다. 겉과 속을 나누고, 이때와 저 때를 나누는 것은 치열성에 약점을 갖게 하는 부정적 구조다. '겉으로는 이렇게 행동하지만 내 속마음은 이것과 달라'라고 하는 균열된 의식은 부끄러움이 목적으로 삼아야 할 대상을 증발시킨다. 마음은 숨을 곳이 마련되어 있는 곳에선 본격적인 반성을 시작할 수 없다. 그러므로 이광수의 삼십대는 애초에 부끄러움이 마음 전체를 대상으로 삼을 수 있는 조건을 마련하는 데 실패했으며, 또한 이런 부끄러움이 마치 해변을 침략하는 물결처럼 끊임없이 모든 시간 속에서 반성적 권능을 행사하게 만드는 데에서도 실패한 것이라고 하겠다.

8. 부끄러움과 우리의 욕망

부끄러움은 잘못을 범한 자리에서만 기능하는 자기반성의 소극적인 기제가 아니라 아무 잘못을 범하지 않을 때에도 우리 마음속에 자리잡고 있어야 하는 적극적인 기제다. 마음에는 완성된 성인의 마음이 따로 있는 것이 아니기 때문이다. 우리가 선한 내용을 갖는 것으로 지금의 마음을 잘 떠올리기 전에는 원래 성인의 마음이란 없다. 그러므로 지금 잘 생각하고, 잘 행동하는 방법밖에는 최선의 도리가 없다. 언제나 우리의 마음속에 부끄러움이 자리를 잡고 앉아 전전긍긍하는 규율 작업을 행하지 않는다면, 우리 마음이 어떤 모습으로 드러날는지 아무도 알 수 없다. 생각이 움직이는 바로 그 지점에서 부끄러움의 잣대가 작동하여 선의 씨앗이 꺾여 없어지지 않도록 길러내야 하는 것이다.

우리 속에서 선의 씨앗을 자라나지 못하게 하는 것은 욕망이다. 욕망이 우리 마음속에서 자라난다면 선의 씨앗은 싹을 틔우지 못하고 죽어버린다. 선의 씨앗도 이 한 줄기 생각의 흐름을 터전으로 삼아 싹 틔우는 것이고, 우리의 욕망도 바로 이 한 줄기 생각의 흐름을 터전으로 삼아 자라난다. 우리 마음밭은 광대무변한 듯하나 지금 우리의 한 줄기 생각 속에 들어서 있는 것이 전부이기도 하다. 지금 우리 마음속에서 이는 한 줄기 생각 속에 무엇을 길러내느냐에 따라 광대무변의 우주가 그 생각의 끄트머리에서 모습을 드러내기도 하고 한 조각 사사로운 욕망이 구체적 형체를 갖추기도 한다. 지금 한 줄기 생각 속에서 두 가지를 한꺼번에 길러낼 수는 없다. 한 조각 사사로운 욕망에서 벗어나는 순간 우리 마음속에서 선의 광휘는 우주 전체에 진리의 의미를 부여하기도 한다. 반대로 지금 우리의 한 줄기 생각 속에서 우리가 한 조각 사사로운 욕망을 부여안는 순간 우리 마음속을 장악한 욕망의 악취는 우주 전체를 암흑 속으로 함몰시킬 수도 있다.

그렇게 지금 우리의 한 줄기 생각은 선과 악이 피투성이의 투쟁을 펼치는 유일한 전장이다. 그게 우리 마음속에 걸려 있는 한 줄기 생각이므로, 그 속에서 사사로운 욕망으로 기울어버릴 가능성은 언제나 크게 열려 있다. 이것이야말로 진실로 우리 실존의 위기다. 이것이야말로 진실로 우리 면전에 놓여 있는 악마의 달콤한 유혹이다. 그리고 역설적으로 이것이야말로 우리의 선을 향한 지향에 주어지는 크나큰 표창이기도 하다. 그 치명적인 욕망의 유혹을 타고 넘어 선의 세상을 여는 것은 어려운 일이므로, 그 어려운 길을 걸어나가는 우리의 한 줄기 선한 마음은 위대한 도덕으로 칭송될 만한 자격을 갖게 된다.

그렇게 유혹 앞에 놓여 있는 한 줄기 생각을 걱정하는 우리 마음의 지향이 바로 부끄러움이다. 부끄러움은 앞선 실패의 경험에서 오는 반성하

부끄러워야 사람이다

는 힘이기도 하고, 앞으로의 성공을 기대하는 조심스러운 우리 마음의 태도이기도 하다. 부끄러움이 그 자신 타격할 목표점으로 겨냥하고 있는 것은 우리의 사사로운 욕망이다. 이것이 마음밭에 자리잡는다면 선의 세상은 한 생각의 그늘 속에서 일찍이 무너져버리는 모습을 보여줄 것이기 때문이다. 이미 그 사사로운 욕망이 마음밭에 자리잡았다고 한다면, 우리의 부끄러움은 더욱 커다란 힘을 갖추어내야만 소기의 목표에 이를 수 있을 것이다. 선을 향한 노력은 한 생각이 이는 순간 욕망으로 흐를 가능성을 경계하는 모습으로도 행해져야겠지만, 이미 우리 마음속에 욕망이 자리잡았을 때에도 그 뿌리를 캐내는 쪽으로 행해지기도 해야 한다. 다음 순간에 우리 마음속에서 일어나는 한 줄기 생각을 선하게 이끌어갈 수 있다면 이미 자리잡은 욕망도 점차 힘을 잃어갈 것이기 때문이다.

관건은 사사로운 욕망의 손에 권능을 부여해주지 말아야 한다는 것이다. 사사로운 욕망이 힘을 잃는다면 그대로 선이 힘을 강화시켜나가는 결과가 되는 까닭이다.

"나는 가난한 탁발승이오. 내가 가진 거라고는 물레와 교도소에서 쓰던 밥그릇과 염소젖 한 깡통, 허름한 담요 여섯 장, 수건, 그리고 대단치 않은 평판 이것뿐이오."

이 말은 1931년 9월 런던에서 열린 제2차 원탁회의에 참석하러 가던 중 마르세유 세관원에게 소지품을 내보이며 마하트마 간디가 한 말이다. 이 말에서 엿보이는 사사로운 욕망에 좌우되지 않는 마음 외에 우리가 선의 근거를 따로 찾아낼 수는 없다. 이 정도로 자신의 욕망을 밀어놓을 수 있는 사람의 마음속에서는 한 줄기 생각이 움직이는 순간 그것이 선의 씨앗을 담아낼 여지가 더욱 크게 확보될 수 있을 터이기 때문이다.

"크리팔라니가 엮은 『간디어록』을 읽다가 이 구절을 보고 나는 몹시 부끄러웠다. 내가 가진 것이 너무 많다고 생각되었기 때문이다."(법정, 『무소유』)

간디에게서 부끄러움은 그 마음속에 사사로운 욕망의 영토가 들어서지 못하게 한 혁혁한 성공의 모습을 보여주고 있다. 법정에게서 부끄러움은 그 마음속에 사사로운 욕망의 영토가 자리잡을 수 없게 치열한 노력을 수행하는 모습을 보여준다.

우리의 마음속에서는 아마도 부끄러움이 간디나 법정보다 더한 치열함을 보여주어야 할 것이다. 아무래도 우리가 간디나 법정보다는 더 넓은 사적 욕망의 영토를 마음속에 자리잡게 했을 것이기 때문이다. 마음속에 이미 사적 욕망의 영토가 마련되어 있다면 지금 움직이는 한 줄기 생각이 그 사적 영토의 확장으로 이어질 가능성은 더 커진다. 그러니 부끄러움의 권능도 더욱 크게, 더욱 치열하게 확보해야 지금 움직이는 한 줄기 마음을 사적 욕망으로부터 벗어나게 할 수 있지 않겠는가?

부끄러워야 사람이다

9. 함께하는
부끄러움

　인간은 서로를 보는 존재다. 서로를 본다는 것이 다만 눈으로만 보는 것이라면, 그것은 우리의 시기심을 불러일으키는 도구가 될 수 있다. 본다는 것은 욕망이 출발하는 가장 큰 바탕일 수 있기 때문이다. 눈은 볼거리를 지향하고, 볼거리는 소유욕으로 이어진다. 산업사회에서 대부분의 광고는 여기에 초점을 맞추고 있다.

　인간은 속에 마음을 갖고 있고, 겉에 감각기관을 지닌 존재다. 감각기관은 밖을 받아들이는 도구이므로 당연히 밖을 향해 뻗어 있다. 가장 밖을 향해 나가 있는 것은 시각과 청각이다. 그리고 그 뒤에 놓이는 것이 후각이다. 그 안쪽으로는 촉각이 있다. 제일 안쪽에 미각이 위치해 있으며, 마음속에 근거를 두는 것은 지각이다. 인간은 이런 도구들을 앞세워서 그 자신의 세계를 조망하고 재창조한다. 우리가 살아가는 실제 영역은 우리 자신에 의해 재창조된 세계 속이다. 밖에 나가 있는 도구에 의해 포착되어 들어오는 것일수록 밖에서 이미 존재의 근거가 마련되어 있고, 그것을 우리 세계로 편입시킴에 있어서는 마음의 피상적인 사유 작용으로 충분하다. 그러나 그렇게 하여 받아들인 것들이 우리 마음속에 근거를 마련하면, 우리 속에서 생산된 것들과 똑같이 우리를 지도하고 통제하는 힘을 갖게 된다. 우리가 보는 것은 자신의 세계 속에 우리가 선택적으로 참여시키는 자료에 불과하지만, 그것은 결국 우리의 자아를 구성하는 자료가 된다. 그러므로 보는 것은 우리 자신을 재생산하는 작업이 된다. 우리가 지금 무엇을 보고, 무엇을 느끼고, 무엇을 생각하느냐 하는 것은 이처럼 중요하다.

우리가 보는 것이 얼마나 우리 자신을 바꾸는가를 단적으로 확인시켜 주는 사진이 있다. 한 남성용 샤워젤을 광고하는 사진 속에 포함된 여성 비키니 변천사다. 100년의 역사를 관통하는 사진에서 우리는 단순히 옷의 형태만 바뀐 것이 아니라 여성 자체가 새로운 인종으로 바뀌어 있는 모습을 본다. 여성을 중심에 두고 현대 100년의 인류가 무엇을 보여주고 무엇을 볼 것이냐를 선택한 결과물이 2011년의 여성의 모습에 투영되어 있는 것이다. 우리의 시각이 여성의 속살을 보기로 선택한 것이 일으킨 여성의 변모를 우리는 한 장의 사진에서 확인하게 되는 셈이다.

무엇을 볼 것인가? 보는 것이 그만큼의 권력을 갖는다면 우리는 우리의 감각을 도구로 삼아 보아야 할 대상을 신중하게 처신하지 않으면 안 된다. 우리가 접하고 있는 세상을 무엇으로 전제하느냐에 따라 우리는 이제까지와는 다른 인간으로 재창조된다.

우리의 시각이 포착하는 대상이 여성의 속살이라면 우리는 그 여성을 보는 방식에 있어 최선의 진실성을 갖고 있다고 하기 어려울 것이다. 그러한 인식이 우리 속에서 떠올리는 것이 부끄러움의 감정이라면, 그것은 우

부끄러워야 사람이다

리의 마음이 진실한 방식으로 작동하고 있다고 할 수 있다. 그렇게 일어난 부끄러움은 우리의 마음을 규율하여 우리의 시각이 지금 머물러 있는 곳을 벗어나 바른 시점을 찾아 움직이게 할 수 있을 것이기 때문이다. 우리의 시각이 어떤 사람을 대할 때 그 사람과의 사이에 가설되어 있는 이해관계를 포착한다면, 그것 역시 우리의 마음이 진실에 바탕하여 작동하고 있다고 하기 어렵다. 그 이해관계를 우리 자신에게 보다 큰 이해를 가져다줄 수 있는 것으로 확정하기 위한 이기적인 노력이 뒤따를 수밖에 없기 때문이다. 이런 부분에서도 우리의 마음은 부끄러움의 정서를 만들어낼 수 있어야 한다.

부끄러움의 정서는 그 자체로서 우리 마음속에 떠올라 있는 상념이 아니다. 그것은 우리의 뜻이 선택하여 마음속에 절대적 권능을 갖는 것으로 들여놓아야만 구체적으로 작용할 수 있다. 마음속에서 그것이 움직이는 문법 역시 저절로 마련될 수 있는 것이 아니다. 우리가 그것을 중심에 두고 그것의 성격과 의미를 확정하여 실체화시킬 때에만 그것은 그렇게 정해진 방식으로 작동하게 된다.

마음속에 우리가 갖추고 있어야 하는 지향은 어떤 것일까? 우리가 자신이 거느리고 있는 시각이나 청각의 외부적 도구를 사용하여 세상을 조감할 때, 그곳에서 봐야만 하는 것은 무엇일까? 우리는 무엇을 듣고 무엇을 볼 때 가장 위대해질 수 있을까? 이런 질문에 대한 답변을 바탕에 두고 우리의 부끄러움이 작동하여 그 목적을 이룰 수 있도록 반성하고 인도하는 역할을 수행하게 해야 한다. 뜻 또는 의지에 의한 우리 마음의 감독 작용은 공자가 열다섯 살에 그 마음속에 장착했던 '입지'의 태도를 갖는 것이고, 이황이 평생에 걸쳐 그 마음속에서 권능을 지니도록 양허했던 '경건'을 장착하는 것이다. 입지나 경건이 굳건한 이상과 목표를 확정해두고 있다면, 그러한 이상이나 목표와 지금 내 마음속 한 생각의 움직임 사이에서 엿보이는 차이는 부끄러움이 반성적 능력을 수행하도록 하는 '틈'으로 작용할 것이다.

이렇게 바람직한 마음의 설계가 전제돼 있어야 우리는 마음을 적절하게 이끌어나가는 권능을 확보하게 된다. 이상을 전망하고, 부끄러움의 지도를 불러들일 수 있으려면 우리의 감각들도 이러한 조건에 맞추어 작동하지 않으면 안 된다. 우리의 감각이 바라보는 바깥세상에서 우리가 무엇을 보고 무엇을 들어야 하는가를 미리 지시하는 체계가 가동되어야 한다는 말이다.

우리의 이상은 아름답고 행복한 세상, 도덕이 구현되는 세상이다. 그런 우리의 이상은 나와 타자를 다른 존재로 나누어 볼 수 없게 한다. 우리는 눈과 귀를 열어 타자를 보고 타자에게서 듣되 우리와 구분되는 완전한 타자로 그들을 인식해서는 안 된다. 우리는 밖에 있는 그들의 속살이나, 그들이 가져다주는 이해관계 따위에 주목해서는 안 된다. 우리는 타자를 우리와 똑같은 인격으로 보아야 하고, 자신을 사랑하듯 사랑하지 않으면 안 되는 대상, 바로 외재화된 자아로 여기지 않으면 안 된다.

우리는 함께 서 있는 존재들이고, 같이 나아가야 하는 존재들이다. 이러한 인식은 우리가 지향하는 도덕의 세상이 결국은 아름다운 인간사회라는 것을 전제하게 한다. 이런 전제가 실제로 움직인다면 우리 자신에게 주는 사랑만큼 타자에게 사랑을 표명하지 않는 지금의 내 마음은 우리 속에서 부끄러움을 불러내 그것에 의한 규율과 지도를 자청하지 않을 수 없게 될 것이다.

10. 강성한 의지와 나약한
인내 사이의 부끄러움

인간은 위대하다. 어떤 점이 가장 위대한가? 굳건한 의지야말로 인간을 가장 위대하게 한 요소다. 육체적 능력으로 보자면 인간은 약점을 많이 가진 존재다. 인간은 원숭이 종의 한 계열에 불과하며, 강력한 힘을 발휘하는 뿔도, 모든 것을 찢어놓는 손톱도, 거침없이 질주하는 다리도 갖지 못했다. 육체적인 조건으로 보면 한없이 나약하지만, 인간은 공룡의 시대를 잇는 오늘날 지구 역사의 주인공이다. 인간의 수중에 이런 놀라운 성공을 가져다준 것은 의지, 자신을 위대한 존재로 우뚝 세우고자 하는 강성한 의지다.

의지는 도덕이 결정하는 것이 아니다. 의지를 내세우는 것은 우리의 생각이다. 그런 의지에 의해 강력하게 내세워졌다고 해서 다 좋은 의지인 것은 아니다. 그러므로 도덕을 소중하게 생각하는 사람은 이 의지가 모습을 갖춘어내는 과정에서도 도덕적 잣대를 들이대지 않으면 안 된다. 이 잣대의 규율을 받아서 선의지를 마음 한가운데 세워놓을 수 있을 때 우리는

부끄러워야 사람이다

자랑스러움을 느끼게 될 것이다. 그렇게 도덕적 잣대를 기준으로 하여 스스로의 생각 속에서 조형되는 의지의 모습을 측량함으로써 미흡한 부분을 느낀다면 우리 마음속에 떠오르는 정서는 부끄러움이 될 것이다. 그렇게 부끄러움이 마음속에 드러나지 않도록 규율하고 반성하는 과정을 거쳐서 우리는 선의지, 좋은 의지를 마음속에 세워놓아야 할 것이다. 만약 이런 과정에서 선의지를 세우는 데 실패하고 좋지 않은 의지를 우뚝 세웠다면, 우리는 마음속에 굳건한 의지를 가졌으면서도 근원적 부끄러움을 떨쳐낼 수 없게 된다.

그러므로 의지를 세울 것이라면 최선의 의지, 어떤 부끄러움도 작동할 필요가 없는 좋은 의지를 굳건하게 세워야만 한다. 그것이 세워지기는 했는데 약하거나 흔들린다면, 그 부분에서도 부끄러움이 작동하게 된다. 따라서 그 굳건함에 있어서도 나무랄 수 없는 정도에 이르러야 우리를 만족시킬 만한 의지라고 하겠다.

이 의지의 감독과 통제에 따라 우리는 생각과 행위를 움직여나가게 마련이다. 그러므로 이런 것이 갖추어져 있는 사람과 그렇지 못한 사람은 매우 다른 모습을 보일 것이다.

굳건한 의지를 마음속에 들여세우는 데 있어서 성공을 거두는 사람은 많이 있다. 가장 문제되는 것은 이 굳건한 의지를 빈틈없이 끌고 나가는 실천력이다. 세월은 모든 것을 타락시키는 원흉이다. 처음에는 날을 세웠던 의지도 시간이 흐르면 바래고, 무뎌진다. 인생은 찰나 속에 있는 것이 아니고, 생과 사 사이의 오랜 시간 속에 있다. 인생의 긴 시간 속에서 굳건한 의지가 언제나 기능할 수 있으려면 우리의 나약한 인내를 부끄러워하는 마음 역시 그 인생 속에 동행하지 않으면 안 된다.

　그러므로 부끄러움은 어떤 도덕적 자아의 구현에 성공했다고 해서 우리 곁을 떠나도 좋은 것이 아니다. 그것은 언제나 우리 마음에 자리를 잡고 앉아 각오를 새롭게 하는 반성력으로 작용해야 하고 모자라는 인내력을 추슬러 세우는 채찍으로 작용해야 한다. 우리의 도덕은 이 의지와 부끄러움 사이에서 출렁거리며 형체를 드러내는 것이기 때문이다.

부끄러워야 사람이다

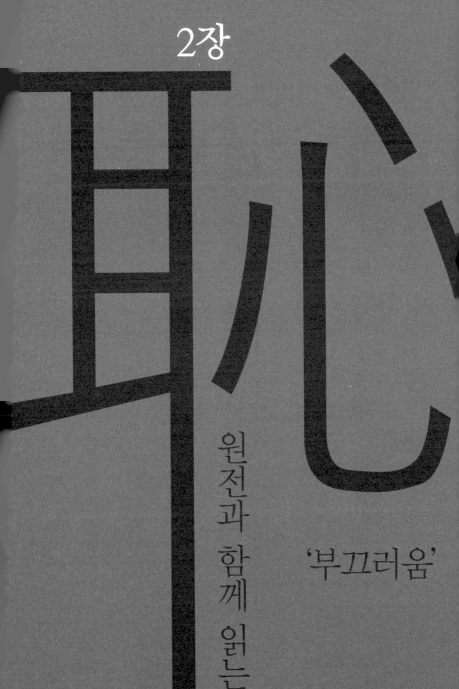

2장

恥

원전과 함께 읽는

'부끄러움'

恥

공자가 말했다. "현자를 보면 바르게 할 일을 걱정하고 현명하지
못한 사람을 보면 안으로 스스로를 반성한다."
「이인」

인간은 도덕적 문제 상황에 놓인 존재다. 인간은 불완전하기 때문에 도
덕적 문제 상황을 피할 수 없다. 완전하다면 문제될 게 없으며, 그러므로
신에게는 도덕이 문제되지 않는다. 동물에게 또한 도덕은 문젯거리가 아니
다. 신이나 동물은 이렇게 되는 것과 저렇게 되는 것 사이에서 흔들릴 이유
가 없다. 두 존재는 선택하는 것으로 모든 것이 끝난다.

신은 선택의 고민도 결과의 후회도 없으므로 자신을 바꾸어나갈 기회
를 갖지 않는다. 신은 언제나 그런 신이고, 여전히 그런 신이다. 신이 바뀔
수 있다면 그것은 보다 나은 신을 목적으로 삼는 것이 아니라, 변덕스러운
자기 변신일 따름이다.

신과 달리 동물은 결과를 놓고 후회할 수 있다. 동물이 갖는 결과에 대
한 회의는 인간에게도 마찬가지로 주어진다. 동물의 행위는 성공과 실패
에 따라 생사의 문제가 걸려 있는 영역에서 진행된다. 그런 점에서 그것은
결정적으로 중요하고, 언제나 최우선적으로 고려되어야 할 문제다. 이 영
역은 여유와 위엄이 설 자리를 잃을 수밖에 없는 곳이다. 여유를 부리거나
위엄을 찾다가 성취가 어긋나버린다면 바로 죽고 사는 문제에 맞닥뜨릴 것

이기 때문이다. 이를테면 사냥꾼이나 적을 앞에 두고는 멋진 모습으로 위험에서 벗어나는 것이 고려될 여지가 없는 것과 마찬가지다. 멋지고 멋지지 않은 것은 둘째치고 살아나는 것이 유일한 관심사일 것이다.

그렇지만 이러한 절체절명의 위기에서도 '멋진 모습'이 고려된다면, 이 자리는 생존에 걸려 있는 것이 아니라 도덕에 걸려 있는 것이다. 도덕은 '멋진 모습'이 의미를 지니는 영역이다. 인간다움, 인간의 위엄이 문제되는 지점이 도덕의 자리다. 인간의 위엄은 일정한 여유 속에서 문제로 떠오른다. 죽고 사는 문제, 생존의 위기 속에서 인간은 여유를 잃는다. 이런 자리에도 여유를 불러들이고, 그래서 인간다움, 인간의 위엄을 구현하기 위한 노력을 한다면, 그런 사람은 도덕적으로 완성된 경지에 들어섰다고 할 수 있다.

도덕은 결과를 반성하고, 과정을 반성하고, 선택을 반성하고, 생각을 반성하고, 과거를 반성하는 것이다. 이것은 결과를 부끄러워하고, 과정을 부끄러워하고, 선택을 부끄러워하고, 지금의 생각을 부끄러워하고, 과거를 부끄러워하는 것이기도 하다. 한 사람의 마음속에서 도덕이 얼마나 심화되고 확장되느냐에 따라, 부끄러움의 영역은 그 넓이가 결정된다.

부끄러움이 쉽게 움직이는 것은 그 결과의 문제가 나타나 있는 영역이다. 그것으로부터 시작하여 과정의 문제로, 선택의 문제로, 동기의 문제로, 과거의 경험 문제로 부끄러움은 영역을 넓혀간다. 그렇게 부끄러움이 움직이는 영역이 넓어지고 반성이 작동하는 힘이 강화되어가면, 도덕적 자아는 보다 굳건해지게 마련이다.

반성력의 강화, 부끄러움이 작동되는 영역의 확장은 결국 언제 어디에

부끄러워야 사람이다

서나 반성하고, 어떤 무엇에서나 부끄러움을 만들어 갖는 힘의 확보를 지향한다. 그것이 결국 자기 속에서 움직일 때 실제 덕성을 신장시키는 결과를 만들어낼 수 있지만, 그런 성취는 단숨에 이루어지지 않는다. 자기 인격 내부에서 움직이는 부끄러움의 힘을 강화시키기 위해서는 여러 통로를 통한 공부와 숙련이 필요하다.

도덕은 개인 차원에서는 인격의 문제이지만, 사회 차원에서는 정의의 문제다. 도덕은 자기 속에만 있는 것이 아니라 사회 속에도 있고, 다른 이들 속에도 있다. 사람은 사회에서 살고, 다른 사람들과 어울려 산다. 우리는 매일 다른 사람을 보고 다른 사람의 행동을 마주친다. 우리의 생활이 다른 사람의 생활과 중첩되어 움직이기 때문이다. 마음속에서 부끄러움이 우리 자신의 마음과 행동을 근거로 하여 움직이면서 다른 이의 마음과 행동은 그저 스쳐 보낼 뿐이라면, 우리의 마음속 부끄러움은 그만큼 치열한 반성력을 행사할 수 없을 것이다. 다른 이들의 생각과 행위에 둔감한 의식이 자기 자신의 생각과 행위에 대해 치열성을 발휘하기는 어렵기 때문이다.

그러므로 부끄러움의 의식을 치열하게 갖추고 있는 사람은 모든 경우에 자신의 도덕적 성숙을 위한 노력을 보이기 마련이며, 이런 점에서 다른 이들의 도덕적 행위나 부도덕한 행위도 모두 자신의 부끄러움 의식을 작동시키는 소재로 받아들이게 마련이다. 그는 다른 이들의 행위에서 현명함을 보게 되더라도 스스로에게 그런 현명함이 없는 것을 부끄러워하여 자기 속의 현명함을 만들어가는 도구로 쓰고, 다른 이들의 행위에서 현명하지 못함을 보면 자기 속에도 있는 그 현명하지 못함을 부끄러워하여 그것을 없애나가는 도구로 쓴다. 그렇게 시시각각 움직이는 부끄러움의 반성력을 갖는 사람은 자기 안팎에서 주어지는 모든 것을 통해 도덕적 자아를 확장하는 노력을 수행하게 된다.

【논어 2】 원문 2

> 공자가 말했다. "옛사람의 말은 '몸소 행하는 것이 민첩하지 못함을 부끄러워하는 것'을 벗어나지 않는다."
>
> 「이인」

옛사람은 성인이다. 성인은 인간을 걱정하는 사람이다. 성인은 천리를 알고, 그 앎을 구현한 사람이다. 천리는 성인의 행위로 구현되고, 성인의 말씀으로 남겨져 있다.

동양의 성현들은 모르는 것을 알기 위해 고뇌하는 존재가 아니다. 그들은 아는 것을 실천하기 위해서 고민하는 존재다. 도덕은 지식의 문제보다는 실천의 문제에 더욱 크게 걸려 있다. 그러므로 공자는 『논어』의 첫머리에서 '배워서 익히는 것'의 즐거움을 말한다.

유학에서 '아는 것'은 두 가지 통로로 주어진다. 하나는 성현의 말씀을 통하는 것이다. 성현에게서 배우고, 성현의 말씀이 남겨진 책을 통해 배운다. 이것은 후대의 세상에서 앎으로 나아가는 길이다. 다른 하나는 '하늘

부끄러워야 사람이다

을 올려다보고 땅을 내려다보아 그 질서를 확인하는 것'이다. 이것은 보다 근본적인 앎의 방식이다. 이런 두 가지 통로로 천리는 우리에게 알려진다.

아는 것은 어렵다. 그러나 행하는 것에 비해서는 쉽다. 앎이 머릿속의 지식으로 들어 있는 것은 앎의 완성이 아니다. 우리의 앎은 앎 자체를 목표로 하는 것은 아니기 때문이다. 앎의 목표는 행하는 것이다. 천리를 알았다면 이를 행하여 인간 세상을 천리가 구현된 세상으로 완성시키지 않으면 안 된다. 앎의 최종적인 목표 지점은 천리가 구현된 인간 세상이다. 그것은 성현의 목표이기도 하고 우리의 목표이기도 하다.

성현의 앎은 자기 속에서는 완성되어 있다. 성현은 하늘과 땅의 이치를 알아서 이미 자기 속에서 구현한 존재다. 그러나 성현 밖의 세상에는 성현이 아닌 우리가 있다. 우리는 아직 알지 못하는 존재이고, 설령 알았다 해도 아직 구현하지 못하는 사람이다. 성현은 우리를 걱정하는 존재이고, 우리의 세상을 걱정하는 존재다. 성현은 우리의 앎을 위하여 그 말씀을 널리 알리기 위해 노력하는 존재이고, 그 말씀이 빠르게 우리의 행동으로 구현되지 않는 것을 안타까워하는 존재다. 성현은 자신의 앎을 가지고 이를 구현하기 위해 노력하는 사람이다. 그는 이 앎보다는 이 구현이 우리에게 더욱 어려운 일이라는 점을 절절하게 체험한 사람이다.

그러므로 세상을 걱정하는 성현의 말씀 속에 가장 중요하게 거론되는 것은 우리 실천의 약점이다. 앎이 문제가 되는 것은 알려주면 된다. 이것은 성현이 훌륭하게 도와줄 수 있는 부분이다. 그러나 실천이 문제가 되면 성현이 도와준다고 해서 해결될 수 없다. 그것을 해결할 수 있는 것은 우리 자신뿐이다. 문제는 앎이 아니라 그 앎의 실천이라는 이유가 바로 여기에 있다. 따라서 성인의 말씀은 우리가 앎을 실천하지 않고 있는 것에 집중된다. 우리 자신 속의 앎이 실천으로 나아갈 수 있게 하는 동력은 우리 마음이 실천하지 않고 있는 자신에 대해 부끄러워하는 태도를 갖는 것에서 마련된다.

【논어 3】원문 3

> 자공이 물었다. "공문자는 어찌하여 글을 안다고 말해지는 것입니까?"
> 공자가 말했다. "민첩하게 움직이고 배우기를 좋아하며 아랫사람에게 물으면서도 부끄럽다는 생각을 하지 않으니 이로써 글을 안다고 말해지는 것이다."
>
> **「공야장」**

앎의 실천이 가장 문제라는 것은 분명하다고 해도, 그것은 정도의 문제이지, 앎의 문제가 완전히 해결되고 실천의 문제만 남았다는 이야기는 아니다. 실천이 아무리 중요하다 해도 그것은 앎 없이는 시작될 수 없다. 그런 점에서 실천의 문제는 언제나 앎의 문제를 전제로 한다.

공자로부터 중국의 학문이 본격적으로 시작되었다고 할 때, 공자의 노력도 앎을 가르치는 것을 바탕으로 행해졌다. 앎이 먼저 작동해야 실천이

부끄러워야 사람이다

길을 떠난다는 것은 결코 무시될 수 없다. 공자 이후, 동양의 역사에서 전개된 교육의 역사는 그 앎을 유통시키는 것이었다. 성현들의 앎은 교육을 통해 학생들에게 전해지고, 또 책을 통해 후대에 물려진다. 그러므로 역사가 거듭될수록 앎은 책을 통해 전해졌다. 아마 공자 시대에도 책을 읽는 것을 주로 하여 공부가 행해졌을 것이다. 『시경』『서경』『역경』 등의 체계가 완성되는 점은 이러한 문제와 관계가 있을 터이다.

그런데 공부가 책을 매개로 삼으면, 원래 공부가 지니고 있는 본질적인 의미가 퇴색될 수도 있는 문제가 발생했다. 성현들에게는 공부가 하늘과 땅의 이치, 인간의 본질을 깨달아 아는 것이지만, 후대인들에게는 책을 익히는 것이 공부의 전부가 되어버릴 수 있다. 공자와 자로, 공문자가 연관되어 있는 위의 구절은 바로 이 문제를 다루고 있다.

위의 구절에서 자로는 글자 배우는 것을 중심으로 하여 배움에 대해 견해를 지닌 사람이다. 그런 그의 눈에 비친 공문자는 글공부를 열심히 하는 사람은 아니었던 모양이다. 공문자는 위나라의 대부인데 그 이름은 어圉다. 공어가 문자로 불리는 것이 자로에게는 마땅치 않게 여겨졌기에 자로는 공자에게 질문을 던지고 있다. 자로가 주목해 보는 것이 공부의 형식이라면, 공자가 눈여겨보는 것은 공부의 실질이다. 공자는 공문자에게서 열심히 배우는 태도와 더불어 누구에게나 배우는 노력을 주목한다. 공문자는 아랫사람에게 물어 배우는 것도 꺼리지 않는 사람이었다. 이것은 사실 상당히 중요한 덕성이다.

인간의 사회적 생활은 윗사람과 아랫사람을 나누는 것에 엄격하다. 계층의 차원에서든 나이의 차원에서든, 상하관계의 틀이 마련되어 있는 자리에서 윗사람의 권위는 매우 중요하다. 권위의 잣대를 들어 부끄러움이 움직이는 틀이 가동하기 때문이다. 이 잣대는 모든 인문사회에서 상당히 중요한 형식적 틀로 작동한다. 이런 형식주의의 틀에 갇힌 사람은 '아는 척'하는 잘못을 범하기 쉽다.

공문자는 이런 함정으로부터 벗어난 사람이다. 그는 자신의 사회적 권위를 무너뜨리는 데에서 부끄러움을 느끼기보다는 모르는 것에서, 배움이 모자라는 것에서 부끄러움을 느끼는 사람이다. 그러므로 그는 아랫사람에게 물어서라도 앎과 배움을 신장시키기만을 바라던 인격, 배움에 대한 열정이 남다른 인격이라 할 수 있다. 공자는 이 점을 보고, 그에게 문자라는 이름이 부여되는 것이 적절하다고 생각하는 것이다.

부끄러움은 작동 지점이 따로 결정되어 있지 않다. 그것을 어느 지점에서, 무엇을 목적으로 작동하게 하느냐 하는 것은 우리의 의식이 결정한다. 문자는 그것을 배움의 열정을 촉발시키는 지점에서 움직이게 하는 의식을 갖추었다. 그러므로 그는 글을 뛰어넘어 어디에서나 배우고, 자신이 상급자라는 권위를 뛰어넘어 누구에게나 배우는 적극성을 발휘하는 것이다. 이것은 공문자의 덕성이지만, 사실은 공자의 덕성이기도 하다. 모름지기 배움이란 이렇게 전면적으로 진행되는 치열한 자기 향상의 노력이어야 한다고 공자는 생각했던 것이다.

공자가 말했다. "잘못을 범하고서 고치지 않으니 이것을 허물이
라 하는 것이다."

「위영공」

공자 사상을 한마디로 정의한다면 '배움에 대한 열정'이라고 할 수 있
다. 이 열정은 어떤 무엇으로도 가두어둘 수 없는 절대적인 것이다. 공자는
모든 덕목을 이 열정을 불러일으키는 매체로 쓰고 있다.

공자에게서 공부는 덕성을 기르고 도덕을 구현하는 것이다. 공부에 대
한 이러한 열정은 언제 어디서나 배우려 하고, 배운 것은 구현하기 위해 최
선을 다하는 노력으로 나타난다. 도덕적 자아를 완성시켜나가는 공자의
공부는 성인을 목적지로 하는 것이었다. 공자는 자신에 의해 대표될 수 있
는 이런 인격을 군자라는 이름으로 불렀다. 군자는 지금은 도덕적으로 미
성숙하지만, 이를 극복하여 성숙한 데로 나아가기 위해 치열하게 공부하
는 사람이다.

아직 미성숙하므로, 군자는 잘못을 범할 수도 있다. 잘못을 범한다는
것이 미성숙 인격으로서의 군자에게도 자랑스러운 것은 아니다. 그러나 그
것이 가장 부끄러운 일도 아니다. 가장 부끄러운 것은 잘못임을 알면서도
고치지 못하는 점에 있다. 한번 범한 잘못을 다시 범하지 않는다면 도덕적
자아는 한 걸음 앞으로 나아가게 된 것이다. 그러나 한번 범한 잘못을 또

다시 범한다면, 자기완성은 이루어질 수 없는 목표가 되고 만다.

【논어 5】 원문 5

공자가 말했다. "군자에게는 세 가지 경계할 것이 있다. 어릴 때에는 혈기가 안정되어 있지 않으므로 여색을 경계해야 한다. 장성하여서는 혈기가 강성하므로 싸움을 경계해야 한다. 늙어서는 혈기가 쇠약하여졌으므로 얻고자 하는 것을 경계해야 한다."

「계씨」

유학은 인간의 도덕을 추구하는 것이다. 이것은 인간이 지닌 약점을 극복하는 방식으로 스스로를 경계하고 독려하는 것이기도 하다. 그러므로 유학적 공부는 인간에 대한 연구 또한 병행하지 않을 수 없다.

인간은 기질로 이루어진 존재다. 혈기를 가진 인간이 지닌 약점은 나이에 따라서 다른 특징을 보여주기도 한다. 인간의 약점은 극복되어야 할 부분이고, 이를 극복하기 위해서는 이러한 약점이 드러나는 것을 부끄럽게 생각하는 마음이 적극적으로 움직여야만 한다.

사람에게는 쉽게 떨쳐버리기 어려운 세 가지 욕망이 있다. 여기서는 특히 남자가 경계해야 할 세 가지가 언급되고 있다. 여자에 대한 욕구, 투쟁욕, 소유욕이다. 이것은 글자 내용을 조금 바꾸면 여성의 세 가지 욕망이

부끄러워야 사람이다

라 할 수도 있다. 즉 이것은 인간의 욕정, 승리에 대한 욕구, 소유에 대한 욕구로 정리해도 좋을 것이다. 아마도 이러한 욕망은 나이에 따라 시간표대로 나타난다고 할 순 없다. 언제나 인간의 욕망 속에 내재해 있는 것일 텐데, 다만 나이에 따라 특히 극복하기 어려운 욕망이 조금씩 다르게 생겨나는 것이리라.

【논어 6】원문 6

공자가 말했다. "군자는 자신에게서 구하고, 소인은 다른 사람들에게서 구한다."

「위영공」

도덕은 치열한 자기 성찰이다. 그것은 자기 자신을 고민하고, 자기 자신을 완성시켜나가는 것이다. 이 과정에 타인이 끼어들 여지는 없다. 타인은 오직 가르침을 주는 존재로, 부끄러움을 촉발시키는 존재로, 간접적인 작용을 수행할 따름이다. 그렇게 군자는 그 자신의 존재성과 밀착되어 있다. 그가 부끄러워하는 것도 그 자신의 존재성에 들어 있는 어떤 부분 때문이고, 그가 자랑스러워하는 것도 자기 존재 속에 갖추어진 어떤 부분 때문이다.

군자의 부끄러움은 그 자신이 바라보는 그 존재성의 이상적 목표점과 현실적 결핍감 사이에서 생겨난다. 그 이상을 바라보는 것도 자신이고, 그 현실을 바라보는 것도 자신이다. 스스로가 그 자신을 바라보고 있으므로 군자는 잘못을 감출 수 없다.

군자가 타인의 시선 앞에 자신을 놓고 있다면 그는 진실한 자신으로부터 도피할 수도 있을 것이다. 가장과 허위로 자신을 꾸며서 보여주고, 그것을 바탕으로 한 타인의 평판에서 위안을 구한다면, 군자가 나아가고자 하는 도덕의 길은 열리지 않는다. 가식과 허위 속에는 도덕이 없다. 그곳에는 진실한 자아가 놓여 있지 않기 때문이다. 타인의 시선에 기대서 위안을 찾고, 진실한 자아는 돌아보지 않는다는 것은 부끄러운 일이다. 진실한 자아를 걱정하는 사람은 잠시도 그 자신으로부터 눈길을 돌리지 않는다. 그는 타인을 보고 있을 때에도 사실 그 자신을 보고 있다. 그러므로 타인에게서 부끄러운 것을 찾아서 그 자신의 부끄러움으로 돌아가고, 타인에게서 자랑스러운 것을 찾아서 그 자신의 자랑스러운 것으로 환원시켜내는 것이다. 물론 이렇게 진실로 자기 자신과 대면하면서 스스로의 이상을 목적지로 삼아나가는 사람에게는 자기 자신의 자랑이 눈에 보이기보다는 부끄러움이 언제나 절실하게 다가오는 법이다. 목표가 되는 완전한 자기는 아직 이루어진 것이 아니기 때문이다.

【논어 7】 원문 7

공자가 말했다. "군자는 덕을 생각하고 소인은 땅을 생각하며,

부끄러워야 사람이다

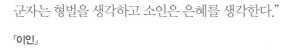

군자는 형벌을 생각하고 소인은 은혜를 생각한다."
「이인」

공자는 군자를 대표하는 인격이다. 이 인격을 설명해줄 수 있는 것으로는 공자의 저 유명한 정신적 이력서가 가장 먼저 손꼽힐 수 있다. 열다섯 살에 '배움에 뜻을 둠', 서른 살에 '스스로 섬', 마흔 살에 '흔들리지 않음', 쉰 살에 '하늘의 이치를 앎', 예순 살에 '귀에 거슬리는 것이 없어짐', 일흔 살에 '하고 싶은 대로 해도 법도에 어긋나지 않게 됨'으로 정리되는 것이 공자의 일생이다. 이 공자의 자기 수양 과정은 앎의 측면에서는 하늘의 이치에 통달하는 데 이르고, 덕성의 차원에서는 욕심 없음에 이르고, 행위의 차원에서는 도덕의 막힘없는 구현에 이르는 것으로 요약될 수 있다. 공자는 이렇게 열다섯 살의 자각을 평생의 각성으로 끌고 나가 성인의 마음과 도덕을 실체화하는 데 이른다.

이러한 공자의 공부는 이익에 좌우되는 인격이 아니라 도덕을 목표로 하는 인격으로 설명할 수도 있다. 이익은 자아의 욕망에 따라 움직이는 것이다. 이익은 사회적 가치를 가지며, 자기 이익을 키우기 위해서는 다른 이의 이익을 빼앗아오지 않으면 안 된다. 그러므로 이익이 앞장서서 이끌어가는 사회는 투쟁과 기만을 반드시 동반하며, 도덕이 들어설 여지를 박탈하게 마련이다. 도덕과 이익은 나란히 가지 못한다. 둘 다 독식성이 강하기 때문이다. 도덕은 적당한 차원에서는 그 권능을 확보할 수 없으며, 이익은 욕망의 크기를 점점 키우는 성향을 지니고 있다. 도덕은 그것을 이루고자 한다면 전력을 다하여 불러들어야 우리 속에 자리잡을 수 있고, 이익은 한 번 불러들이면 온 마음에 쉽게 뿌리를 내리는 것이다. 그렇게 이 두 가지는 서로 배타적인 관계에 놓여 있다.

전통 시대의 이익은 토지로 대표되었다. 공자는 이런 이익에 의해 이끌리는 삶을 부끄러워했다. 도덕에 의해 이끌리는 삶을 절대화하려는 치열한 의식을 갖추고 있었던 것이다. 절대적으로 도덕에 매달리는 사람은 스스로의 마음에 집중하고, 그 마음속에 끼어드는 이익에 대한 작은 욕심조차 소홀히 여기는 법이 없다. 도덕을 이루는 목표에 치열하기 때문이다. 도덕의 마음은 나의 이익을 보는 것이 아니라 타인의 이익을 본다. 타인의 이익을 앞세운다는 것은 타인에게 너그럽게 처신하는 것이다. 타인에게 너그러운 것은 자신에게는 박한 것이다. 자신의 마음속에 이는 작은 허물까지도 부끄럽게 생각하여 스스로 책임을 묻는 태도야말로 도덕의 마음을 만들어나가는 유일한 방법일 것이다.

【논어 8】 원문 8

공자가 말했다. "다스리는 것으로 이끌어가고, 형벌로 바르게 하면 백성들은 벌을 피하기만 하면 부끄러워하지 않게 마련이다. 덕으로 이끌어가고, 예로써 가지런하게 만든다면 백성들은 언제나 부끄러움을 느끼고 스스로 바로잡아나갈 것이다."

「위정」

부끄러워야 사람이다

유학은 현실의 역사에서 도덕적 이상이 구현되는 사회를 만들어나가려 한다. 그러한 목적을 지니는 것이 유학의 권력이고, 정치다. 그런데 도덕은 마음속에서 완성되는 것이다. 그렇기 때문에 사람이 내면에서 진실로 도덕적 자아를 이루지 않는다면 도덕의 사회는 이루어질 수 없다.

그러므로 유학은 사람을 도덕적으로 바꾸어주는 정치를 펼치고자 한다. 교화의 정치, 가르치는 정치를 선택하는 것이다. 도덕을 가르치는 방법은 모범을 보여주는 것이 최선이다. 그러므로 교화의 주체가 되는 유학의 도덕은 도덕적으로 모범이 될 수 있는 존재, 성인이어야 한다. 성인의 도덕은 언제 어디서나 충만한 모습을 보여주므로 그것을 대하는 사람을 감복시킨다. 충만한 도덕은 그것을 보는 이들의 마음속에서 부끄러움을 일으키고 자기의 도덕적 각성을 이끌어가는 힘으로 쓰이게 한다. 이것이 도덕을 써서 사람을 교화시키는 방법이 갖는 권능이다.

그러나 형벌은 이런 힘을 갖지 못한다. 형벌이 쓰이는 세상에서는 사람들이 지니는 마음의 자세가 처음부터 다르다. 형벌은 밖으로 드러난 행위의 결과를 규율하는 것이다. 그것은 결과를 사회적으로 규율하는 것이 갖는 한계 속에 닫혀 있다. 그 한계는 두 가지로 정리될 수 있다. 하나는 타인의 시선을 통해 규율한다는 점이다. 다른 하나는 사회적 규제를 가하는 것이기 때문에 최소한의 제재 방식을 택해야 한다는 점이다. 첫 번째 한계가 갖는 문제는 타인의 비판적 시선을 나의 부끄러움으로 환원되는 구조를 만들어내기 어렵다는 점이다. 두 번째 한계가 갖는 문제는 다른 여러 잘못 가운데 극히 일부를 규율하는 것이기 때문에, 형벌로 규제되지 않는 여러 죄가 '제재당하지 않으면 죄가 아니라는 생각'을 만들어주어 결국 부끄러움의 의식을 소멸시킨다는 것이다.

　도덕은 최소한의 규율을 통해서는 자라나지 않는다. 도덕은 할 수 있는 최대치를 규율할 때만 성장할 터전을 만들어낸다. 부끄러워할 만한 모든 것을 부끄러워하지 않으면 그것은 우리를 성장시키는 부끄러움, 우리 인격을 바르게 만들어나가는 부끄러움이 될 수 없다.

【논어 9】 원문 9

　증자가 말했다. "나는 하루에 세 번 내 자신을 반성한다. 다른 사람을 위해 일함에 있어 충실하지 못한 것이 있는가? 친구와 교유함에 있어서 믿음을 다하지 못한 것이 있는가? 전해 받은 것을 닦지 못한 것이 있는가?"

「학이」

　도덕적 자아를 완성시켜나가는 노력은 잠시도 멈출 수 있는 것이 아니다. 그것은 생각이 움직이는 모든 지점, 행동이 일어나는 모든 지점을 수양의 현장으로 요청한다. 유학이 꿈꾸는 도덕은 생활인의 도덕이다. 생활은 태어나면서부터 죽을 때까지 그침 없이 이어진다. 그 모든 생활 속 시간은 도덕적 문제 상황에 놓인다. 마음은 성인의 마음과 범부의 마음이 갈라질 수 있지만, 생활은 성인의 생활과 범부의 생활이 갈라져 있지 않다. 어떤

시간과 공간에 있는 아직 구현되기 전의 생활은 성인에게도 문제이고, 범부에게도 문제다. 그러므로 진실한 의미에서 유학의 수양 전선에서는 매 순간 성인과 범부로 갈라지는 시험이 이루어지고 있는 셈이다. 이런 점에서 항상 부끄러움을 앞세워서 반성하고 성찰하는 것 이상의 수양 덕목은 따로 없다.

증자는 이것을 하루 세 번 반성하는 것으로 제출한다. 세 번이란 반드시 하나, 둘, 셋으로 이해될 필요는 없다. 여러 번, 시시때때로라고 받아들이는 것이 옳다. 이것은 또한 세 가지를 반성한다는 것으로 이해되어도 좋을 것이다. 이 세 가지를 덕목으로는 성실, 믿음, 학습으로 말할 수 있고, 인간적 관계로는 사회관계, 인척관계, 사제관계로 정리할 수 있다. 증자는 여기서 모든 인간관계와, 그런 모든 인간관계에서 갖추어야 하는 바람직한 덕목을 부족함 없이 구현했는가를 언제나 반성하는 것이 자기 수양에 있어 제일 중요한 것임을 말하고 있는 것이라 하겠다.

맹자가 말했다. "측은해하는 마음은 사람이라면 누구나 가지고 있고, 부끄러워하는 마음은 사람이라면 누구나 가지고 있고, 공경하는 마음은 사람이라면 누구나 가지고 있고, 시비를 따지는 마음은 사람이라면 누구나 가지고 있다. 측은해하는 마음은 인자함이고, 부끄러워하는 마음은 의로움이고, 공경하는 마음은 예를 갖춤이고, 시비를 따지는 마음은 지혜로움이다. 인의예지가 나의 밖에 있는 것이 아니라 내가 본디 가지고 있는 것이라는 점은 생각해볼 필요도 없다. 그러므로 '구하면 얻을 것이고 버리면 잃을 것'이라고 하는 것이다."

「고자」상

인간은 어떤 존재인가? 우리는 스스로를 향해 질문을 던진다. 이 질문에 대한 답변은 형식상 두 가지로 주어질 수 있다. 선한 존재이다, 악한 존재이다의 두 가지 답변의 가능성이 열려 있다. 그러나 이것은 우리 인간이 하는 답변이다. 인간인 우리 입으로 스스로에 대해서 말하는 것인 만큼, '우리 자신은 악한 존재입니다'라고 답하는 것을 기대할 수는 없다. 설령 이런 답변을 한다 해도, 이것은 반드시 단서조항을 달고서야 말해질 수 있다. 거기 붙을 단서란 무엇인가? 아마도 '그러나 우리의 이런 악함은 바뀔 수 있고, 바뀌어야만 합니다. 그것을 바꾸기 위해 교육과 노력이 필요합니다' 등등이 적절할 것이다. 순자가 갔던 길이 이것이다. 순자는 인간성의 악함을 말하면서, 교육을 통한 인성의 개혁을 강조했다. 그러므로 순자의 악한 인간이라는 선언도 사실 선한 인간을 전망하는 시선으로부터 아예 벗어나 있는 것은 아니다.

맹자는 인간성의 선함을 그 사상의 중심에 받아들이고 있는 사상가다. 그에 따르면 인간의 마음에는 선의 근거가 이미 구비되어 있으며, 인간은 그런 존재론적 토대를 바탕으로 도덕을 이루어내야 한다. 맹자가 보는 인

부끄러워야 사람이다

간의 마음속에는 이미 측은해하는 마음, 부끄러워하는 마음, 공경하는 마음, 옳고 그름을 따지는 마음 등의 근거가 갖추어져 있다.

측은해하는 마음은 다른 사람의 딱한 처지를 보고 불쌍히 여기는 마음이다. 이것을 달리 말하면 다른 사람을 자기 못지않게 사랑하는 마음이다. 사랑은 헌신이다. 자신과 같은 가치를 지니는 존재로 다른 사람을 받아들일 때 사랑의 세상은 열린다. 사랑의 원형은 자기애다. 스스로에 대한 자긍심은 스스로에 대한 사랑의 마음을 만들어낸다. 이 자기애는 이중의 칼날을 지닌다. 하나는 자기 몰입의 근거가 될 수 있고, 다른 하나는 인간애의 근거가 될 수 있다. 물리적 세상에서도 그러하지만 정신적 세계에서도 중요하게 유통될 수 있는 하나의 원리가 있는데, 그것은 조화와 균형이다. 이것이 세계를 있게 한 원리이고, 정신이 모습을 갖추게 한 원리다. 인간의 도덕 역시 이 원리에 바탕하여 모습을 드러내는 정신의 한 형식인 것이다. 도덕이 있게 한 정신 영역의 두 축은 자기애와 타자애다. 인간애란 바로 이 두 정신 현상의 균형과 조화 속에 놓이며, 그 속에 인간과 인간 사이에 소통되는 도덕정신은 자리를 잡는 것이다. 맹자의 '인간을 사랑하는 마음, 측은해하는 마음'은 바로 이것을 뜻한다.

부끄러워하는 마음은 자기애와 타자애 사이에서 소통되는 도덕정신이 그 조화와 균형의 질서를 갖추어내기 어렵다는 점과 연관되어 있는 덕목이다. 사람은 사적 존재이므로 자기애에 치중할 가능성이 언제나 크게 확보되어 있다. 그것을 타자애를 받아들여 희석시킴으로써 객관적인 인간애로 드러나게 하는 데 작동하는 덕목이 바로 부끄러움이다. 부끄러움은 인간의 자기애 속에 마련되어 있는 위대한 인간이 되려는 근원적 지향, 즉 인간에게 도덕적 자아를 이루고자 하는 덕성을 견고하게 만들어줄 수 있는 반성력이다. 이러한 반성력은 자아의 마음속에서 그 마음의 움직임을 들여다보는 덕성이라고 할 수 있다.

공경하는 마음은 사회생활에서 구체적인 타자를 앞에 놓고 움직이는 덕목이라고 할 수 있다. 그것은 부끄러워하는 마음이 자신의 마음속 움직임을 향하고 있는 것과 달리 구체적인 타자를 향해 지향되는 마음의 태도다. 타자를 자신과 같은 존재로 높여놓고 그런 타자를 존엄하게 대우하는 방식을 만들어감으로써 내 속에서 자기애 쪽으로 기우는 마음의 지향을 객관적 인간애로 바로잡으려는 태도라고 보면 될 것이다.

시비를 따지는 마음은 도덕의 객관성을 떠올려놓고 그것을 잣대 삼아 우리 마음의 움직임을 규율하려는 태도라고 하겠다. 마음속에서 객관적 질서 자체를 바라보는 시선이 움직인다면, 이것에 근거하여 우리 마음을 자기애 쪽에 편향되지 않도록 이끌어가는 지혜를 발휘할 수 있지 않겠는가?

맹자는 우리 마음이 지향하는 태도에서 위의 네 가지로 정리될 수 있는 어떤 추세가 살펴질 수 있다고 본다. 그러한 추세를 받아들여 그러한 마음의 움직임에 힘을 실어준다면 우리 마음은 구체적인 도덕을 구현해 낼 힘을 갖게 될 것이라는 이야기다.

부끄러워야 사람이다

맹자가 말했다. "사람은 다 '참을 수 없는 인간의 마음'이 있다. 선왕은 참을 수 없는 인간의 마음이 있어서 참을 수 없는 인간의 정치를 행했다. 참을 수 없는 인간의 마음으로 참을 수 없는 인간의 정치를 행하므로 정치는 손바닥 위의 물건을 다루듯이 운용되는 것이다. 사람이 모두 참을 수 없는 인간의 마음을 갖고 있다고 말해지는 까닭은 지금 어떤 사람이 어린아이가 막 우물에 빠지려는 것을 보면 누구나 슬퍼하고 측은해하는 마음을 갖게 되는 것에서 확인할 수 있다. 그 어린아이의 부모와 교유가 있기 때문도 아니고 지역과 친구들에게서 명예를 얻고자 해서 그러는 것도 아니다. 그 놀라는 소리를 듣기 싫어하여 그렇게 하는 것이다. 이것을 통하여 볼 때 측은해하는 마음이 없으면 인간이 아니고, 부끄러워하는 마음이 없으면 인간이 아니고, 사양하는 마음이 없으면 인간이 아니고, 시비를 따지는 마음이 없으면 인간이 아니다. 측은해하는 마음은 인의 실마리이고, 부끄러워하는 마음은 의의 실마리이고, 사양하는 마음은 예의 실마리이고, 시비를 따지는 마음은 지의 실마리이다. 사람에게 이 네 가지 도덕의 실마리가 있는 것은 그 사지육신이 있는 것과 같다. 이 네 가지 도덕의 실마리가 갖추어져 있는데도 스스로 그렇게 할 수 있는 힘이 없다고 하는 사람은 스스로를 해치는 적이다. 이 네 가지 도덕의 실마리가 갖추어져 있는데도 그 임금을 위해 충성을 다할 수 없다고 하는 사람은 그 군왕을 해치는 적이다. 나에게 갖추어져 있는 이 네 가지 도덕의 실마리를 알면 다 펼쳐서 충실하게 할 수 있을 것이니, 불이 처음부터 그렇게 타오르는 것이고, 물이 처음부터 그렇게 목표를 향해 흘러내려가는 것과도 같다. 진실로 이것을 충실하게 한다면 세상을 다 보전할 수 있게 되고, 진실로 이것을 충실하게 하지 못한다면 부모조차 제대로 모실 수 없는 것이다."

「공손추」상

이 구절은 앞의 이야기와 연관성을 지닌다. 앞의 이야기를 명료하게 하고 있으며, 동시에 우리가 익숙하게 알고 있는 사단四端을 말하고 있으므로 여기서 다시 들어본 것이다.

맹자는 인간성의 본질이 선으로의 지향성을 갖추고 있는데, 그러한 지향을 살리지 못하는 것은 스스로 '자신을 해치는 적'이 된다고 선언한다. 마치 불길이 처음부터 타오르도록 되어 있어서 그렇게 타오르고, 물이 처음부터 흘러내리도록 되어 있어서 그렇게 흘러내리듯이, 인간은 도덕을 행하도록 되어 있어서 도덕을 행할 수밖에 없는데, 그조차 제대로 할 수 없다면 얼마나 부끄러운 일이냐고 말하고 있다.

부끄러워야 사람이다

맹자가 말하였다. "성실한 것은 하늘의 도리이고 성실하려고 하
는 것은 인간의 도리다. 지극히 성실하면서 그것에 따라 움직이
지 않는 사람은 없다. 성실하지 않으면 스스로 움직일 수도 없는
것이다."

「이루」상

인간의 마음이 도덕성의 본래적인 근거를 갖추고 있다면 도덕으로 나
아가는 길은 그 인간의 마음이 생긴 그대로 작동하게 하는 데서 마련될
수 있을 것이다. 진단이 그러하다면 처방도 그러한 것을 바탕에 삼고 내려
지는 것이 상식이다. 진단은 마음이 갖고 있는 태도다. 처방은 그러한 태도
를 행동으로 옮겨갈 수 있는 방법이다.

마음은 인간의 모든 문제를 담고 있는 신비한 영역이다. 인간은 정신적
존재라는 특성을 지니며, 그러한 인간의 정신성은 마음의 주도하에 구현
되기 때문이다. 인간의 마음속에는 도덕의 근거가 있다. 이것은 마음에 대
한 진단의 하나다. 그것이 하나인 것은 다른 진단도 있을 수 있음을 뜻한
다. 마음은 생각하는 대로 모든 것을 끌어들일 수 있는 지점이다. 마음에
어떤 것이 끌려들어온다면 우리의 마음은 그것에 통째로 휘둘릴 수도 있
다. 속마음, 겉마음, 본래 마음, 지금 마음—마음에 끌어 붙일 수 있는 수
사는 무척 많아서 다 말하기 어렵다.

이렇게 마음에 무엇이 끼어드느냐에 따라 마음이 작동하는 구체적인 방식이 달라질 수 있다면 원래의 마음이 어떠하다는 것은 그 자체만으로는 별 의미가 없다. 그러므로 원래의 마음이 바람직한 것이라면 그 마음을 유지 보전할 수 있는 노력이 중요해진다.

맹자는 원래의 인간 마음을 좋은 것이라고 본다. 그 속에 선의 근거가 있고, 그는 선한 인간을 지향하기 때문이다. 맹자가 보는 인간 마음속의 선의 근거는 인간에게만 주어져 있지 않다. 맹자는 그것을 하늘에서도 본다.

하늘, 천지, 자연, 천리, 그것을 어떤 이름으로 부르든 뜻하는 바는 하나다. 즉 세상의 모든 것이 갖는 품성이다. 공자와 맹자를 비롯한 주류 유학 계열에서는 세상을 일원적 이치가 유통되는 것으로 추상하는 데 익숙하다. 자연 따로 인간 따로가 아니라, 자연과 인간이 하나의 합법칙적인 질서를 바탕에 두고 구성되었다는 것이다. 천지의 질서 안에 내가 있고, 나의 질서 안에 우리의 마음이 있다는 단순한 상호관계가 바탕에서 지원해주는 일원론적 세계관이다. 이 세계관에 입각하여 맹자는 하늘의 품성과 인간의 품성을 하나로 묶어서 사유한다. 하늘은 이 일원론적 질서의 주체이므로, 그 품성을 충실하게 갖추고 있다. 인간은 이 일원론적 질서로부터 태어난 존재이므로, 이 품성을 공유하기는 하지만 그 품성을 충실하게 갖추고 있지는 못하다. 맹자가 보는 인간의 문제는 이 품성이 인간의 마음속에서 충실성을 갖추고 드러나 있느냐의 여부에 집중될 수밖에 없다. 그러므로 맹자가 보는 인간의 마음은 '충실한 것'이 아니라 '충실해야 하는 것'이 된다. 이미 갖추어져 있는 마음을 충실한 것으로 드러나게 하는 태도는 마음을 헷갈리게 하는 요소들이 끼어들어 움직이지 못하게 하는 것이다.

이미 좋은 마음으로 갖추어져 있고, 그런 마음이 좋다는 것을 알고 있는
데도, 다른 것들에 마음을 빼앗겨 그 좋은 것이 구현될 길을 막는다면 그
것은 부끄러운 일일 수밖에 없다. 그런 부끄러움은 범하지 말라! 그냥 지키
고 길러주기만 한다. 그것도 하지 못하는가? 그렇게 하는 순간 우리는 저
하늘과 같은 위대한 존재가 되는데도? 이것이 맹자가 우리에게 육성으로
들려주려는 이야기의 핵심이다.

맹자가 말했다. "군자가 다른 사람들과 다른 것은 본래의 마음
을 지키고 있기 때문이다. 군자는 인자함으로 본래의 마음을 지
키고 예로 본래의 마음을 지킨다. 인자하다는 것은 사람을 사랑
하는 것이고 예가 있다는 것은 사람을 공경하는 것이다. 사람을
사랑하는 사람은 사람이 언제나 그를 사랑하고, 사람을 공경하
는 사람은 사람이 언제나 그를 공경한다."

「이루」하

　인격을 닦는 사람은 군자다. 공자가 그 인생을 통해 보여주었던 군자로
서의 인간을 맹자 역시 물려받는다. 공자에게 이 인격은 예법을 행하는 자
다. 맹자에게 이 인격은 마음의 본래 상태를 지키고 구현하는 자다. 공자

의 인격이 행동과 실천을 통한 학습에 놓였다면, 맹자는 그 인격을 마음의 바탕 속으로 끌고 들어간다.

인간 본성에 대한 자긍심은 맹자의 대표적인 사상적 입각점이다. 그만큼 맹자는 있는 그대로의 인간을 신뢰한다. 공자가 '학습을 통해 인간을 도덕적으로 완성시켜낸다'고 믿었다면, 그러한 공자 사상의 특성은 고스란히 순자에게 전해진다. 순자는 인격 속에서 학습이 갖는 권능을 받아들이면서 인간의 본성은 도덕적 학습을 필요로 하며 문제성을 갖는다고 전제한다. 학습의 권능을 공자보다 더 주목하여 본 까닭이다. 맹자는 공자의 '학습을 통해 인간을 도덕적으로 완성시켜낸다'는 사상을 도덕을 학습할 능력을 갖추고 있는 인간의 마음 쪽에서 이해한다. 어찌 보면 공자 사상의 도덕주의적인 요소를 보다 확장하고 심화시켰다고 할 수 있다.

이렇게 맹자에게 있어서 인간의 마음은 선으로 지향되어 있다. 선을 행하도록 지어진 존재이고, 선을 보면 열광하도록 지어진 존재다. 우리가 그런 존재라면, 그렇게 작동하는 데에는 커다란 노력이 필요하지 않을 것이다.

개는 네 발로 걷도록 설계되어 있기에 네 발로 걷는 데 크게 노력하여 배울 필요가 없다. 개가 두 발로 걷는다면, 그것은 설계되어 있는 것과 다른 능력을 갖추는 일이고, 그만큼 배워 행하기 어려운 일일 수밖에 없다.

인간의 마음이 선을 드러내도록 지도되고 있는 것은 개가 네 발로 걷도록 설계되어 있는 것과 같다. 수월하게 할 수 있는데도 그렇게 하지 못하는 것을 크게 부끄러워해야 한다. 인간의 마음속에는 도덕으로 나아가는 단추가 눌러져 있으므로 다른 사람을 사랑하고 공경하는 일을 수월하게 할 수 있다. 그렇게 어떤 사람이 다른 사람을 대한다면, 그 다른 사람은 그 사람의 도덕적 행위를 보면서 스스로의 마음속에 마련되어 있는 도덕적 행위의 단추를 더욱 수월하게 누를 수 있게 된다. 그러므로 주변에 나를 사랑하고 공경하는 사람이 있는데도 그 사랑과 공경의 마음을 보면서 내 마음에 똑같은 단추가 눌러지지 않는다면 그것은 몹시 부끄러운 일이다. 맹자가 설계한 세상에서 인간은 이렇게 도덕으로 향하는 마음의 단추를 눌러놓은 존재로 살아가고, 다른 이의 도덕적 행위를 보면서 그 단추를 더욱 강하게 누르는 존재로 설정되어 있다.

【 맹자 5 】 원문 14

맹자가 말했다. "대인은 그 어린아이 때의 마음을 잃지 않는 존재다."

「이루」하

인간의 마음이 이미 도덕적인 근거를 갖도록 설계되어 있다면, 그 마음을 유지 보전하는 것이 최선이리라. 그러나 이러한 도덕에 유력한 경쟁자가 있으니, 바로 욕심이다. 욕심은 마음의 작용을 통해 마음속에 갖추어진다. 욕심은 마음을 근거로 하지만, 마음의 선한 성품에 뿌리내리고 있지는 않다. 그것은 마음의 사려분별로부터 만들어진 이기적 자아에 근거를 두고 있다. 사려분별은 경험과 감정을 생산하여 마음에 놓아둔다. 마음이 도덕적인 본성을 갖도록 지향되어 있는 것과 마음의 사려분별 작용은 서로 다르다. 마음의 사려분별 작용은 사유하는 능력이며, 그것은 선악 어느 쪽으로도 지향되어 있지 않다. 그것은 객관적인 사유 작용 자체이기 때문이다. 사려분별 작용 없이 마음은 자료들을 소통시킬 수 없다. 자료를 갖추고, 그것을 소통함에 있어서 어떤 지향성이 움직여서는 곤란하다. 그렇게 된다면 인간은 애초부터 우리 인식의 세계와는 닫힌 영역을 가질 것이기 때문이다.

물론 엄밀하게 말하자면, 인간의 사려분별 작용 역시 인간이라는 조건 속에 닫혀 있다. 이를테면 인간은 잠자리와는 달리 사유하는 존재이고, 소와도 달리 사유하는 존재다. 인간은 남자와 여자가 달리 사유할 수밖에 없으며, 19세기 인간과 21세기 인간이 달리 사유할 수밖에 없다. 그렇게 인간의 사려분별 작용은 이미 닫혀 있는 틀 속에 놓인다.

그러나 인간의 사려분별 작용은 그러한 닫힌 틀을 당연한 것으로 받아들이지 않는다. 즉 그러한 틀로부터 영향을 받지 않는 사유 작용을 희망한다. 인간은 자료와 경험들은 될 수 있는 한 사실을 그대로 반영하는 것으로 갖추어내고, 그것에 바탕하여 일정한 사상과 주장을 만듦으로써 주체적으로 세계를 닫고 열 권능을 갖기를 꿈꾼다. 그러므로 미리 닫혀 있는 것들은 최소한으로 갖고자 하는 생각이 의식의 바탕에서 움직이고 있다. 그 점을 우리는 차가운 지성, 객관적 인식과 같은 말로 표현한다.

이렇게 인간은 마음이 2차, 3차로 가공하는 자료들에 의해 좌우되는 존재다. 이 2차, 3차의 마음의 작용 양상들은 이해관계에 의해 조종당할 수도 있다. 맹자는 이러한 이해관계로부터 벗어난 인간 본래의 도덕성이 인간의 마음속에 이미 갖추어져 있다고 믿는다. 선하게 태어나는 본성을 전제로 할 때, 인간은 어린아이의 마음속에 이미 갖추어져 있는 도덕성의 근거를 상실하지 않을 때, 보다 도덕적인 인격을 갖출 수 있을 것이다. 이와 같은 맹자의 입장은 도가 사상가들의 것과 흡사하다. 이들은 똑같이 인간의 지어진 그대로의 품성을 잃는 것을 부끄럽게 여기는 사상가들이다. 물론 이 점에 보다 투철한 것은 도가 사상가들이다.

【맹자 6】 원문 15

맹자가 말했다. "도리에 맞지 않는 것이라면 한 소쿠리의 음식이라도 다른 사람에게서 받아서는 안 된다. 도리에 맞는 것이라면 순임금이 요임금의 천하를 받는 것도 지나치게 크다고 할 수 없다."

「등문공」 하

맹자의 도덕은 어린아이의 마음속에 이미 근거를 갖는 것이고, 그 절목도 분명하게 갖추어져 있다. 유학의 도덕은 알려져 있는 진리이고, 맹자 역시 그 점에서는 차이가 없다. 유학이 일상 속의 진리, 생활 속에서 드러나는 진리를 추구하기 때문이다. 진리가 알려져 있는 것이라면 그것을 자기

2장 원전과 함께 읽는 '부끄러움'

를 감독하는 잣대로 분명하게 세워놓을 수 있을 것이다. 그 잣대에 비추어서 허용되는 것과 그렇지 않은 것을 엄밀하게 가려 행할 수 있는 문제라는 말이다.

맹자는 우리의 행위를 이 잣대에 맞추어서 이끌어가기를 요구한다. 이 진리의 잣대는 이기적인 욕망으로부터 떠나 있다. 이기적인 욕망이 개입한다면 우리의 도덕은 바탕에서부터 무너진다. 즉 어린아이의 마음속에 이미 깃들어 있는 천리의 도덕성도 작은 이기적 욕망 앞에서는 무용한 것이 되어버린다. 진리에 맞는다, 도리에 맞는다는 것은 내 이익에 따라 좌우되지 않는 도덕성의 잣대에 비추어 행동을 이끌어가는 것을 뜻한다. 그것은 도덕을 행하는 것이지 물건을 주고받는 것이 아니다.

사적인 이해관계에 따라 한 소쿠리의 음식이 오가는 것은, 그것을 통해 도덕이 유통되어야 하는 길을 막는 것이다. 비단 한 소쿠리의 음식이 아니라 감자 한 알이라도 그것이 이해관계의 저울추를 움직이는 데 쓰인다면 뇌물이고, 도덕을 해치는 원흉이다. 그렇게 이해관계를 좇아 움직이는 것은 부끄러운 일이다. 도덕적인 마음에 바탕하여 행위가 이뤄진다면 설령 그 일에 천하가 왔다 갔다 해도 꺼릴 것이 없어진다. 요임금은 천하를 순임금에게 주었지만, 줄 만한 도리를 갖춘 사람에게 주었으므로, 사실은 아무것도 주고받은 게 없게 된다. 그런 경우는 부끄러움이 움직일 여지가 어디에도 없다. 문제는 주고 또 받는 것의 무게나 가치가 아니라, 그것을 주고받게 하는 이유에 걸려 있다. 그 지점에서 욕심이 움직이지 않는다면, 그것은 부끄럽게 주고, 부끄럽게 받는 것이 아닐 것이다.

부끄러워야 사람이다

맹자가 말했다. "그 하지 않아야 할 것을 하지 않고 그 욕심내지 말아야 할 것을 욕심내지 말아라. 이와 같이 하는 것이 있을 따름이다."

「진심」상

도덕은 순리다. 어떤 행위를 억지로 꾸며 한다면 그것에 개입하는 사려분별이 어떤 속임수를 그 사이에 숨겨두었는지 알기 어렵다. 사려분별이 작용하여 눈을 가린다면, 우리는 눈뜬장님이 되기 십상이다. 우리가 속임수를 부리기 시작하는 지점에서는 우리 자신이 갖는 지혜를 과신할 사람이 없어진다. 우리가 잘 속이는 여러 능력을 갖추고 있기도 하거니와 스스로가 속기를 자청하는 술수도 부리기 때문이다. 속이는 자도 속임을 당하는 자도 다 우리 자신이다.

그러므로 잘 속이는 것을 잘 가려 보아서 잘 속지 않기를 기대하는 것은 어렵다. 그러니 애초에 생각으로 일을 만드는 것은 하지 않아야 한다. 생각으로 일을 만드는 것은 사려분별과 동행하는 자리이고, 사려분별은 이기적 자아가 움직이는 도구다. 이기적 자아는 사려분별에 앞장서서 끌고 나가기도 하고, 사려분별 뒤에 숨어서 조종하기도 하며, 사려분별 뒤에 숨어 있다는 것을 느끼지 못하게 움직이기도 한다. 이 부분에서는 천 가지 만 가지 기교와 술수가 쓰일 수도 있다.

그러므로 우리의 생각과 행동은 투명하고 명확하게, 극히 단순한 방식으로 이끌어질 필요가 있다. 무엇인가가 숨겨질 가능성은 최소한으로 좁혀놓아야 한다. 현실적 환경의 제 요소들을 개입시킨다면 상황은 복잡미묘해질 수밖에 없다. 그런 인과관계, 상호관계, 전후관계, 이런저런 변수와 이유들을 고려하는 것은 우리 마음이 무언가 숨길 것을 갖고 있다는 신호에 지나지 않는다. 단순하게 가려 한다면 모든 복잡한 문제는 자연스럽게 그렇게 되느냐, 아니면 억지로 그렇게 하려 하느냐로 환원될 수 있다. 억지로 하는 행위는 하지 않을수록 좋고, 어거지로라고 갖고 싶은 물건은 갖지 않을수록 좋다. 자연스러움은 순리이고, 순리가 움직이는 원리는 드러난 상호관계를 좇는 것이다. 이런 마음과 행동이 자리잡고 있는 영역에서는 부끄러움이 끼어들 여지가 없다.

【맹자 8】 원문 17

맹자가 말했다. "사람에게 있어서 부끄러운 마음을 갖는다는 것은 큰일이다. 기미를 좇아 교묘하게 변하는 사람은 부끄러운 마음을 갖지 않는다. 사람과 같지 않은 것을 부끄럽다고 여기지 않으니 어찌 사람과 같은 점이 있겠는가?"

「진심」상

부끄러워야 사람이다

맹자는 부끄러움을 크게 이용하는 사상가다. 유학의 도덕주의는 필연적으로 부끄러움을 전제할 수밖에 없지만, 그것을 적극적으로 내세우는 경우는 드물다. 맹자에게 부끄러움이란 도덕적인 반성 능력이다. 언제 어디서나 선한 생각을 하고 선한 행동을 하는 사람에게 반성 능력은 크게 필요하지 않다. 도적적인 생각과 행동이 위협받을 수 있는 사람에게 반성 능력이 요구되는 법이다.

맹자는 인간성의 본질에서 도덕의 근거를 보고, 그 본질적인 마음을 유지 보전하는 것을 중시하는 사상을 내세웠지만, 그의 인간은 언제나 마음의 도덕적 본질에 따라 도덕적 행위를 선택하는 데 성공을 거두는 존재는 아니다. 그의 인간은 여전히 도덕을 구현하려는 목적을 이루어내는 순간까지 그 도덕을 걱정하는 존재다.

이 부분에서 맹자가 '부끄러워하는 마음'을 도덕적 인간의 중요한 요건으로 여기고 있음을 볼 수 있다. 부끄러워하는 마음을 갖는 사람은 이루어야 하는 이상적인 목표가 있고, 그 목표에 이르는 것에 대한 걱정이 있다. 이런 존재는 마음의 흔들림이 부끄러움을 떠올리게 하기 마련이다.

부끄러움이 없는 인간은 이루어야 할 이상도 없고, 흔들리는 마음도 없다. 맹자는 여기에서 그런 사람을 '기미를 좇아 교묘하게 자기를 바꾸어가는 자'로 규정한다. 시시때때로, 편의대로 자기를 바꾸는 사람은 이익을 좇고, 상황과 타협하고, 자기를 거짓으로 꾸미고, 짐승과 같은 욕망을 따른다. 그러면서도 마음속에 부끄러움이 일지 않는다. 맹자에게 있어서 사람은 부끄러운 마음으로 사람다움을 고민하는 존재다. 그렇게 부끄러운 마음으로 걱정하고 고민하기 때문에 그런 사람은 사람다운 점을 갖추게 된다는 것이 맹자의 생각이다.

> 맹자가 말했다. "사람은 부끄러운 마음이 없을 수 없다. 부끄러운 마음이 없는 것을 수치로 여긴다면 수치가 없게 될 것이다."
>
> 「진심」상

부끄러운 마음은 도덕적 결핍감이 만들어내는 것이다. 이것이 없다면 도덕에 대한 자각과 갈증이 없다는 뜻이다. 사람이 사람인 것은 도덕적 문제의식을 지니기 때문이다. 단순한 성공이나 성취는 모든 생물이 추구하는 바다. 호랑이에게는 먹잇감을 포획하는 것이 성공이고, 소나무한테는 제 터전을 유지하면서 키를 키우는 것이 성공이다. 자기 이익을 만들어나가는 이러한 성공과 성취는 모든 존재가 소망한다. 인간 역시 이익을 확장해가는 생명활동을 수행한다. 그러므로 인간이 인간인 것은 이 점 때문이 아니다.

인간이 인간인 것은 오히려 이익을 포기할 수 있는 데서 찾아진다. 인간은 이익 이상의 가치를 전망하는 존재다. 자기 위엄과 자기완성, 자기 인격, 자기의 정신적 아름다움을 위해서 인간은 이익에 이끌리는 자신의 마음을 후퇴시킬 수 있다.

이익에 이끌려가는 것은 쉬운 일이다. 반면 이익 바깥에 더 아름다운 가치를 두는 것은 어렵고, 그 가치를 이루어내기 위해 자기 이익을 포기하고 자기희생을 선택하는 것은 쉽게 할 수 없다. 바로 그 이익에 이끌리는 마음과 이익보다 더 큰 가치를 전망하는 마음 사이에 부끄러움은 놓인다. 둘 중 어느 하나가 없다면 부끄러움은 우리의 문제가 될 수 없다. 그러나 인간은 자기 마음속에 이 두 가지를 다 들여놓고 있다.

이런 까닭에 부끄러움이 있는 인간은 현실의 이익으로부터 눈을 돌려 이상을 향해 걸어나가려는 사람이라고 할 수 있다. 인간의 위대함은 바로 여기서 만들어져 나온다. 마음속에 부끄러움을 지니고, 그렇게 부끄러움이 움직이는 것을 소중하게 생각하여 부끄럽지 않도록 노력하는 사람에게만 도덕적 성숙이 찾아든다. 그것이 부끄러움을 향도로 삼아 도덕의 세상으로 나아가고자 하는 맹자의 선택이다. 맹자는 부끄러움이 우리 마음속에 있는 것을 당연하게 여긴다. 맹자는 마음속에 부끄러움이 없다면 반성 또는 각성이 우리 속에서 일어나지 않을 수 있음을 걱정한다. 그러므로 부끄러움이 없다는 것은 맹자에게 인간의 사멸일 수밖에 없다.

【중용 1】 원문 19

하늘이 명령으로 부여해준 것이 성품이고, 성품을 따라 행하는 것이 도리이고, 그 도리를 닦게 하는 것이 가르침이다.

유학은 하늘의 이치와 인간의 이치를 하나로 여기는 사상이다.

유학에 따르면 인간은 천지자연 속에 태어나서, 천지자연이 이끄는 대로 살다가, 천지자연 속에서 죽는다. 천지자연은 인간을 길러낸 존재이고, 인간을 인간이도록 만들어준 조건이다. 인간은 자신을 배태한 천지자연의 품성을 자기 속에 갖추고 있다. 인간은 부분으로서는 인간이나 전체로서는 자연에 속한다. 자연은 전체로서는 거대한 세상이나, 부분으로서는 하나의 존재다. 이것은 대우주와 소우주를 일체로 보는 유학적 세계관의 독특한 설명 방식이다.

이와 같은 천인합일적 세계관을 유학의 언어로 가장 분명하게 제출하고 있는 문장이 바로 『중용』의 이 일절이다. 여기서 『중용』은 인간이 인간으로서의 가치를 갖게 되는 덕목으로 네 가지를 내세운다. 명=성=도=교. 이렇게 수평적으로 연결되는 상호관계는 유학이 갖는 특징을 가장 단순명료하게 정리해준다.

'명령'은 세계가 하나의 통일적 질서를 갖는 것으로 지어졌음을 전제하는 개념이다. 중국 문화의 원적지는 3대, 즉 하·은·주의 세 고대 왕조 시대다. 은나라 시대는 문자 형성기이며, 중국 문화가 본격적으로 진화·발전해나가는 때다. 이 시대는 종교문화의 전성기다. 은나라 사람들은 상제의 종교적 지배력이 세계에 통일과 질서를 부여한다고 생각했다. 은나라 말기, 주나라 초기는 상제 개념이 천제 개념으로 진화한 때이다. 이것은 단순한 개념 교체에서 끝나는 것이 아니라, 인격적인 신성을 벗어나 보다 합리적이고 객관적인 근거를 찾는 중국적 의식이 자연을 발견하고, 자연의 대표적 성격을 '하늘'에 부여하던 때다. 상제가 갖는 통일적 지배력은 '하

부끄러워야 사람이다

늘' 개념에 상속된다. 그래서 '하늘의 명령' '천명' 개념이 여기 이 구절에 남겨졌다. '하늘의 명령'으로 존재가 등장한다는 이 사유 구조는 하나하나의 작은 존재로 전락할 수 있는 만물을 통일적 전체를 배경으로 삼아 주목할 만한 주체로 구원해낸다.

전체로서의 자연과 부분으로서의 개체가 소통하는 영역은 존재의 성품 속이다. 개체의 형체 속에는 전체로서의 자연이 담길 수 없지만, 개체의 성품 속에는 전체로서의 자연의 성품이 담길 수 있다. 성품이란 어떤 원리를 담을 수 있는 틀이고, 어떤 원리를 드러낼 수 있는 능력이기 때문이다. 천명이 성품으로 개체 속에 들어와 있다는 것은, 개체가 그 성품을 구현하여 하늘의 어떤 권능을 드러낼 힘을 갖는다는 이야기다. 이 부분에서 개체는 자연 세상에서 가장 위대한 존재와 어깨를 겨룰 수 있는 자, 위대한 자가 된다.

개체가 갖는 그와 같은 하늘의 권능을 구현한 것이 도리다. 도리란 성품이 자의적으로 만들어낸 질서가 아니라 하늘의 질서가 성품을 통해 구현된 모습이다. 그것은 성품이 그 자신의 질서를 자연스럽게 풀어낸 것이지 억지로 꾸며낸 것이 아니다.

도리의 이런 성격과 의미를 가르쳐서 도리에서 벗어나지 않게 이끌어가는 것이 교육이다. 교육은 성품이 갖는 자율성 때문에 요청되는 영역이다. 성품 속에는 천명이 들어와 있지만, 욕망 또한 자리잡을 수 있다. 그것이 개체의 성품이기 때문이다. 개체의 성품이 그 자신을 주체로 인식하게 되면 자아의 세계가 새로이 열린다. 그로부터 개체는 자연을 벗어나 인위의 세계에 편입된다. 그러므로 성품은 문제의 핵심이다. 천명이 들어와 있는 곳도 성품 속이고, 도리가 구현되는 것도 성품 속이며, 인위가 자리잡는 곳도 성품 영역이고, 가르침이 베풀어지는 곳도 바로 이 영역이다.

개체가 개입하지 않는다면 천명은 성품으로 연결되고, 성품은 도리로 구현된다. 인위는 개체의 욕망에 봉사하는 것이다. 성품을 그대로 구현하는 것은 존재가 위대함으로 나아가는 길이고, 개체의 욕망을 따르는 것은 위대함이 사소함으로 전락하는 길이다. 위대함의 길을 벗어나서 억지로 사소함의 자리로 나아가는 것은 부끄러운 일이 아닐 수 없다.

【중용 2】원문 20

도리라고 하는 것은 잠시도 떨어져 있을 수 없으니 떨어져 있다면 도리가 아니다. 이런 까닭에 군자는 그 보지 못하는 것을 경계하고 그 듣지 못하는 것을 두려워한다. 숨겨져 있는 것을 억지로 보지 않고, 미세한 것을 억지로 드러내지 않는다. 그러므로 군자는 반드시 그 홀로 있을 때를 삼가는 것이다.

도리가 인간 성품의 발현이라면, 인생은 그 성품의 발현으로 점철되는 것인 만큼 한순간도 도리 아닐 때가 없다. 그러나 현실적으로는 인생 모두가 도리의 구현이 아닌 것도 사실이다. 이러한 불일치는 인간 성품이 모든 생각과 행위를 통제하지 못한 결과라고 할 수 있다. 인간 성품이 자연스럽

부끄러워야 사람이다

게 드러내는 생각과 행위들은 도리를 담게 마련이다. 그런데 성품으로부터 생각과 행위가 비롯되는 지점에 어떤 무엇이 개입한다면, 성품의 드러남이 그대로 도리가 되는 구조는 무너지게 마련이다. 도리가 무너진 결과 속에서는 그 옳고 그른 것이 분명하게 눈에 들어온다. 옳고 그름이란 그렇게 해야 하는 것을 그렇게 한 것과 그렇게 하지 않아도 되는 일을 그렇게 한 것으로 나뉜다. 그렇게 하지 않아도 되는 일을 그렇게 한 것은 부끄러운 일이다. 부끄러움이란 해야 할 일을 했을 때 나타나는 감정이 아니다. 그것은 해서는 안 되는 일을 했을 때, 하지 않아도 되는 일을 했을 때 나타난다.

그렇지만 이미 결과가 드러난 것이라면 그것을 바꿀 방도는 없다. 「백 투 더 퓨처」라는 영화에서는 시간을 거슬러 올라가 결과를 바꿔내기도 한다. 그런 시간의 재생산은 도덕의 영역이 아니다. 도덕은 결과를 바꿀 수 있는 세상에서는 의미를 지니지 못한다. 윤회전생이 반복되는 세상 같은 곳에는 실험이 있을 뿐 도덕은 없다. 윤회전생의 과정이 끊어지는 것을 전망하는 자리에서 도덕의 문은 열린다. 도덕의 세상에서 인간이 무엇인가를 바꾸어낼 수 있는 것은 행동이 시작되기 전, 선택의 과정 속에서뿐이다.

『중용』은 이 선택의 과정을 주목한다. 그 속에서 움직이는 생각의 줄기들은 명료하게 드러나 있지 않다. 거기서 성품이 움직일 수도 있고, 사사로운 욕망이 움직일 수도 있다. 그 순간의 생각의 움직임들이 명료하게 드러나 있다면 우리의 경계심은 결과를 보기 전에 움직일 수 있을 것이다. 그 보이지 않고 들리지 않는 것들 속에 사사로운 욕망이 끼어드는 것을 경계하여 도덕의 구현을 보고자 하는 것이 『중용』의 목표다. 그 속에 억지로 개입하는 것은 사사로운 욕망이다. 슬며시 끼어드는 욕망에 휘둘리면 도리에서 벗어나게 된다. 천명을 구현하는 일은 거기서 막혀버리고 만다. 은밀하게 일어나는 욕망의 행사를 부끄럽게 여기는 것이 혼자 있을 때 삼가는 모습이다. '혼자 있을 때'는 생각이 구체적인 선택을 만들어내기 전의 과정, 자기의식만이 그것을 비밀스럽게 포착할 수 있는 시간 속이다. 이 순간 나의 마음속에서 도리가 움직이는가, 욕망이 길을 열고 있는가 하는 것을 알 수 있는 존재는 나뿐이다.

【중용 3】원문 21

군자는 평이한 곳에 자리잡고 앉아 명령을 기다리고 소인은 험준한 곳에 나아가서 요행을 기다린다. 공자가 말했다. "활쏘기와 비슷한 점이 있으니 군자는 정곡을 맞추는 데 실패하면 돌이켜 자기 자신에게서 이유를 찾아야 한다."

군자는 도덕의 사람이다. 도덕의 핵심은 천리를 구현하는 데 있다. 『중용』은 인간의 품성에 이미 깃들어 있는 도덕을 본다. 이것은 맹자의 세계와 일정하게 상통한다. 동시에 이것은 도가의 세상과도 간접적으로 연결된다. 이 계열의 입장에서 보면 도덕은 이미 주어져 있는 것이므로 그것이 구현되기를 기다릴 일이다. 억지로 혹은 성급하게 이루려고 하지 말아야 한다. 그렇게 하려는 것은 욕망이다.

욕망은 도덕에 뿌리를 두지 않고 사사로움에 근거를 두고 있다. 도덕의 세상은 천지자연이 주인이 되는 곳이다. 특별한 내가 없으므로 특별하게 이루지 않으면 안 되는 것도 없고, 하루빨리 이루어야 하는 것도 없다. 이루어지는 것을 기다려 이루기만 하면 된다. 욕망의 세상은 내가 주인인 세상이다. 이 세상에서는 나를 위해 꼭 이루어야 할 것이 생기고, 나를 위해 빨리 이루고자 하는 것이 나타난다.

군자가 가는 길은 천지자연이 이루는 것에 맡겨서 반드시 천지자연의 이치를 이루는 것이다. 이 기다림의 미학은 나를 비우고 천지자연이 그 권능을 펼쳐나가게 한다. 욕망이 끼어들어 움직일 수 없는 전개 방식이다.

소인이 선택하는 것은 욕망을 앞장세워 스스로 계획하고 행위하는 것이다. 작은 자아에 묶여 있는 욕망이 큰 도리를 구현하는 설계를 하고, 그 큰 도리의 결과를 얻어내기까지를 기대함은 요행을 바라는 것이다. 큰 자아에 맡기면 될 일을 자기 욕망을 앞세워서 이리 뛰고 저리 뛰는 것은 부끄러운 일이다. 그것은 결과가 대도로 주어진다고 해도 요행이며, 대부분은 대도를 구현하지도 못한다. 대도를 구현하는 데 실패하는 것은 언제나 사적 욕망이다. 그러므로 도덕 구현에 실패했다면 책임은 다른 곳에 있지 않고 바로 자기 자신에게 있다. 실패 앞에 서서 우리가 할 수 있는 것은 자기 자신을 바라보고, 욕망이 앞서 움직이게 허용한 우리 자신을 크게 부끄러워하고, 다음의 행동에 있어서는 대아가 앞장서서 나아가도록 기다려 이루는 것뿐이다.

공자가 말했다. "배우는 것을 좋아하면 앎을 갖춘 사람이 될 수 있고, 힘써 행한다면 인자함을 갖춘 사람이 될 수 있고, 부끄러움을 안다면 용기 있는 사람이 될 수 있다."

동양에서 학문을 발명한 사람은 공자다. 공자의 학문은 동양 정신이 갖는 지식론적 선택 위에 놓인다. 동양의 지식론은 생활을 중심 영역으로 택한다. 그리하여 생활인의 덕성을 갖추는 것이 학문의 특징이 된다.

공자에게 있어 배우는 것은 성인들이 남겨놓은 생활의 절목, 그 예법을 익혀 실천하는 것이다. 예법은 천지자연의 질서를 인문적 형식에 담아놓은 것이다. 예법 속에 천리가 갖추어져 있는 것이다. 공자의 세상에는 천리가 드러나 있고, 인간은 그 천리를 알 수 있으며, 예법은 그 천리를 담고 있고, 인간은 예법을 배워 그 천리를 구현할 수 있으며, 그로써 인간의 마음은 그 천리를 알게 된다는 구조가 있다. 그러므로 많이 배워 많이 실천하는 것은 근원적 앎인 천리에 이르는 유력한 길이다.

많이 배운다는 것은 머릿속에 담기는 지식을 중요하게 여기는 것이 아니다. 공자에게 모든 배움은 생활을 비추는 빛이다. 실천은 공자가 가장 핵심 문제로 여기는 영역이다. 인간이 지닌 약점 가운데 제일 큰 것은 실천의 문제다. 앎에는 재빠른 사람도 실천에는 느릴 때가 많다. 앎은 욕심과 치열한 경쟁을 하지 않을 수도 있지만 실천은 욕심과 치열한 경쟁을 치러내야만 한다. 그런 까닭에 앎으로만 끝나버리는 배움이 숱하다.

실천은 반복적으로 계속되어야 한다. 인간의 생활은 같은 상황 또는 비슷한 상황을 되풀이하여 만나게 되어 있다. '힘써 행한다'는 것은 반복적으로 실천한다는 이야기다. 이로써 인간은 점차로 그런 행위를 자연스럽게 떠올릴 수 있는 마음을 갖추어나간다. 성인의 행동은 성인의 마음을 갖추어준다고 보는 것이 유학이다.

인간에게는 도덕의 길이 있고 욕심의 길이 있다. 사사로운 자기 이익을 추구하는 것이 욕심이다. 이 욕심은 자기를 위해 절대적으로 봉사하는 것이므로 자기의식을 가진 개체로서는 그것의 권능을 떨쳐버리기 쉽지 않다. 그러나 도덕을 이루는 길은 위대함을 이루어나가는 길이다. 이 길에서 벗어나 작은 자기 이익에 사로잡히는 것은 부끄러운 일이다. 이것이 부끄럽다는 것을 받아들임은 자기 욕심을 비판하며, 자기 이익을 폐기하는 데로 나아간다. 자기 이익을 버리는 것은 용감한 행동이다. 이런 용기는 도덕의 길, 대아를 실현하는 길, 천지자연이 내 속에서 움직이는 길을 마련하는 유일한 방법이다.

대학의 도리는 밝은 덕을 밝히는 데 있고 백성들을 친애하는 데 있고 지극한 선에 머물러 있는 데 있다. 머무는 데를 안 연후에 자리를 정하는 것이 있고, 자리를 정하는 것이 있은 연후에 마음의 평정이 있고, 마음의 평정이 있은 연후에 몸의 평안이 있고, 몸의 평안이 있는 연후에 바른 생각이 있고, 바른 생각이 있은 연후에 적절한 얻음이 있다. 만물에는 근본되는 것과 지말되는 것이 있고, 일에는 시작되는 것과 끝나는 것이 있다. 선후를 아는 것은 도에 가까이 가는 길이다.

유학의 도리는 밝게 드러나 있다. 그러나 그 밝은 도리가 밝게 구현되어 있는 것은 아니다. 그것이 밝게 구현되도록 노력하는 것을 집중적으로 다루는 책이 『대학』이다.

'밝은 도리를 밝게 드러내는 것'은 혼자만의 일로 끝나지 않는다. 그것은 세상이 한데 어우러져 이루어나가야 한다. 그러므로 이것은 군왕과 신하의 관계를 포함한다. 군왕은 그러한 '밝은 덕을 밝히는 일'을 모범적으로 수행하면서 백성들을 친애해야 한다. 백성들은 군왕의 사랑을 느끼며 그 교화를 받아들여 자신의 노력을 통해 '밝은 덕을 밝히는 일'에 동참해야 한다. 군왕에게는 '밝은 덕을 밝히는 것'이 바로 '백성들을 친애'하는 일이다. 이 두 가지는 또한 '지극한 선'을 언제 어디서나 멈춤 없이 구현하는 행위이기도 하다.

이 모든 것은 도리의 영역에서 이루어진다. 도리란 천지자연의 질서가 드러난 것이므로 자연스러움에 바탕을 둔다. 자연스럽게 이루어지는 것들은 스스로 질서를 드러내므로 억지로 힘쓸 일이 없다. 평안하고 조용하게, 그 질서의 움직임에 맡겨 따르는 것이 최선이다. 그리하면 근본되는 것이 충족되어 지말되는 것으로 퍼져나가고, 시작되는 것이 성숙하여 끝나는 데로 나아간다.

이렇게 자연히 성숙되는 것이 세상의 일인데, 거기에 욕심을 개입시켜서 그 선후와 본말을 뒤집어놓는다면 힘은 힘대로 쓰면서 도리는 구현되지 못한다. 천지자연의 조화질서에 맡겨 따라가면 그 밝은 덕은 밝게 드러나고, 그 백성들은 친애함을 받아들여 밝은 덕을 나누어 가게 되고, 모든 것은 지극히 선한 모습을 드러내는데, 그것에 맡기지 못하고 욕심을 앞세워서 뒤죽박죽으로 만드는 것은 부끄럽기 그지없다.

【대학 2】 원문 24

이른바 그 뜻을 성실하게 한다는 것은 스스로 속이지 않는 것이다. 나쁜 냄새를 싫어하는 것과 같게 하고 예쁜 여자를 좋아하는 것과 같게 해야 한다. 이것을 스스로 겸손하다고 하는 것이다. 그러므로 군자는 반드시 그 자신의 마음을 삼가야 한다.

악취를 맡기 좋아하는 사람은 없다. 또 예쁜 여자 보기를 싫어하는 사람도 없다. 이것은 우리의 마음이 자연스럽게 움직이는 방향이다. 마음의 움직임을 속임 없이 드러낼 때, 우리는 뜻이 성실한지의 여부를 스스로 점검할 수 있다. 마음의 움직임을 감추어서 스스로에게도 알 수 없게 한다면, 그것을 성실히 하려는 노력은 시작될 수조차 없다.

자기 마음을 솔직하게 들여다보는 사람이라면, 그 마음속에서 움직이는 도리가 꽃처럼 향기를 풍기고, 예쁜 여인처럼 우리의 눈길을 끄는 것이라는 점을 저절로 알게 된다. 그는 저절로 그 마음의 진실한 움직임에 성실하게 따르게 된다. 그런 사람은 스스로 나서서 감 놔라 배 놔라 할 필요가 없다는 것을 알므로 뒤로 물러나 겸손하게 서서 마음이 움직여나가는 길을 열어주게 마련이다.

군자는 스스로 이루려는 사람이 아니다. 이루어지는 것에 맡겨서 이루고자 하는 존재다. 군자는 스스로 능력이 있고, 재주가 있고, 지혜가 있다고 여기는 사람이 아니다. 군자는 그렇게 스스로 나서는 것이 이기심을 앞세우는 부끄러운 일임을 아는 사람이다. 이기심이 활동하는 자리를 만들어주지 않는다면, 세상의 어떤 사업도 성공으로 귀결되지 않는 것이 없을 것이다.

【대학 3】 원문 25

군자에게는 '자신을 미루어 생각하는 도리'(혈구지도絜矩之道)가 있다. 윗사람이 싫어할 것은 아랫사람에게 시키지 않고, 아랫사람이 싫어할 것은 윗사람에게 하게 하지 않고, 앞에서 싫어할 것을 뒷사람에게 먼저 하게 하지 않고, 뒤에서 싫어할 것은 앞사람에게 따르게 하지 않고, 우측에서 싫어할 것을 좌측에 바꾸어주

부끄러워야 사람이다

지 않고, 좌측에서 싫어할 것은 우측에 바꾸어주지 않는 것, 이
것을 '혈구지도'라고 한다.

다스리는 자의 도리는 매우 간단하다. 자기가 하기 싫은 것을 남에게 시
키지 않는 것이다. 자기가 갖고 싶은 것은 다른 사람도 갖고 싶은 법이고,
자기가 하기 귀찮은 일은 다른 사람도 귀찮아하기 마련이다. 이러한 도리
는 이미 다스리는 자의 경험에 드러나 있다. 그러한 사실을 알면서 다스리
는 자의 위세를 써서 좋은 것은 자기가 가지려 하고, 싫은 것은 신하와 백
성들에게 미루어버린다면, 그것은 남에게 피해를 주면서 자기 이익을 취
하려는 부끄러운 마음이 움직이는 것이다. 다스리는 자의 마음이 부끄럽
다면 바른 다스림이 행해지기 어렵고, 백성들의 마음속에서 따라서 행하
려는 마음을 불러일으킬 수도 없다. 군왕의 마음속에 자리잡는 부끄러움
속에 정치는 실종되기 마련이다.

　'자기를 미루어서 생각하는 도리'는 비단 군왕에게만 해당되는 것은 아
니다. 그것은 모든 이가 갖추어야 하는 행동 윤리라고 할 수 있다. 정치적
측면에서는 군왕과 신하가 신분으로 갈리겠지만, 도덕적 측면에서 교화하
는 자와 교화받는 자가 확정적으로 나뉘는 것이 아니다. 어떤 두 사람 사
이에 관계가 어떻게 가설되는가에 따라 서로 역할이 달라진다. 그러므로
'혈구지도'란 모든 이가 모든 이에 대해서 갖는 행동 윤리로 받아들여져야
만 한다. 이런 윤리에 입각해서 꼭 하지 않으면 안 되는 일이라면 자기가
싫은 것이라도 스스로 하기를 청하고, 자기가 좋아하는 것은 남들이 할 수

있도록 배려하는 데에서 다스림은 저절로 결실을 맺게 될 것이다.

【대학4】원문26

> 군자는 먼저 그 덕을 신중히 베풀어야 한다. 덕이 있으면 그 사
> 람이 있고, 그 사람이 있으면 그 땅이 있고, 그 땅이 있으면 그
> 재산이 있고, 그 재산이 있으면 그 쓰임이 있다. 덕은 근본이고
> 재산은 지말이다. 근본을 벗어나서 지말을 갖춘다면 백성들과
> 투쟁하여 서로 빼앗게 된다. 이런 까닭에 재산이 모이면 백성들
> 은 떠나가고 재산을 흩으면 백성들은 모여든다. 그러므로 말을
> 그릇되게 하는 사람에게는 역시 그릇된 말이 되돌아오고 재화
> 를 그릇되게 모아들이는 사람에게는 역시 재화가 그릇되게 나가
> 게 마련이다.

사회는 공동생활이 이루어지는 곳이다. 공동체란 이익과 책임을 나누
어 갖는 하나의 한정된 세상이다. 다스리는 사람은 그 이익과 책임을 분할
하는 권능을 행사한다. 그런 만큼 무엇보다도 그러한 일을 공정하게 수행
할 능력을 갖추어야 한다. 객관성과 공정성은 사심 없는 마음에서 나온다.
사심이 깃드는 것을 부끄럽게 생각하는 마음을 통해 사심이 일어날 수 있
는 것을 언제나 경계하고 규율하는 사람이야말로 덕을 갖춘 자이다.

부끄러워야 사람이다

유학은 계급질서가 견고하게 떠받치고 있던 시대를 배경으로 삼는 사상이 아니다. 그것은 춘추전국 시대를 배경으로 한다. 이 시기는 이전의 계급질서가 흔들리고 무너져서 탈계급주의적인 덕목이 출현하던 때이다. 이를테면 공자가 제출한 두 이상 인격 중 성인은 계급주의를 바탕으로 하는 인격이지만, 군자는 계급주의와는 무관하다. 성인은 천자를 뜻하지만 군자는 배우는 사람을 뜻한다.

군자의 탈계급성은 잘 배워서 덕을 갖춘 사람이 권력을 지녀야 한다는 의식에서 분명하게 제출된다. 여기서도 덕을 갖춘 사람은 백성, 땅, 재산을 얻는 것으로 설명된다. 덕은 사람을 모여들게 함으로써 하나의 공동체가 구체적으로 작동하게 하는 근본적인 요소로 기능한다.

물론 그 덕은 실질적인 것이어야 한다. 덕은 자신의 이익을 담보하는 것이 아니라 타인의 이익을 보장하는 것이다. 생활공동체에서 특히 문제가 되는 것은 이익을 나누어주는 방식의 합리성이다. 이것은 다른 말로 하면 백성들의 이익이 보장되는 체계라고 할 수 있다. 이익을 앞에 두고 권력자가 스스로의 이익을 챙기는 마음을 갖는다면 그것은 부끄러운 일이고, 백성들을 모여들게 하는 것이 아니라 흩어버리는 결과를 가져온다.

【예기 1】 원문 27

도덕인의는 예가 없이는 이루어지지 않고, 교훈을 얻고 습속을
바르게 하는 것은 예가 없이는 제대로 갖추어지지 않고, 분쟁을

2장 원전과 함께 읽는 '부끄러움'

하고 소송하는 것은 예가 없이는 결론이 주어지지 않고, 군왕과 신하의 상하관계와 부자 형제의 관계는 예가 없이는 정해지지 않고, 배우고 스승을 섬기는 일은 예가 없으면 친근하게 할 수가 없고, 조정에 참여하고 군사를 다스리고 관리가 되어 법을 행함에 있어서는 예가 없이는 위엄이 행하여지지 않고, 기도를 하고 제사를 올리며 귀신에게 제물을 바치는 일은 예가 없으면 진실하거나 장엄해지지 않는다. 이런 까닭에 군자는 공경을 다하여 맞거나 물러서거나 하니, 예를 밝게 구현하는 것이다. 앵무는 말을 할 수 있어도 날짐승의 위치를 벗어날 수 없고, 성성이는 말을 할 수 있어도 금수의 자리를 떠날 수 없다. 오늘날의 사람들에게 예가 없다면 비록 말을 할 수 있더라도 금수의 마음을 가진 것이 아니겠는가! 금수에게는 예가 없으므로 아비와 자식 숫사슴이 같은 암사슴에게 모여드는 것이다. 이런 까닭에 성인은 예를 지어서 사람들을 가르치고 사람들이 예를 행하도록 하여서 스스로 금수와 다름을 알게 한 것이다.

「곡례」상

인간은 살아가는 데 행위의 방식을 필요로 한다. 그것은 그 마음속의 도덕인의를 표현하는 것이고, 군왕과 신하나 부모와 자식 사이의 관계 속에서 마음의 정리를 표현하는 것이다. 이렇게 감정과 행동을 규정하는 문화적 방식을 유학에서는 예법이라고 말한다. 그런데 유학의 예법은 그저

사회적 약속으로서 형식적인 절목을 내세우는 것이 아니다. 유학은 인간과 생활을 도덕의 문제로 인식한다. 인간의 생활은 도덕적 문제 상황에 놓이며, 어떤 상황은 그것이 허용하는 가장 적절한 도덕을 요청하는데, 예법이 그것을 규정한다는 것이다.

유학은 그렇게 도덕의 눈을 통해 삶의 방식을 예법으로 규정해낸 것이다. 즉, 예법에 인간다움의 정신과 천지자연의 이치를 담아낸다는 말이다. 유학은 이러한 예법을 행하는 것이 바로 인간다움을 구현하는 것이고, 도덕정신을 구현하는 것이며, 천지자연의 이치를 구현하는 것이라고 본다. 유학은 앵무나 성성이 따위는 이런 예법을 갖지 못한다고 말한다. 그들이 가지고 있는 것은 삶의 기능에 불과할 뿐 도덕정신과 천지자연의 이치와는 무관하다는 얘기다. 그런 점에서 유학은 오직 인간만이 예법을 가질 수 있다고 본다. 인간만이 천지자연의 이치를 예법에 담을 수 있고, 인간만이 예법을 행함으로써 천지자연의 이치로 다가갈 수 있다.

이렇게 유학의 예법은 인간과 금수를 가르는 기준이 된다. 인간이면서 금수로 떨어지는 것은 부끄러운 일이다. 금수로 떨어지지 않고 인간의 가치와 위엄을 갖추려면 예법을 행해야 한다고 유학은 주장한다.

【예기 2】 원문 28

예라는 것은 친소관계를 정하고 싫어하거나 의심스러운 것을 확정하는 것이고, 같고 다른 것을 구별하는 것이고, 옳고 그른 것을 밝히는 것이다. 예는 다른 사람에게 망령된 말을 않는 것이고, 과도한 찬사를 늘어놓지 않는 것이다. 예는 절도를 넘지 않는 것이고, 해치거나 모욕 주지 않는 것이고, 지나치게 친하게 여기지 않는 것이다. 자신을 닦아서 스스로가 한 말을 실천하는 것을 선한 행위라고 한다. 닦아서 행하고, 도리를 말하는 것은 예의 실질이다. 예는 사람에게서 취할 만하다는 소리를 듣는 것이지 사람을 취하겠다는 소리를 듣는 것이 아니다. 예는 와서 배우겠다는 소리를 듣는 것이지 가서 가르치겠다는 소리를 듣는 것이 아니다.

「곡례」 상

유학의 예법은 가장 적절한 행동의 방식을 규정하는 것이다. 예 정신의 핵심은 적절함에 있다. 이를테면 사랑을 두고 이야기할 때, 예는 그 사랑을 어떤 관계 속에서 적절한 방식으로 규정하려는 태도를 지닌다. 사랑이 지나치게 강하게 드러나지도 않고 약하게 담겨지지도 않는 딱 적절한 정도를 내용으로 하는 것이다. 여기에는 중용, 이른바 과불급이 없는 중도의 정신이 가장 바람직하다고 보는 입장이 갈무리되어 있다. 이것은 균형과 조화를 가장 인간다운 것으로 보는 태도와도 연관된다. 이런 예 정신을 잣대로 하여 보자면 감정을 과도하게 드러내는 것도 부끄러운 일이고 감정이 지나치게 메말라서 표현되지 않는 것도 부끄러운 일이라고 하겠다.

부끄러워야 사람이다

태상황제 시대에는 덕을 귀하게 여겼고, 그다음의 3왕 시대에는
마땅한 보상을 주는 것을 중요하게 여겼다. 예란 주고받는 것을
중요하게 여기니, 주었는데 오지 않는 것은 예가 아니고, 왔는데
주지 않는 것 또한 예가 아니다. 사람에게 예가 있으면 평안하
고, 예가 없으면 위태로워진다. 그러므로 예라는 것은 배우지 않
을 수 없다고 말해진다. 예라고 하는 것은 자기를 낮추어 다른
사람을 귀하게 여기는 것이니, 비록 등짐을 지고 물건을 팔러 다
니는 사람이라도 반드시 귀하게 여겨 대해야 하는 것인데, 하물
며 부유하고 존귀한 사람을 대함에는 더욱 그러해야 하는 것이
아니겠는가? 부유하고 존귀하면서 예를 다하는 것을 좋아하면
교만하거나 음탕하지 않게 되고, 가난하고 비천하면서 예를 다
하는 것을 좋아한다면 그 뜻이 두려울 것이 없게 된다.

「곡례」상

예는 구체적인 생활을 규율하는 것이므로 시대마다 차이를 낳게 마련
이다. 생활은 움직이는 것이므로, 예도 그런 생활을 반영하여 적절함의 형
식을 바꾸어가야 한다. 새로운 시대의 생활을 담아 새로운 예법을 규정하
는 것은 성인의 일이다. 예를 짓는 자격은 성인에게만 있다. 성인은 현자이
면서 동시에 치자다. 현자이므로 성인은 천지자연의 이치를 잘 알고, 치자

이므로 성인은 자기 시대의 사회적 약정으로 그 예의 절목이 유통되게 할 수 있다.

성인을 갖는 시대에는 예의 시대적 변모가 탄력적으로 일어난다. 그러나 성인이 없는 시대에는 이런 변모 작업이 뒤따를 수 없다. 공자는 자기 시대가 성인이 없는 시대라고 보았다. 따라서 공자는 마지막 성인의 시대, 즉 주나라 초기 주공 시대의 예법을 상속한다.

예란 사람의 신분을 규정하는 것이 아니다. 예는 사람의 마땅한 행위를 규정한다. 예는 쌍방향의 관계다. 상급자와 하급자가 있을 때 이 관계에서 상급자는 하급자를 대하는 예를 다해야 하고 하급자는 상급자를 대하는 예를 다해야 한다. 이러한 소통의 관계가 무너지고 어느 한쪽을 대하는 방식만 일방적으로 강요한다면 그것은 예로써 서로를 대하는 것이 아니라 야만으로 대하는 것이므로 인간으로서 부끄러운 일을 행하는 것이 된다.

예 정신의 핵심은 상대방을 대우해주는 것이다. 상대방을 하나의 인간으로 대우해야 할 책임은 상급자에게도 있고 하급자에게도 있다. 이것이 예가 가지고 있는 상호관계의 진실한 모습이다. 이것이 무너지면 예법이 행해지는 사회가 아니고, 인간이 없는 사회이다.

【이정전서 1】 원문 30

자기를 극복하는 것은 사심을 없애는 것이니 자연스럽게 예로 돌아갈 수 있게 된다. 이런 사람은 글을 배우지 않았더라도 예에

부끄러워야 사람이다

담긴 뜻을 이미 얻은 셈이다.

권2 상

예는 그 형식에 있는 것이 아니라 그 정신에 있다. 형식보다는 본질이 먼저라는 말이다. 만약 형식이 먼저라면 시대마다 예법의 규정이 달라질 수도 없는 노릇이다. 그러므로 달라질 수 없는 것은 예법의 정신이지 그 형식이 아니다.

예 정신은 이미 천지자연의 질서에 구현되어 있다. 천지자연의 질서는 어떤 개아의 이익에 따라서 좌우되는 것이 아니라 전체 자연의 조화와 균형에 따라 전개된다. 그것의 핵심은 전체의 균형과 질서이므로 자기중심적 논리와는 반대쪽에 놓이게 마련이다. 자기를 극복하는 것이 예 정신의 핵심이므로, 예법의 구현을 중요하게 여기는 유학적 세계에서는 무엇보다도 이기심을 드러내는 것이 부끄러운 일일 수밖에 없다.

【이정전서 2】 원문 31

사람의 마음은 이치를 알지 못하는 법이 없다. 그러나 욕심에 가린다면 천리를 잃게 된다.

권11

유학적 진리는 천지 사이에 드러나 있고, 유학적 마음은 충분한 인식 능력을 갖는다. 유학은 인식을 문제삼지 않는 것이다. 그러나 이것은 유학이 인간의 마음속에 이치를 인식할 능력을 부여한다는 말이지 그 이치가 인식의 결과로 모든 사람의 마음에 주어지는 것을 보장한다는 말은 아니다. 인식은 본래의 마음에서 이루어지는 것이 아니라 지금 활동하고 있는 마음에서 일어난다. 본래의 마음은 숨겨져 있다.

본래의 마음을 숨겨서 활동하지 못하게 하는 것은 욕심이다. 욕심은 마음의 작용을 가리고 행동의 능력을 약화시킨다. 욕심에 가린다면 인간은 실종되고 금수가 활동을 시작한다. 그러므로 유학적 수양론의 핵심은 언제나 욕심을 물리치는 것에 집중된다.

【이정전서 3】 원문 32

> 의지는 기질을 이길 수 있다. 기질이 강한 힘을 행사하면 마음이 어지러워진다. 오늘날의 사람들 가운데는 두려움을 가지고 기질의 움직임을 눌러 이기는 사람은 많아도 의리를 가지고 기질의 움직임을 눌러 이기는 사람은 적다.
>
> **권11**

인간의 마음은 상당히 미묘하게 움직인다. 인간의 의식과 행위는 다 이

부끄러워야 사람이다

마음에 걸려 있다. 마음은 기질에 의해 이루어졌으며 사려분별 작용을 할 수 있는 정신적 행위의 주체다. 오늘날에 사고는 두뇌의 문제이지만 옛사람에게는 마음이 생각을 담당하는 것으로 여겨졌다. 오늘날에 사고는 이해하고 판단하는 현상적 기능을 수행하는 것이 되었지만 옛사람들에게는 사고가 그대로 존재의 가치와 인격을 드러내는 본질적 기능을 수행하는 것이었다. 이런 차이는 옛사람들에게는 생각만으로 이미 부끄러움의 여부를 물을 수 있는 것인 반면, 오늘날의 사람들에게는 생각만으로는 부끄러움의 여부를 따져 묻는 사유 체계가 작동할 수 없게 하는 것으로 나타난다.

마음은 기질에 의해서도 의리에 의해서도 영향을 받을 수 있다. 기질은 모든 물리적인 세계의 현상적인 모습을 만드는 것이다. 구체적으로 포착할 수 있는 모든 세계는 이것에 바탕을 두고 드러난다. 마음의 구성과 그 작용에 있어서도 이 점은 마찬가지다. 마음은 심장이라는 기관으로 사유되었는데, 이 심장을 구체적으로 구성하는 물리적 요소가 바로 기질이다. 기질은 그렇게 구체적인 세계를 건설하는 요소이므로 단위, 개체, 부분으로 한정될 수 있다. 그것은 전체를 담을 수 있는 성질을 갖추지 못한다. 그러나 의리는 형태를 갖추고 있는 것이 아니므로 어디에나 전체적인 것으로 갖추어질 수 있다. 그것은 순간 속에서도 전체적인 내용을 고스란히 담아 위치할 수 있으며, 부분 속에서도 그러하다. 의리는 어떤 조건에 의해서도 한정될 수 없는 것이다.

마음이 기질에 의해서 작동된다면, 그것은 지금, 이곳의 기질이 영향을 받고 있는 조건에 의해 한정된 면모를 드러낼 수밖에 없다. 그러므로 지금의 기질이 드러나 있는 어떤 요건에 반응하여 편향된 반응을 함으로써 전체적인 이치와 어긋나는 양상을 만들어낼 수 있다. 기질은 언제나 변화하는 것이므로 그것과 연관된 마음에도 역시 끝없는 변화가 계속될 수밖에 없다. 그것은 마치 호수에 바람이 이리저리 불어대므로 그 물결이 끊임없이 찰랑이는 것과도 같다. 그렇게 변화하는 마음이라면 어지럽기 그지없을 것이고, 그 마음을 어떤 전체적인 의리를 드러내는 것으로 이끌어가기도 어렵다.

그러므로 인격의 도덕적 완성을 추구하는 유학자들에게는 끊임없는 변모하는 마음을 향도로 삼아 삶을 운용해나가는 것은 바람직하지 않게 여겨졌다. 따라서 중심에서 마음을 붙잡아주는 일관된 도덕적 원리가 필요하다. 위의 구절에서는 그것을 의지, 뜻으로 설정하고 있다. 이것은 공자의 '입지'와 같은 의미다. 그 뜻이 도덕적인 것일 때, 그것은 의리라는 이름으로 불릴 수 있을 것이다. 마음속에 뜻을 세워 마음이 현상의 변모에 따라 출렁거리지 않고 하나의 도덕적 터전을 군건하게 지켜 끝내 그 도덕을 완성해나가는 노력을 행하게 해야 한다고 보는 것이 이 구절의 의미다.

여기서 정자는 마음속에 도덕적인 뜻을 세우고 그것의 지도에 따라 그 마음을 규율해나가는 것은 옛사람이 추구했던 방식으로 바람직한 것인데, 오늘날의 사람들은 다만 형벌 같은 것의 두려움만 가지고 마음을 규율하려 한다며 비판하고 있다. 마음속에 도덕적인 뜻을 가질 때에는 부끄러움이 같이 작동하여 마음을 이끌어갈 수 있다. 반면 사회적인 형벌을 무기로 쓸 때에는 두려움을 바탕으로 마음을 이끌어가는 것이다. 전자는 부끄러움을 자청하는 형식이 되지만 후자는 두려움을 밖에서 빌려다 쓰는

부끄러워야 사람이다

내용을 갖는다. 그 적극성에 엄청난 차이일 수밖에 없는 것이다.

【이정전서 4】 원문 33

의지는 기질의 10분의 9를 움직일 수 있고, 기질은 의지를 10분
의 1 정도 움직일 수 있다.

권11

의지와 기운은 마음에 영향을 끼칠 수 있는 두 요소다. 마음은 의지에
의해서 혹은 기질에 의해서 움직여질 수 있다. 물론 이것은 마음에 자리잡
고 있는 것들을 만들어낼 수 있는 힘을 이 두 가지가 가짐을 의미한다. 이
런 요소들에 의해 마음에 어떤 생각이 들어섰다면, 의지에 바탕을 둔 것
은 그것이 선의 의지냐 아니냐에 따라서 선과 악으로 구분되겠지만, 기질
에 바탕을 둔 것은 그 하나하나의 생각들이 선과 악 중 어떤 것으로 평가
될 수 있느냐를 각각 따져 물을 필요가 있다. 물론 유학적 의지는 도덕적
지향을 갖는다. 도덕적 지향의 의지를 만들어내고, 그 의지에 마음을 통일
적으로 이끌어갈 절대적 권능을 갖게 하기 위해 유학적 노력은 투입된다.

이러한 노력이 성공을 거두었다면 마음속에 기질이 영향을 끼칠 가능
성은 그만큼 줄어들 것이다. 그런데 아직 마음의 도덕적 완성이 이루어지
지 않았을 때, 우리 마음속에서는 이 둘이 서로 투쟁하고 갈등하는 상태

가 연출된다. 이 구절은 바로 그러한 상황을 전제로 하여 양자 사이의 영향력의 크고 작음을 이야기하고 있다. 이런 상호 경쟁 상태에서 의지의 힘으로 기질을 바꾸는 것은 쉬운 일이나 기질의 힘을 키워서 의지를 바꾸는 것은 매우 어려운 일이다. 왜냐하면 의지는 마음이 움직일 때 선을 지향하느냐 아니냐를 따지는 것으로 충분하지만 기질은 각각의 상황을 하나하나 따져가면서 다 선의 모습을 갖추도록 만들어가야 하기 때문이다. 그러므로 도덕적 마음을 완성시켜내려는 유학자들은 의지의 능력에 바탕을 두는 공부 방식을 선택한다.

공자의 '입지'를 무기로 삼는 공부 방법론이 지닌 효용성을 정씨 형제는 이와 같은 논리를 바탕으로 하여 인정하고 받아들인다. 공자의 '입지'란 도덕적인 목표를 세우는 것이다. 그런 입지는 필연적으로 도덕의 가치를 전제하고, 그 도덕을 이루어나가는 도구들의 효용성을 살펴보게 하며, 보다 효율적인 것을 도구로 선택하지 않는 것에 대한 부끄러움을 유발한다.

【이정전서 5】 원문 3 4

대개 의리를 벗어나면 이익으로 들어가게 되고, 이익에서 나오면 의리로 들어가게 된다. 세상의 모든 일은 오직 의리와 이익으로 나뉠 뿐이다.

권11

공자가 선택한 도덕주의는 맹자에 의해서 강화되고, 송나라 시대의 유학에 의해서 더욱 강화된다. 이러한 유학적 도덕주의는 인생의 모든 문제를 도덕적 상황으로 환원시킨다. 일의 크고 작음을 막론하고 도덕적 문제 상황이 아닌 것이 없게 된다. 이런 도덕주의적 입장을 정씨 형제는 의리냐 이익이냐의 상호 배타적 관계로 정리한다. 물론 그들의 목표는 이익의 영역을 없애 도덕의 영역으로 통일시키는 것일 터이다. 도덕이 행해지지 않는 모든 영역을 이익이 움직이는 것으로 이해한다면, 의리의 구현을 위해 노력하지 않는 모든 자리는 사적 이익의 추구에 매달리는 부끄러운 일이 될 수밖에 없다.

【이정전서 6】 원문 35

보고 듣고 생각하고 움직이는 것은 다 하늘이 준 기능이다. 사람은 다만 그 속에서 진실되게 하거나 망령되게 하는 것을 알 따름이다.

권11

인간의 존재 근거는 천지자연에 있다. 하늘에 의해 대표되는 자연은 인간 존재의 모든 기본 요소를 결정한다. 정신적 능력도 하늘에 의해 주어진다. 인간 존재가 본구적으로 갖추고 있는 모든 것은 어느 하나 하늘이 부여하지 않은 것이 없다. 하늘이 명령으로 부여한 것이 인간의 품성이라는 것은 모든 유학자가 일반적으로 하는 생각이다. 정씨 형제 역시 이 점에서는 차이가 없다.

　사람이 갖는 모든 일반적인 것이 다 하늘에 의해 주어지는 것이라면, 그것들은 다 선한 영역에 놓임을 뜻한다. 보는 것은 인간이라면 누구나 지니는 기능이다. 그것은 너와 나 사이에 차이가 없다. 맹인이라면 보는 기능을 갖지 못하겠지만, 그것은 병이므로 달리 이해되어야 한다. 정상적인 모든 사람을 두고 말할 때, 보는 능력은 누구에게나 똑같이 주어질 수 있다. 그러므로 보는 능력 자체는 선에 속한다. 그런데 그 보는 능력을 가지고 무엇을 보느냐 하는 것은 누구에게나 똑같이 주어지지 않는다. 만약 그 보는 능력을 가지고 누구나 다 볼 수 있는 것을 본다면 그 본 결과 역시 선의 영역에 속한다고 하겠다. 이를테면 우리가 국화를 놓고 그것을 본다면 이는 있는 진실을 보는 것이므로 선에 속한다. 그러나 국화를 놓고 그 국화가 줄 수 있는 이익을 본다면 그것은 있는 그대로가 아닌, 우리의 개입을 통해 달라지는 영역을 보는 것이다. 그 달라지는 영역은 진실이 아니라 환상이며, 그것을 중심으로 국화 바라보기를 한다면 우리는 망령된 생각을 일으켜서 진실된 세상을 일정하게 밀어내는 것이므로, 악의 영역에 속한다. 선과 악은 유학에서 그렇게 갈린다. 선은 진실된 세계이고, 악은 이해관계가 사적으로 만들어내는 망령된 세상이다.

부끄러워야 사람이다

"성내고 두려워하고 걱정하게 되면 마음은 바른 상태를 얻지 못하게 된다고 합니다. 이것은 이런 몇 가지를 없애면 마음이 바르게 된다는 것입니까?" "없애라는 것이 아니다. 다만 이런 것들이 마음을 움직이지 못하게 하라는 것이다. 배우는 사람은 마음의 움직임이 없는 상태에 이른 존재가 아니다. 모름지기 그 뜻을 지키고 있는 사람일 따름인 것이다."

권19

분노는 그 자체로는 선의 무기이기도, 악의 무기이기도 하다. 즉 그 본질은 선도 악도 아니다. 그것은 사람이라면 누구나 가질 수 있는 감정이다. 분노가 마음속에 있다고 해서 부끄러워할 필요는 없다. 좋은 일을 하는 사람을 보고 마음속에 분노를 느낀다면 그것은 분노가 그 좋은 일에서 생겨난 것이 아니라 그 좋은 일을 배 아파 하는 나의 사적인 이해관계로부터 생겨난 것이므로 그런 감정을 갖는 것에 부끄러움을 느껴야 할 것이다. 악한 일을 하는 사람을 보고 분노를 느낀다면 그것은 분노가 나의 이해관계가 아니라 그 악한 일에서 비롯되는 것이므로 그런 감정을 갖는 것을 부끄러워할 필요가 없다.

유학적 성인은 분노가 없는 사람이 아니다. 분노가 없는 사람은 사람이라 할 수 없으므로 성인이 될 수도 없다. 분노는 인간이라면 갖지 않을 수 없는 일반적인 감정이다. 인간이라면 갖지 않을 수 없는 것은 인간의 선이다. 분노도 인간의 선에 놓인다. 문제는 분노 자체가 아니라 어떤 상황 어떤 마음 상태에서 나타난 분노인가 하는 것이다. 분노를 일으킬 만한 상황에서 자연스럽게 분노가 일어났다면 그것은 선한 감정이다. 반면 그런 상황이 아닌데 부자연스럽게 분노가 일어났다면 그것은 우리 마음이 이미 분노에 의해 장악되었거나 상황 밖의 어떤 사사로운 이해관계에 의해 분노를 미리 일으킨 것이므로, 악한 감정이 된다. 도덕적 의지를 갖는 사람은 이러한 이해관계, 편향적 감정이 우리 마음속에 자리잡지 않도록 마음의 순수한 상태를 지키려는 사람이다. 유학적 공부는 사람을 사람 아닌 것으로 만들려는 것이 아니라 바른 사람으로 만들어가고자 하는 것이다. 바른 사람은 분노할 때 분노하는 사람이지 분노할 줄 모르는 사람이 아니다.

【이정전서 8】 원문 37

"사람에게 행할 수 없는 것이 있은 다음에야 행하는 것이 있게 된다는 것은 무슨 의미입니까?" "이것은 다만 선택하는 사람이 있으므로 할 수 있는 것으로 선택하거나 할 수 없는 것으로 선택할 수 있다는 것일 뿐이다. 할 수 없는 것이 있게 된 연후에야 할 수 있는 것이 있게 된다. 만약 할 수 없는 것이 없다면 어찌 할 수 있는 것이 있겠는가?"

권18

도덕을 말할 수 있는 것은 옳고 그름이 나뉜 세상에서만 가능하다. 옳고 그름이 나뉠 수 없다면 자긍심도 부끄러움도 뿌리내릴 영토가 없다. 옳고 그름을 나누는 것은 옳은 일을 하고 그른 일은 하지 않기 위함이다.

인간의 모든 감정과 행위는 하나하나 가짓수를 따져 말하기가 불가능할 정도로 다양하고 양적으로 많다. 하나하나를 다 따져서 옳은 것인가 그른 것인가를 따져 묻기도 어렵다. 진실한 유학적 인격의 세상에서는 옳은 일에 비하면 그릇된 일은 양적으로 적다. 무엇 때문인가? 유학적 세계는 '입지'가 이끌어가는 세계, 옳은 일을 하려는 의지가 이끌어가는 세상이기 때문이다. 이미 선의지의 감독을 받고 있는 수양의 영역이므로 당연히 옳은 일보다는 그른 일이 적게 나타날 수밖에 없다.

또한 옳은 일은 그대로 두고 그른 일을 가려서 배제하려는 것이 유학적 수양과 공부이므로, 그른 일은 드러나는 대로 제거하고, 반복하지 않기 위한 노력을 적극적으로 해야 한다. 드러난 그른 일을 그대로 두어서는 그른 것을 하지 않는 인격으로 나아가는 진보가 이루어질 수 없다. 따라서 그른 일은 가려내어 선의지의 감독 아래 놓고, 좋은 일을 하려는 노력은 강화시켜가는 것이 유학적 공부다. 그른 일을 드러낼 때 옳은 일도 드러나고, 수양과 공부는 비로소 제대로 과녁을 정해 노력을 집중시킬 수 있다.

【이정전서 9】 원문 38

마음을 기르는 방법으로는 욕심을 적게 하는 것만 한 것이 없

151

다. 욕망을 일으키지 않으면 미혹될 일도 없다. 욕심이라는 것은 반드시 깊이 빠져든 것만을 말하는 것이 아니니 지향하는 바가 있기만 하면 바로 욕심인 것이다.

권15

유학적 공부는 두 가지 방향에서 진행된다.

하나는 악을 가려 뽑아 제거해나가는 것이다. 이것은 밭에 자리잡은 풀을 뽑아내는 것과 같다. 풀이 밭에 뿌리를 내리면 주변에 씨앗을 뿌려 점차 풀밭으로 만들어간다. 그러므로 풀은 발견될 때마다 제거해야 한다. 마음밭에 자리잡은 악도 마찬가지다. 사소한 악이라고 우습게보았다가는 마음 전체가 언제 악으로 휩쓸려갈지 알 수 없다. 늘 악을 행하는 것을 부끄럽게 여기고, 늘 부끄러움을 앞세워 선으로 돌아가는 노력을 그치지 않고 수행해야 악이 뿌리내리는 것을 막을 수 있다.

다른 하나는 마음의 선을 지키고 확장하는 일이다. 마음은 본래 선으로 지어져 있다. 그 마음에 자아가 자리를 잡으면서 욕심이 생겨나고, 잘못될 가능성이 싹튼다. 사람에게 욕심이 없을 수는 없다. 선의 욕심도 욕심이다. 선의 욕심과 악의 욕심은 마음의 강한 지향성이라는 점에서 서로 같다. 차이는 다만 섬기는 주인이 다르다는 것뿐이다.

유학은 선의 욕심을 긍정적인 차원에서 받아들인다. 이 점에서 유학과 도가가 갈라져나간다. 선의 욕심은 선 자체를 섬기지만 악의 욕심은 자신의 이익을 섬긴다. 선의 욕심에 기대기 위해서는 욕심의 터전을 인정해야 하고 악의 욕심을 제거하기 위해서는 그 욕심에 일정하게 재갈을 물려야 한다. 유학이 지닌 도덕적 딜레마가 여기에 있다. 이 모순점을 풀기 위한 해법으로 유학이 제출하는 것이 '과욕寡慾' '욕심을 줄이는 것'이다.

'과욕'은 마음의 자연적인 지향을 의미한다. 그 지향은 도덕을 목적지로 하는 것일 수도 있고, 즐거움이나 분노함을 목적지로 갖는 것일 수도 있다. 모든 감정과 행위에는 그 마음이 자연스럽게 떠올리는 어떤 지향이 깃들어 있다. 그런 지향에 들어 있는 마음은 유학이 긍정적인 토대로 받아들이고 있는 선한 마음이다. 선한 마음속의 그러한 자연스러운 지향이 바로 '과욕'의 상태다.

그러나 이 자연 상태의 지향에 우리의 사사로운 욕구가 더해져 강화되거나 왜곡된다면, 그것은 '과도한 욕심'이 된다. 과도한 욕심은 자연 상태를 깨트리고 이해관계를 불러들이며, 이해관계를 바탕으로 세계를 재편한다. 선의 의지 역시 그 자연 상태의 도덕적 지향을 벗어나서 자아의 과도한 욕망으로 장착된다면, 선의 토대를 벗어나 악의 영역으로 옮겨간다. 문제는 행위의 동기 속에서 움직이는 정신이다. 선의 의지는 개아를 주인으로 갖지 않기 때문에 그것이 아무리 강화되더라도 자연의 질서를 무너뜨릴 정도로 이해관계의 구조를 만들어내지 않는다. 선의 의지가 자연의 선의지인 한 그것이 강화될 수 있는 정도가 있다는 말이다. 개아를 주인으로 모신 것과 전체적인 도덕을 주인으로 모신 것은 근원적으로 다른 논리 위에 서고, 다른 결과를 만들어낸다. 그러므로 유학은 도덕을 주인으로 모시는 것을 다양한 방식으로 역설하는 것이라고 하겠다. 여기서 이야기하는 '양심' 역시 그중 하나에 속한다.

'양심' '마음을 키우는 법'은 욕심을 작게 하여 본래 마음이 갖는 선한 바탕을 무너뜨리지 않고 유지·보전하는 방법에 대한 이야기다. 욕심은 본래의 마음에 속한 것이 아니라 그 본래의 마음에 바탕을 두고 만들어진 것이다. 본래의 마음은 그 자체로서는 움직일 방법을 갖지 못하므로 움직이는 마음으로 스스로를 바꾸어서 생각과 행위의 주인으로 활성화되어야 한다. 본래의 마음은 생각 속에 있는 것이 아니라 생각을 능력으로 갖추고 있을 따름이다. 활성화된 마음은 생각 속에 있는 것, 욕심이 개입하여 만들어진 것이다. 따라서 이 활성화된 마음에 개입하는 욕심의 성향이 어떤 것이냐 하는 것은 매우 중요해진다. 이 활성화된 마음속에 초기 단계의 욕심이 개입하는 것은 막을 수 없다. 그러나 여기에 발전 단계의 마음, 이미 이기적 편향성을 가진 마음까지 개입되어서는 곤란하다. '과욕'은 바로 그런 마음의 개입을 부끄럽게 여기는 우리의 태도와 관련된 덕목이다.

【이정전서 10】 원문 39

고요해서 움직이지 않으나 만물은 빠짐없이 그 속에 이미 다 갖추어져 있다. 감응하면 다 상통하게 되는데, 감응한다는 것은 안으로부터 감응하게 되는 것이지 밖으로 나아가 감응하는 것이 아니다. 어떤 하나의 상황이 주어지면 여기에서 감응하는 것이다.

권15

부끄러워야 사람이다

두 정씨에게 마음은 하늘의 이치를 이미 빠짐없이 갖추고 있는 성품이다. 이 성품은 바람이 불지 않을 때의 호수처럼 고요하다. 어떤 감정도 드러나 있지 않은 것이다. 그러나 모든 감정을 드러낼 수 있는 기능은 갖추고 있다. 천지자연의 이치가 빈틈없이 다 갖추어져 있어서 대우주인 천지자연과 아무 차이가 없는 것이다. 호수는 어떤 바람이든 다 맞아들여서 그것에 맞는 물결을 만들어낸다. 두 정씨의 마음 역시 어떤 상황이라도 다 맞아서 그 이치를 적절한 모양으로 드러낼 능력을 갖추고 있다.

　상황은 밖에서 주어지는 환경이다. 이를테면 산마루를 넘어 불어드는 바람이 바로 상황이다. 밖으로부터 오는 상황은 호수에 어떤 물결을 만들어내려는 목표를 갖지 않는다. 물결은 호수 자체가 갖고 있는 품성이 드러낸 것이다. 호수는 어떤 바람을 만나면 그에 맞는 물결을 드러내는 품성을 내재하고 있다. 마음 역시 어떤 상황이 주어지면 그 상황에 감통하여 어떤 생각과 행위를 만들어낼 품성을 이미 갖추고 있다. 이 고요한 마음이 갖추고 있는 이치가 어떤 상황에서 어떤 특별한 이치로 드러나는 것이지, 상황이 그 자신의 이치를 가지고 다가와서 이 마음에 전해주는 것이 아니다.

　그러므로 마음은 상황을 만나기 전에는 잔잔한 호수처럼 고요해야 한다. 그것이 고요해야 바람의 힘이 제대로 호수에 전해져서 그 바람에 맞추어 준비되어 있는 호수 속의 물결이 드러날 수 있다. 누군가 돌을 던져서 이미 파문이 일고 있는 호수라면 불어오는 바람의 힘을 감지해 제대로 된 물결을 만들어낼 수 없을 것이다. 이와 마찬가지로 이미 마음속에 분노가 자리잡고 있다면 어떤 상황이 마음에 감통하기 전에 분노로 일고 있는 마음이 먼저 움직이므로, 우리 마음이 상황의 의미를 제대로 이해하여 적절한 이치를 띄워올릴 수 없을 것이다.

고요하게 움직이지 않고 있는 마음은 천지자연의 이치가 들어와 있는 우리의 본래 마음이다. 이 마음은 두 정씨에게 도덕의 근거가 된다. 그러나 우리는 이미 움직이는 마음을 갖고 있을 때가 많다. 대부분의 경우 우리 마음속에는 자기 자신의 이기적 욕구가 자리잡고 있다. 그것은 이익을 위해 이미 작동되어 있는 마음이고, 이치를 무너뜨리는 마음이다.

【근사록 1】 원문 40

경건한 마음을 갖는다는 것은 다만 마음을 한 가지에 집중하는 것일 따름이다. 마음을 한 가지에 집중하면 이미 가고 있는 방향으로 다이지 쓸데없이 동쪽으로 가거나 또 서쪽으로 가거나 하지 않는 것이다. 이와 같이 한다면 바로 딱 들어맞는 자리에 있을 따름이다. 이미 이것으로 나아가고 저것으로 나아가는 것이 없으니, 이와 같이 한다면 다만 안으로 이미 스스로 갖추고 있는 것을 보존하게 될 따름이다. 이러하다면 자연히 하늘의 이치가 밝게 드러날 터이다. 배우는 사람은 모름지기 이렇게 해야 하니, 공경으로 마음을 바르게 하고, 이 속에서 드러나는 생각을 함양해야 한다. 마음을 바르게 하는 것이 근본이다.

권4 「존양」

부끄러워야 사람이다

유학의 수양처는 현실적 삶이 진행되고 있는 구체적 생활이다. 동양적 학문론의 특징은 수행에 있다. 진리를 몸과 마음으로 닦는 이 수행은, 공부를 지식의 더미에서 구원하여 행동과 실천의 문제로 나아가게 하는 열쇠다. 유학이 일상적 생활인의 삶을 선택했다고 해서 수행에 주목하는 동양의 학문론을 버린 것은 아니다. 오히려 동양적 학문론을 세상 속으로 끌고 들어갔다는 것이 정확한 표현이리라. 유혹이 흘러넘치는 세상에서 수행을 택했으므로, 유학의 수행은 더욱 치열함을 갖추지 않을 수 없다. 그런 유학적 수행의 치열함을 대표하는 것이 '경' '언제나 경건한 마음 상태를 유지하는 것'이다.

'경건함'은 마음의 성실함을 지키는 태도의 치열함을 의미한다. '성실함'은 지켜야 하는 내용이고 '경건함'은 지키는 태도이므로, 이 둘은 서로 연관되어 있는 안과 밖의 개념이다. 유학의 경건함은 일상의 마음속에 수행의 성전을 들여놓고자 하는 유학자들이 지닌 생활의 태도다. 여러 종교에서 이 경건함은 신을 섬기는 숭고한 자세로 쓰인다. 자기가 모시는 절대적 신 앞에서 가볍게 처신할 사람은 없을 것이다. 그런데 유학자들은 외재한 어떤 절대적 신의 위세를 빌려 이런 마음의 경건성을 확보하지 않는다. 그들은 자기가 마음속에 받아들인 도덕적 진리를 통해 이런 마음의 경건성을 얻어 가지려 한다. 자기가 이 목표를 절대적인 의지로 만들어 세우고(입지), 그 의지에 부끄러움이 없도록 언제나 반성하고 견책하면서(수신) 점차 도덕적 자아를 성숙시켜나가는 것이다.

이러한 수신의 과정은 다른 말로 하면 마음의 진실성을 잃지 않도록 치열하게 노력하는 것인데, 그러한 치열성이 갖춘 각성된 태도가 경건함이다. 경건함을 갖추면 마음이 하나로 집중되어 잡스러운 생각이 끼어들지 않는다. 성실한 마음을 위협할 만한 요소가 줄어드는 것이다. 그렇게 성실함이 유지되고 있는 마음에 들어선 감정은 도덕적인 것일 터이므로, 그것의 기반을 확고히 만들어주어야 한다. 이것이 바로 함양으로, 그 뜻은 성실한 마음속에서 드러난 도덕성의 씨앗을 흔들리지 않도록 길러내 이 마음의 도덕적 지향으로 언제나 기능할 수 있게 만들어나가는 노력이라고 하겠다.

【근사록 2】 원문 41

사람이 적절한 수준을 넘어섬에 있어서는 각각 그 종류가 다르게 나타난다. 군자는 항상 도탑게 대하는 데에서 절도를 잃고, 소인은 항상 야박하게 대하는 데에서 절도를 잃는다. 군자는 사랑이 넘치기 쉽고, 소인은 사랑을 지나치게 참아서 상처를 입힌다.

권12 「함근」

유학적 도덕은 적절함에 있다. 이 점은 사랑하는 마음에 있어서도 마찬가지다. 사랑하는 마음은 유학적 개념으로는 '인'인데, 유학의 여러 도덕적 개념의 바탕에 놓이는 감정이다. 그러나 이 감정이 유학적 도덕의 근본이라고 해서 무조건 풍부하게 드러내는 것이 최선은 아니다. 이 감정을 드러

부끄러워야 사람이다

내는 것을 두고서도 군자와 소인은 갈린다.

　군자의 마음은 도덕인의를 중심에 받아들이고 있다. 그러므로 군자는 사랑하는 마음을 드러낼 때 그 도덕적 의지의 지원을 받아서 과도하게 드러내는 약점을 노출할 수 있다. 과도하게 드러난 사랑하는 마음은 군자의 부끄러움이 되고, 그러한 군자의 과도한 감정은 군자다운 행동을 이끌어 내는 데 실패한다. 그렇게 흘러넘치는 사랑에 군자의 지향은 있으되 도덕은 없다. 이렇게 사랑의 도덕을 구현하는 데에 실패한 군자는 진실로 군자를 이루었다고 할 수 없다.

　소인의 마음은 자아의 이익으로 기울어 있다. 그러므로 그 감정은 사랑을 길러내는 데에 항상 야박하다. 그 야박함은 결국 다른 사람의 마음에 상처를 입힌다.

　사람을 사랑하는 유학의 덕성은 사랑해야 하는 사람을 사랑할 수 있는 만큼 사랑하는 것이다. 적절함을 갖추지 못하면 사랑은 아무에게나 흘러가거나 혹은 아무에게도 흘러가지 않게 된다. 그 절도를 갖추게 하는 것은 성실한 마음의 바탕에서 이 사랑이 구현되느냐 그렇지 않느냐에 달려 있다.

【근사록 3】 원문 42

군자는 물질을 던져버리고 소인은 물질 속에 던져진다. 지금 기쁘게 해주고 분노하게 하는 일을 보면 스스로에게 다 덧붙여주려 하는 일이거나 다른 사람에게 나누어 보태주고자 하는 일이니, 이것 또한 우리 마음을 수고롭게 만드는 것이다. 성인의 마음은 고요하게 멈추어 있는 물과도 같다.

권5 「역행」

군자와 소인은 근원적으로 서로 다른 세상의 시민이다. 군자는 도덕의 사람이고, 소인은 이해의 사람이다. 그런 점에서 군자는 물질을 내던지고 도덕을 잡은 사람이고, 소인은 도덕을 내던지고 이해를 잡은 사람이다. 이러한 선택이 이루어지는 세상은 도덕이 미완의 문제로 남아 있는 곳이다. 양쪽 다 마음의 진실성이 움직이지 않고 의지만으로 어느 한편이 치우치게 선택될 수 있는 자리다. 이렇게 도덕적 이상이 구현되지 않고 넘치거나 미치지 못하는 결과가 나타날 수 있는 영역은 도덕적 문제 상황에 놓여 있는 것이므로, 부끄러움이 그 역할을 해야 한다. 유학은 도덕적 입지를 바탕으로 이 세계에서 군자의 공부를 진행시켜나가 결국 도덕적 이상에 이르려는 목표를 갖는다. 아직 군자를 이루지 못한 시기의 군자는 소인의 성향을 부분적으로 지닌 인격이다. 군자가 그 소인적 성향을 완전하게 털어내서 군자의 인격을 이루면 성인과 같아진다.

성인과 군자의 차이는 저절로 도덕을 이루느냐, 아니면 의지를 향도로 삼고 부끄러움과 경건함을 도구로 삼아 어렵게 도덕의 세상을 여느냐 하는 점에 있다. 군자는 힘써서 이루므로 적절하게 하지 못할 때가 있고, 성인은 저절로 고요한 마음을 가지고 이루므로 넘치거나 모자람이 없는 적

부끄러워야 사람이다

절함을 구현한다.

움직이고 쉬고 절약하고 베풀고 하는 것으로는 생명력을 기른
다. 먹고 마시고 입는 것으로는 육신을 가꾼다. 위의를 갖추고
의리를 행하는 것으로는 덕성을 기른다. 자신을 미루어 사물에
미치는 것으로는 사람을 기른다. 말을 신중하게 하는 것으로는
그 덕성을 기르고, 먹고 마시는 것을 조절하는 것으로는 그 육신
을 기른다. 생활의 매우 가까운 영역에 있으면서 아주 큰 의미와
연결되어 있는 것으로는 말과 음식보다 더한 것이 없다.

권4 「존양」

생활을 수행처로 택한 사람에게는 일상이 바로 성인의 의리를 담아야
하는 영역이 된다. 그는 일 분 일 초도 쉴새없이 모든 생각과 행위에서 성인
이 구현되느냐 짐승이 나타나느냐 하는 치열한 도덕적 문제 상황에 맞닥
뜨린다. 그러므로 유학에서는 먹고 마시는 모든 것이 자기를 기르는 일이
다. 구체적으로 그것들이 지향하는 것을 통해 나누어본다면, 어떤 것은 몸
을 기르는 것이 되고 덕을 기르는 것이 되며, 도덕을 기르는 것이 되기도 한
다. 그러나 전체적이고 근원적인 차원에서 본다면 모든 것은 덕을 기르는

것으로 귀결된다. 그렇게 유학에서는 사소한 것이 따로 없고, 중요한 것이 따로 없다. 가까이 있는 사소한 것들이 큰 의미와 그대로 연결되어 있다.

【근사록 5】 원문 44

명도 선생이 말했다. "부유하고 존귀하면서 교만한 사람은 본디 선하지 않지만, 학문을 닦으면서 교만한 사람의 해로움 또한 적지 않다."

권12 「함근」

배우는 것은 별다른 인간이 되는 것이 아니다. 도덕은 인간을 가르는 기준일 뿐 신분을 가르는 기준이 아니다. 스스로 아름다워지기 위해 도덕을 닦는 공부를 하지, 남들보다 귀한 사람이 되려고 하는 것은 아니다. 도덕을 닦는 공부는 이기적인 자아가 활동하는 무대를 없애준다. 공부를 통해 자아를 완성시킨 사람은 소아를 버리고 대아를 이룬 자다. 대아는 소아를 비우고서야 얻을 수 있다. 교만은 이기적인 자아를 바탕으로 움직이는 마음이다. 이런 마음의 움직임을 부끄럽게 여기는 것이 공부하는 사람이고, 그런 부끄러움을 넘어서는 법은 이기적인 자아를 버리는 것뿐이며, 그런 사람에게서 교만은 드러나지 않는다.

교만하다는 것은 이기적인 자아를 바탕으로 깔고 있다는 것이다. 공부

부끄러워야 사람이다

하는 사람이 교만하다면 그 공부의 목표가 남 위에 서기 위한 것이니, 그 공부는 기껏해야 자기 자랑을 위해 쓰이는 쓰레기일 따름이다. 그런 마음에 도덕은 들어설 수 없기 때문이다.

【근사록 6】 원문 45

> 아무리 작은 악이라 하더라도 반드시 제거해야만 선이 성품으로 이루어진다. 악을 살펴 제거하는 것이 미진하면 비록 선을 갖춘다고 하더라도 반드시 거칠어지게 마련이다.
>
> 권5 「역행」

도덕을 완성시키려는 사람에게는 사소한 악, 거대한 악의 구별이 없다. 악은 사소한 것이라도 다 악이다. 이것은 선이 사소한 것이라도 다 선인 것과 마찬가지다. 한마디로 말해 도덕의 세상에서는 크고 작고의 차이는 아무런 의미가 없고, 다만 선하냐 악하냐의 구분만이 의미가 있을 따름이다.

선은 어떤 선이나 다 구현하고 악은 어떤 악이나 다 제거하는 것이 군자의 목표다. 물론 군자는 아직 그런 목표에 도달하지 못했다. 군자는 여전히 악을 제거하려고 노력을 다하는 존재, 수행 과정에 있는 존재다. 군자는 악을 다 제거하지 못했지만, 어떤 악을 제거할 수 있음에도 사소하다고 여겨 남겨놓는 존재는 아니다. 악은 티끌만 한 것이라도 악이므로, 그것을 막고 제거하려는 노력을 멈추는 순간 그가 그동안 이룩한 모든 선은 다 무너져 버리기 때문이다. 악인 줄 알면서 이익 때문에 눈 감고 있는 것과 악인 줄 알면 제거하려고 애쓰는 것 사이에 소인과 군자가 나뉘어 자리하고 있다.

【근사록 7】 원문 46

"사람의 성품은 본래 착한데 악한 행동을 바꿀 수 없는 사람이 있는 이유는 무엇입니까?" "그 성품을 가지고 말하자면 모두 다 착하지만, 그 재질을 두고 말하면 가장 우둔하여서 옮겨가지 못하는 사람이 있기 때문이다. 이른바 가장 아래 등급의 우둔한 사람은 두 종류가 있으니, 자기 멋대로 하는 사람이 있고, 포기한 사람이 있다. 사람이 진실로 선을 가지고 자신을 다스린다면 바꾸지 못할 악이 없으니, 비록 지극히 어둡고 우둔한 사람이라 하더라도 점차적으로 닦아서 선으로 나아갈 수 있다. 자기 멋대로 하는 사람만은 모두 다 내쳐서 믿는 것이 없고, 포기한 사람은 모두 다 끊어버려서 행하려 하지 않으므로, 비록 성인이 옆에 같이 있더라도 교화되어 선의 영역으로 들어갈 수 없게 된다. 이것이 중니가 말한 가장 우둔한 사람이다."

권1 「도체」

부끄러워야 사람이다

공자는 사람을 세 등급으로 나누었다. '상지上知'는 성인이다. '중인中人'은 군자다. '하우下愚'는 소인이다. 성인은 나면서부터 이미 마음이 진실하여 배우고 익힐 필요가 없다. 군자는 아직 마음이 성실하지 못해서 도덕을 내세워 자신을 닦아나가는 사람이다. 소인은 아무리 닦아도 바뀔 수 없는 사람이다. 공자에게 대부분의 사람은 중인, 닦아서 바뀔 수 있는 사람, 즉 군자의 자리에 놓인다.

부끄러움은 군자의 인격을 완성시키려는 사람에게만 주어진다. 누구나 자기를 바꾸어 도덕에로 나아갈 수 있는데, 그렇게 할 수 없는 사람을 말하는 것은 무슨 까닭인가? 사람 자체에는 닦아서 바뀌지 못할 사람이 없으나 특별히 어떤 태도를 지닌 사람만은 이런 수행을 해나갈 수 없기 때문이다. 제멋대로여서 자기 잘난 맛으로 사는 사람과 금방 나태해져서 끈질기게 노력할 수 없는 사람이 그렇다. 이 두 종류의 태도를 지닌 사람은 자신을 바꿀 수 없다. 전자는 도덕적 잣대를 마음속에 받아들일 수가 없고, 후자는 그런 잣대를 받아들여 진지하게 수행해나갈 수가 없다. 한마디로 이런 유형의 사람들은 부끄러움이 없는 자들이다.

【근사록 8】 원문 47

선생이 역에게 말씀하셨다. "내가 받고 태어난 기운은 몹시 약하여서 30세가 되어서야 강맹해졌고 40세나 50세 이후에야 완전해졌다. 지금 72세가 되었지만 뼈마디와 근육의 강건함은 젊은 시절과 비교해보아도 모자람이 없다." 역이 말했다. "선생님이 어찌 받고 태어난 기운이 약하여서 두텁게 만드는 노력을 하여 생명을 보전했다고 하시는 것입니까?" 선생이 조용히 말씀하셨다. "나는 생명의 소중함을 잊고 욕망을 좇았던 것을 몹시 부끄럽게 생각한다."

권4 「존양」

유학은 매일의 수양을 통해 철저히 관리해가는 삶을 꿈꾼다. 이 삶에서는 사실 타고난 조건보다 살아가는 방식이 더 큰 의미를 지닌다. 물론 유학이 천지자연의 질서가 인간 품성에 갖춰져 있음을 인정하고, 그러한 자연적 조건을 유지 보전하고 발현하는 것을 바탕으로 하는 도덕적 삶을 중시한다는 점에서는 타고난 조건이 중요하다. 그러나 타고난 조건은 생활을 통해 그대로 삶의 바탕으로 주어질 수 있다는 점에서 의미를 지닌다. 도덕을 일상 속으로 받아들이는 삶의 방식이 없다면 자연적으로 타고난 인간의 품성도 의미를 갖지 못한다. 도덕적 수양은 자기를 완성시켜나가는 변화를 중요하게 여기는 것인데 타고난 인간의 성품만으로는 이 변화를 이끌어낼 수 없기 때문이다. 여기 이 구절은 바로 그런 의미를 담고 있다. 타고난 기운이 약해서 삶을 철저히 관리하는 방식으로 그 기운을 강하게 만들어낸 사람의 이야기다. 그런데 그 기운을 약하게 갖고 태어났다는 것은 쉽사리 욕망에 사로잡혀 생명력을 소진시키는 품성을 타고났음을 뜻한다.

욕망을 좇아 사는 것은 부끄러운 일이며, 그것으로 우리의 생명력은 손

부끄러워야 사람이다

상을 입는다. 욕망을 줄여나가면 생명력이 강화되고, 육신의 강건함도 주어질 수 있다. 그것이 이 구절이 의미하는 바다.

【근사록 9】 원문 48

자기를 죄 주고 육신을 벌하는 마음이 없어서는 안 된다. 그러나 그런 마음에 오래 사로잡혀 있는 것도 바람직한 일은 아니니, 그것이 마음속에 자리잡고 있다면 후회만 생겨나기 때문이다.
(허물이 있어서 스스로에게 벌을 주는 것은 부끄러워하는 마음이다. 그러나 기왕 잘못한 것에 오래 사로잡혀서 부끄러움만이 앞을 막고 있다면 주어진 상황을 응해 가고 받아들이는 것에 장애가 있게 된다.)
권5 「역행」

유학의 수양 과정에서 부끄러움은 중요한 무기가 된다. 아니, 유학뿐만 아니라 모든 수행에서 부끄러움은 매우 중요한 자산이 된다. 부끄러움이란 마음속에서 자기를 채찍질하는 반성의 감정이기 때문이다. 반성은 자기 개량의 중요한 도구이지만 지나치게 강하면 오히려 자신을 해칠 수 있다. 부끄러움은 스스로 자긍심을 만들어가려는 목표를 갖는다. 그러므로 부끄러움이 지나쳐 모멸감을 생겨나게 하는 데까지 이르러서는 곤란하다. 모멸감은 자기를 난파시키기 때문이다. 부끄러움이 지나치게 오래 지속되고 끝까지 마음에 남아 있다면, 결국 그것은 모멸감을 생성하는 데까지 이른다. 그러므로 부끄러움 역시 적절함의 한계 속에 놓여야 한다.

【사서집주 1】 원문 49

부끄러움이란 내가 본래 갖추고 있는 것이니 바로 수오지심羞惡之心이다. 그것을 갖추고 있으면 성현에게로 나아가게 되고, 그것을 잃으면 금수에게로 떨어진다. 그러므로 그것과 연결되어 있는 것이 매우 큰 것이다.

『맹자』 「진심」 상(『주자집주』)

부끄러움이란 내 마음의 본성이 불러일으키는 감정 가운데 하나다. 그것은 도덕적 이상을 목적으로 하는 자기반성의 느낌이다. 유학자들은 이것에 기대어 성인이 되는 길로 나아간다. 성현과 금수의 차이가 이 감정에 달려 있는 것이다.

【사서집주 2】 원문 50

이것은 역시 사람의 부끄러워하는 마음을 이용하여 인자함을

이루고자 하는 의지를 갖도록 하려는 것이다. 여기서 지혜, 예절, 의리 같은 것을 갖추어 말하지 않은 것은 인자함이 도덕의 전체를 갖추고 있어서 인자함을 얻는다면 그 속에 나머지 세 가지는 들어 있게 되기 때문이다.

『맹자』「공손추」상(『주자집주』)

유학은 도덕에서 시작해서 도덕에서 끝난다. 유학의 도덕주의가 바탕에 두고 있는 것은 인자한 마음, 바로 다른 사람을 사랑할 수 있는 마음이다. 유학의 모든 것은 이 인자함을 생각과 행위를 통해 완전하게 구현해내는 것을 목적으로 한다. 따라서 부끄러움도 지금의 내 마음과 행위 속에 부족한 인자함을 반성하고 성찰하여 인자함을 확충하는 길로 나아가려는 것이다.

학문의 방법은 한 가지가 아니다. 그러나 그 도리는 그 흩어진 마음을 수습하는 것에 있을 따름이다. 이와 같이 할 수 있다면 뜻을 일으키는 기운이 맑고 밝게 되고 의리가 크게 드러나며 저 높은 이치에 이를 것이다. 그렇지 않다면 어둡고 방자해져서 비록 배움에 골몰한다고 하더라도 종내 성취할 수 없을 것이다.

인간은 자기 향상을 추구하는 존재다. 자기 향상의 노력은 바로 학문함에 있다. 학문은 여러 가지로 나뉠 수 있겠지만 그 궁극의 목표는 하나다. 또한 학문의 방법에도 여러 가지가 있을 수 있다. 그러나 어쨌든 마음의 성실성을 회복하려는 것이 바로 학문이다.

마음에 어떤 욕망이 움직이는 것은 그 욕망으로 인하여 마음이 어지러워지거나 더럽혀져서 온전하게 기능하지 못하게 되는 것이다. 마음에 여러 욕망이 흩어져서 영향을 끼칠수록, 또는 마음에 몹시 큰 욕망이 들어서서 넓은 영역을 장악하고 있을수록, 마음이 온전하게 총체적으로 작용할 가능성은 줄어든다.

욕망은 구체적으로 마음속에 떠올라 있는 것도 있겠지만 잠복해 있는 것도 있다. 지금 마음속에 어떤 욕망이 떠올라 있다면 그 마음은 다음에도 그런 욕망을 떠올릴 가능성이 있다. 공부는 그런 욕망을 배제하여 마음을 하나로 모아들이는 과정이다. 한번 그 욕망의 움직임을 마음에서 떨쳐내는 데 성공하면, 다음에는 그것을 물리치기가 더 쉬워지고, 마지막에는 그 욕망이 마음속에 들어서지 못하게 할 수 있다. 그렇게 마음속에 욕망이 자리잡은 것을 반성하고 성찰하는 감정이 부끄러움이다.

부끄러움이란 선을 향하는 의지가 아직 선에 이르지 못한 자신을 반성하는 힘이다. 이 힘이 약해지면 마음은 욕망을 제거하기 어려워지고, 욕망으로부터 벗어나는 데 계속 실패한다면 결국 욕망에 길을 내주어 악의 사

부끄러워야 사람이다

람으로 살아가게 된다.

마음은 사람의 신령하고도 밝은 부분으로, 무수한 이치를 갖추어서 만 가지 일에 대응해가는 곳이다. 성품은 마음이 갖추고 있는 이치로서, 하늘의 질서나 이치가 따라서 나오는 곳이다. 사람이 갖추고 있는 이 마음은 전체적인 것이 아닌 법이 없으나, 그 이치를 끝까지 찾아내지 않으면 가린 것이 있어, 이 마음이 갖추고 있는 모든 것을 다 드러내지 못하게 된다. 그러므로 그 마음의 전체를 다 들어서 남김없이 드러낼 수 있는 사람은 그 이치를 다 찾아서 알지 못하는 것이 없다. 이미 그 이치를 알면 거기서 나오는 것 역시 이를 벗어나는 법이 없게 된다. 그렇기 때문에 『대학』의 앞부분에서는 성품을 알면 만물이 바르게 된다고 하고 마음을 다 드러내면 앎이 지극해진다고 한 것이다.

『맹자』, 「진심」 상(『주자집주』)

주자는 사람의 마음과 성품, 이치에 대한 유학적 설명을 완성시킨 사람이다. 그에 의하여 이제까지 유학사에서 제출된 모든 개념은 하나로 수렴되어 총체적 체계를 갖추게 된다.

그에 따르면 마음은 모든 이치를 갖추고 있어서, 그것이 그대로 드러나면 성인의 도덕적 행위가 막힘없이 구현될 수 있다. 그러한 인간의 마음이 성품으로 갖는 권능은 가려 있어서 인간이 찾아 쓰지 않으면 구현될 수 없다. 인간의 수양과 공부는 마음의 이 가린 것을 걷어내서 이치를 다 알기 위해 투자되는 것이고, 그렇게 알게 된 이치를 다 구현하기 위해 투입되는 것이다.

모든 이치를 다 구비하고 있는 것은 이 마음이 갖는 하늘과 같은 권능이다. 그렇게 구비되어 있는 것이 가려 있는 것은 이 마음이 갖는 인간적인 약점이다. 전체적 이치를 다 갖추고 있다는 것은 인간이 지닌 자긍심의 바탕이다. 그렇게 전체적으로 갖추어진 이치를 그대로 다 쓰지 못한다는 것은 인간의 마음속에 숨겨져 있는 부끄러움이다. 인간은 도덕적인 목적을 갖도록 설계된 존재이므로 부끄러움은 크게 주어져 있고, 그런 만큼 전체의 마음을 투명하게 드러내기 위한 노력은 크게 행해질 수밖에 없다. 주자는 인간의 도덕에 대한 책임감을 누구 못지않게 강하게 주장하는 사상가다. 그의 마음속에서 도덕을 완벽하게 구현하지 못하는 자기 자신에 대한 부끄러움이 컸기 때문이다.

【주자어류 1】 원문 53

"오늘날의 학자들은 모두 책을 통해서만 도리를 찾아내려 하여 근본적인 자리에서 깨달으려 하지 않으며, 단지 문자로 강론하기

부끄러워야 사람이다

만 하고 스스로의 몸이나 마음과는 아무 관련도 맺지 않으려 하니, 이것을 우리의 몸과 마음의 뿌리로 삼을 수 있겠는가?" 덕명이 이어서 여쭈어보았다. "가르쳐주신 것에 비추어 말하자면, 모름지기 일면 강구하면서 일면 함양해야 하는 것은 마차의 두 바퀴와 같아서 하나라도 폐할 수는 없는 것이라는 말씀이십니까?" 선생이 말하였다. "지금 다만 문자만을 좇아 깨달으려 하면서 함양하기를 모르는 것은 한쪽 바퀴는 굴러가고 다른 쪽 바퀴는 구르지 않는 형국이다." "지금 단지 함양만을 말하는 것은 도리어 강설에서 찾는 것을 버리는 것이니, 비록 능히 나쁜 것에서 벗어나 성실한 것을 갖추며 분노를 막고 욕망으로부터 벗어날 수는 있는 일이겠으나, 구체적으로 어떤 일을 처리함에 있어서는 차질을 빚을 수도 있으니 어떻게 하는 것이 좋겠습니까?" "차질을 빚는다고는 말할 수 없다. 또 이른바 공경한 마음으로 살아가고 경건한 마음으로 일해야 한다고 하겠는데, 만약 공경하는 마음이 없으면 바로 방자해진다. 이와 같은 것들은 알기 어렵지 않은데, 사람들은 도리어 방자하게 행하고 공경하지 않는 모습을 보이곤 한다. 크게 공정하고 지극히 바른 길은 매우 분명하게 드러나 있다. 이것을 긍정적으로 받아들이지 못하면 도리어 하나의 노선을 찾아 자신의 사사로운 생각과 맞아떨어지게 하면서 이것이 도리라고 말하게 되는 것이다. 오늘날 사람들은 매사를 이렇게 처리하곤 한다."

하권, 권113 「훈문」

지식의 역사에서 공부가 가장 빈번하게 드러내는 문제는 이것이 지식의 문제, 지식인의 것으로만 생각되곤 한다는 점이다. 이것은 틀린 말이다. 공부란 인간의 문제, 즉 자기 향상을 추구하는 위대한 인간의 것이다. 이 점은 유학에 있어서는 더욱 그러하다. 유학은 인간의 도덕적 완성, 인격의 문제에 집중하기 때문이다.

이 구절에서 우리는 주자가 당시의 송나라 역사에서 마주쳤던 문제를 본다. 주자도 우리 시대와 마찬가지로 글공부, 독서로 한정되는 편향된 공부 개념에 맞닥뜨리고 있다. 공부할 때 문자를 통해서만 하려는 것은 문장학이나 해석학의 한계를 보인다. 이것은 글쓰기와 글읽기의 차원으로 공부를 제한하는 것이다. 이것은 창백한 지식인을 길러내는 공부법이다. 무엇보다도 이런 공부법에는 자기반성, 부끄러움과 만나는 치열한 수행론이 따르기 어렵다. 치열한 자기반성과 진리에 대한 성찰은 철학적 공부법이다. 이런 공부법은 독서와 함양을 두 축으로 한다. 성인의 말씀을 배우고 자기 마음을 통해서 반성하고 성찰하는 것이 온전한 공부법이다. 이 두 측면이 충족될 때에야 공부는 인격 상승을 목적으로 갖게 된다.

【주자어류 2】 원문 54

"산속에 거처하면 자못 독서를 하지 않는 것으로 나아가게 되니, 계곡의 물가로 나아가고 산으로 오르는 것에서 진실한 즐거움을 느낄 수 있는 것입니까?" "다만 한산한 것에만 맡긴다면 즐거움

부끄러워야 사람이다

을 얻을 수 없으니 모름지기 독서를 해야 한다. 또한 '상고 시대에는 한가한 백성이 없었다'고 하는데, 이것에 대한 설명은 하도 많아서 다 기록할 수 없으나, 그 요지는 한가로이 노니는 것은 텅 빈 즐거움이지 꽉 찬 즐거움이라고 할 수 없다는 것이다."

하권, 권113 「훈문」

자기완성이란 단숨에 이루어질 수 있는 목표가 아니다. 인생을 걸고 꾸준히 정진하고 노력해야만 조금의 성취를 얻을 수 있다. 그 성취의 정도는 거의 눈에 보이지도 않는다. 그러므로 쉽게 인내의 문제에 부딪히게 마련이다. 이러한 문제는 산간 정자 같은 곳에서 혼자 공부하기로 할 때 마음에 쉬이 찾아들곤 한다. 혼자 있으니 나태함을 채찍질해줄 선생이나 동지가 없고, 산속에 있다보니 숲과 계곡의 한유로운 정경이 마음을 사로잡기 때문이다.

따라서 공부는 나태함을 부끄럽게 생각하도록 이끌어줄 수 있는 조건을 스스로 만들어 갖는 지혜를 요청하기도 한다. 이런 지혜 중 하나가 책이다. 책을 스승으로 삼으면 두 가지 채찍을 마음에 받아들일 수 있다. 책 속의 성현이 채찍이 되고, 또 책 자체가 채찍이 된다.

책이 채찍이 된다는 것은 무슨 뜻인가? 책은 일정한 분량이 있기에 그 한 장 한 장을 익히는 과정이 공부의 진행 정도를 눈으로 볼 수 있게 한다. 오늘의 공부가 양적인 것으로 눈에 포착되므로 스스로의 게으름이나 부지런함이 증거를 대동하고 우리 마음에 부끄러움이나 흐뭇함을 가져다준다.

2장 원전과 함께 읽는 '부끄러움'

책 속의 성현이 채찍이 된다는 것은 무슨 뜻인가? 유학의 여러 경전은 성현의 지혜를 담고 있다. 그 지혜를 접하면서 매양 자기 마음을 반성하고 스스로를 견책한다면 책 속의 성현은 그대로 생활의 스승이 된다. 문제는 글자 공부를 벗어나 스승을 만나기를 희망하는 태도를 갖추는 것에 있다.

이렇게 공부에 대한 의지를 지니지 않고 그냥 자연 속에 들어가 거처를 잡는 것은 바람직하지 못하다. 자연은 우리를 이끌고 세속의 잡사에서 벗어나도록 해주지만 동시에 지나치게 여유롭게 만들어서 치열한 수행의 의지를 수그러들게도 하기 때문이다. 자기 수양에의 치열한 의지와 도덕적 결핍에 대한 부끄러움이 마음속에서 사라지는 순간 유학의 세상도 끝나고 만다는 것을 언제나 염두에 두지 않으면 안 된다.

【 주자어류 3 】 원문 55

나는 일찍이 이렇게 말한 적이 있다. "우리의 배우고 강설하는 것은 바로 위로는 성현들에게 죄를 짓지 않고, 중간에서는 한 몸을 그릇되게 만들지 않으며, 아래로는 뒤에 오는 사람들에게 해가 되지 않기만을 바라는 것이니, 이렇게 할 수만 있으면 그만이지 이밖에 하고자 하는 것은 따로 없다."(도부)

하권, 권107 「내임」

부끄러워야 사람이다

유학은 잠시도 쉬지 않는 공부를 이야기한다. 이 공부는 당자의 인생에서 어떤 시간 어떤 공간에서든 멈춤이 없는 공부를 뜻하고, 동시에 역사를 관통하면서 계속 이어가는 공부를 뜻하기도 한다. 유학적 공부의 목적은 한 사람의 인생에서 인격을 완성시키는 데에서 모든 것이 끝나는 게 아니라 최종적으로는 '평천하', 더 이상 도덕적 문제가 있을 수 없는 세상의 완성에서 끝나는 것이기 때문이다. 그 평천하의 도덕적 세상도 한순간에 그치는 것이 아니라 영원히 이어져야 하니, 인간의 역사가 진행되는 한 유학의 공부는 그칠 수 없다.

이러한 역사적 문맥에서 유학의 공부를 볼 때, 유학자들은 선현들에게 부끄럽지 않은 자신을 만들어가기 위해 노력하는 존재이고, 스스로에게 부끄럽지 않고자 노력하는 존재이며, 또 미래의 후손들에게 부끄럽지 않은 선조가 되고자 노력하는 존재다. 유학자가 살아가고 있는 현재는 어떤 일정한 시간과 공간에 닫혀 있는 것이 아니라 인간의 모든 역사 속에 열려 있는 것이고, 유학자는 인간의 모든 역사를 향하여 부끄럽지 않은 모습을 갖추기 위해 치열하게 노력하는 존재다. 인간의 어떤 지식의 역사에서 이보다 더 치열한 지식인의 소명의식을 만날 수 있을 것인가? 이런 의식을 내면에 지닌 사람이라면 잠시의 시간도 헛되이 흘려보낼 수 없을 것이다.

오늘날의 관리가 그 마음을 다하지 못하고 그 직분을 다하지 못

하는 것은, 그 일을 앞세우고 그 벌이를 뒤에 생각하는 마음이 없기 때문이다.(서몽)

하권, 권111 「논관」

유학의 세계에서 배우는 사람은 일정한 성취에 이르면 출사하여 관직을 얻고, 자신이 갖춘 덕성을 세상 사람들을 향해 펼쳐내는 일에 종사하도록 되어 있다. 공자에게 이것은 절실한 소망이었으나, 한나라 이후의 유학자들에게는 시대의 제도였고, 조선시대 역사에서는 특별히 이 제도가 견고하게 운용되었다. 관리들은 일을 함으로써 백성들이 이익을 생산하도록 계도해나가며, 백성들이 생산한 이익을 일정 부분 나누어서 녹봉을 받도록 되어 있었다. 관리의 이상도 그러하고, 유학자의 이상 역시 이익을 추구하는 것이 아니다. 유학자는 도덕을 학습하는 존재이고, 관리는 자기 덕성을 모범으로 드러내어 백성들이 아름다운 삶을 살아가도록 계도하고 지도하는 사람이다. 유학은 사회에 그러한 도덕적 이치가 구현되면 이익이 질서에 맞게 유통되어서 백성들을 비롯한 모든 사회구성원이 별 문제 없이 살아갈 수 있다고 생각한다. 백성들에게 별 문제가 없다면 열심히 일해서 농업생산량이 늘어날 것이고, 그것으로 공동체의 일상적 또는 도덕적 삶을 위한 재원이 주어질 것이라고 보았다.

유학적 세계관에서는 도덕의 확대재생산을 추구하는 논리가 중심에 장착되어 있지 이익의 확대재생산은 별 고려의 대상이 되지 않았다. 이익은 오히려 욕심의 대상이 되는 것으로 경계되며, 이익을 목적으로 하는 사

부끄러워야 사람이다

유는 부정적인 것으로 매도되기까지 한다. 이익이 목적으로 추구된다면 욕심의 크기는 무한대로 확장될 것이고, 도덕을 위한 노력은 출발조차 하기 어려울 거라는 게 유학의 입장이다. 유학도 생활을 적극적으로 받아들이는 사상이니만큼 이익을 철저하게 도외시한다고 말할 순 없다. 그러나 유학에서 이익은 도덕적 행위에 뒤따라오는 것을 승인하는 정도이지, 도덕을 제쳐놓고 목적으로 받아들여지는 것은 아니다.

여기 이 구절에서도 이러한 유학적 관점이 서술되고 있다. 관리는 유학적 공부를 이룬 사람이고, 그리하여 수신에 집중하는 것을 벗어나 치국할 권리를 갖는 사람이다. 그런 관리는 도덕에 바탕을 두고 백성들을 다스리는 것이 임무다. 그 임무를 잘 수행하면 그에게는 녹봉이 주어진다. 그가 목적으로 여길 것은 두 가지, 도덕의 사람이 되는 것과 좋은 관리가 되는 것이다. 도덕의 사람이 되는 것은 유학을 공부하는 사람으로서 그의 목적이고, 좋은 관리가 되는 것은 유학자이면서 관리로 뽑혀서 치국의 일익을 담당하는 사람이 된 그에게 주어지는 또 다른 목적이다. 이 두 목적은 유학적 세상에서는 굳이 구분할 필요 없이 통합되어 있다. 이러한 목적을 이루어내기 위해 최선을 다하지 않고 다른 것에 기웃거린다면, 그것은 부끄러운 일이다. 특히 관리가 이익에 관심을 둔다면 그것은 백성들과 이익을 두고 경쟁하는 것이고, 백성들의 이익을 착취하기 위해 관리의 권위를 이용하는 것이므로, 특히 부끄러워해야 할 일이다. 관리가 이익을 돌아보기 시작한다면 도덕적 세상의 구조는 바탕에서부터 무너진다. 사회적 권위라는 것은 집단의 이익을 질서 있게 배분하는 직위이기 때문이다.

맹자가 말했다. "사람에게는 도리가 있다. 아무리 배불리 먹고, 아무리 따뜻하게 입고, 아무리 편안하게 거주하더라도 가르침이 행해지지 않으면 금수에 가까울 뿐이다. 성인은 이것을 걱정하여 계를 사도로 삼아 인륜을 가르쳤다. 인륜이란 부모와 자식이 서로 친하고, 임금과 신하가 서로 의리를 다하고, 지아비와 지어미가 서로를 잘 나누어 지키고, 어른과 아이가 서로 질서를 지키고, 친구가 서로 믿음을 다하는 것이다."

「입교」

『소학』은 유학의 초보적인 수신 교과서다. 전통 시대에 사대부 집안의 소년들은 이 책을 읽는 것에서 본격적인 유학 공부에 들어섰다. 이 책 이전에는 『천자문』 등의 글자 공부를 했다면, 이 책에서부터는 유학 공부가 본격적으로 시작된다. 이 책은 유학적 생활의 실천을 통해 유학의 도덕을 몸으로 익혀가는 것을 내용으로 한다. 몸 공부를 중심으로 하는 것이다.

유학에서 도덕은 인간과 금수를 가르는 기준이다. 인간이라면 마땅히 행해야 하는 생각과 행위가 유학에서는 도덕의 이름으로 정리되며 교육된다. 그런 유학의 도덕 교육은 어려서부터 생활을 통해 이루어지지만, 소년기에 이르면 체계적으로 가르쳐지는데, 그 첫머리에 놓이는 도덕 교재가 바로 이 책이다.

❀
부끄러워야 사람이다

인간이면서 금수의 행동을 하는 것은 부끄러운 일이다. 인간이 인간다움을 지키며 살아가려면 무엇을 부끄러워하고 무엇을 자랑스럽게 생각할지를 알아야 한다. 여기『소학』의 한 구절은 맹자의 입을 빌려 인간의 다섯 가지 도덕적 행위에 대해 말하고 있다. 이것은 다섯 가지 관계 속에서 행해야 할 도덕을 뜻하기도 한다. 여기서 말하는 다섯 가지 인간관계는 부자관계, 군신관계, 부부관계, 노소관계, 친구관계다. 이는 사회에서 살아가는 인간이라면 필연적으로 갖게 되는 모든 인간관계를 축약한 것이다.

유학에서 모든 관계는 그에 딱 들어맞는 행동의 윤리를 요청한다. 관계에 따라 윤리의 내용이 달라지는 것이다. 부모 자식 사이는 누구보다도 가까운 관계다. 이 둘 사이는 가깝기도 하고, 가까워야 하기도 하다. 그러므로 이 관계가 요청하는 덕목은 '친애함'이다. 만약 어떤 사람이 부모 자식 관계보다 더 친애하는 다른 관계를 맺고 있다면 그 사람의 인간관계는 왜곡되어 있고, 사람답지 않은 어떤 측면이 있다고 할 수 있다. 군신관계에는 반드시 의리를 다하려는 노력이 있어야 하고, 의리의 덕목이 구현되어야 한다. 의리의 덕목이 아닌 다른 것, 이를테면 이해 같은 것이 이 관계를 움직인다면 그것 역시 인간답다고 볼 수 없다. 노소관계나 친구관계도 다 각각의 관계가 요청하는 덕목을 갖추어야 인간답다는 점에서 군신관계와 같은 맥락에서 말할 수 있다. 그러나 부부관계는 설명 방식에 조금 차이가 있다. 이 관계는 사랑이 담기는 사이인데, 여기에서 나누어 지킴, 분별을 말하는 것은 이 관계에서 움직이는 사랑이 지나치면 상대방을 자기와 동일시하여 아무렇게나 대해도 좋은 것처럼 여길 가능성이 크기 때문이다.

> 공자가 말했다. "군자가 군왕을 섬김에 있어서는 나아가면 충성
> 을 다할 것을 생각하고 물러나면 허물을 보완할 것을 생각해야
> 한다. 그렇게 하여 그 아름다운 것은 따르고 그 나쁜 것은 널리
> 바로잡아야 한다. 그래야만 윗사람과 아랫사람은 서로 친애할
> 수 있게 되는 것이다."
>
> 「명륜」

벼슬살이를 하는 사람의 덕목은 군왕에 대해 충성을 다하는 것이다. 그
러나 충성이란 군왕을 무조건 따르는 것이 아니다. 만약 충성이 군왕을 무
조건 따르는 것이라면 신하는 순종의 품성만 갖추고 있으면 될 터이다. 굳
이 현자를 가려 뽑아 신하로 삼을 이유가 없다. 순종만을 요구한다면 권력
은 임금의 권력으로 끝난다. 그러나 유학의 권력은 군왕과 신하 사이에 놓
인다. 특히 상징적인 권력은 임금에게 주어지지만 실질적인 권력은 관료
집단이 갖는다는 게 유학 체계가 지닌 특징이다. 이런 체계에서 권력은 임
금과 신하들을 총합으로 하여 그 실체성이 드러나는 것일 수밖에 없다.

그러므로 신하가 순종만을 덕목으로 삼아 무조건 군왕의 권력을 해바
라기하는 것은 신하의 덕목을 다 구현하지 못하는 부끄러운 일이다. 충성
은 임금을 따르고, 동시에 임금을 바르게 해야 하는 덕목이다. 임금이 바
르다면 따르기만 해도 충성이 되겠지만 임금이 바르지 않다면 바르게 될

수 있도록 노력하는 것이 충성이 된다. 이렇게 임금이 바르게 되고 신하가 임금을 바르게 하기 위해 최선의 노력을 다하는 사이에서만 친애함의 덕목이 의미를 지닐 수 있다. 임금이 바르지 않은데 신하가 임금을 그저 따르기만 하는 관계 속에 친애함이 놓인다면 그것은 권력의 독주를 허용하는 부끄러운 임금과 신하 관계일 수밖에 없다.

난공자가 말했다. "사람은 세 가지로 태어나니 똑같이 지극하게 섬겨야 한다. 어버이는 낳아주고, 스승은 가르쳐주고, 군왕은 먹여준다. 어버이 없이는 낳을 수 없고, 먹는 것이 없으면 장성할 수 없고, 가르침이 없으면 앎에 이를 수 없으니, 이것들은 다 살아 있는 사람에게 얽혀 있는 것이므로 하나같이 지극하게 모셔야만 한다. 오직 그 각각의 자리잡고 있는 곳에서 죽도록 섬겨야만 한다. 목숨을 다 바쳐서 낳아준 것에 보답하고 전력을 다하여서 베풀어준 것에 보답하는 것이야말로 인간의 도리이다."

「명륜」

사람이 사람인 것은 사람답게 살기 때문이다. 사람답기 위해서는 세 번 태어나야 한다. 육신을 가진 존재로 태어나야 하고, 자기 몫의 일을 하는 존재로 태어나야 하고, 바람직한 것을 아는 존재로 태어나야 한다. 스승은 우리에게 앎을 갖게 하고, 군왕은 우리에게 직분을 갖게 하며, 부모는 우리에게 육신을 갖게 한다. 세 가지 생명이 다 주어짐으로써 우리의 존재는 온전해진다. 그러므로 육신을 낳아준 존재만 우리에게 절대적 권능을 갖는 것이 아니라, 지식을 갖게 한 존재도 부모만큼이나 권능을 갖고, 직분을 갖게 한 군왕도 권능을 갖는다. 전통 시대에 군사부일체라는 개념이 널리 쓰인 것은 바로 이런 이유에서다.

우리 시대라고 해서 이 개념이 무의미하다고 할 수 없다. 이 가운데 군왕을 공동체로 바꾸어놓는다면 우리에게도 일정한 의미를 지닐 수 있다. 우리의 생명은 오늘날에도 자연적 생명, 사회적 생명, 정신적 생명의 총합으로 말할 수 있다. 이런 생명을 우리에게 베풀어준 대상들에 대한 보답을 다해야 하는 의무를 오늘의 우리도 진다. 스승의 은혜에 감사하는 마음을 가질 때 우리는 부끄럽지 않은 인간이 될 수 있고, 사회의 은혜에 대해, 나아가 부모의 은혜에 대해 감사할 줄 알 때 부끄럽지 않은 인간이 될 수 있다. 이런 미덕은 특정 시대에만 유통되는 것이 아니라 인간의 역사가 진행되는 한 모든 시대에 중요하게 여겨진다.

【소학 4】 원문 60

맹자가 말했다. "세상에서 말하는 불효로는 다섯 가지가 있다. 사지육신을 놀리는 데 무척 게을러서 부모를 봉양하지 못하는

부끄러워야 사람이다

것이 첫째 불효이다. 장기와 바둑에 빠지고 술 마시는 것만 좋아하여 부모를 봉양하지 못하는 것이 둘째 불효이다. 재화를 너무아끼고 처자만 사랑하여 부모를 봉양하지 못하는 것이 셋째 불효이다. 눈과 귀의 즐거움만을 좇아 부모가 형벌을 받게 하는 것이 넷째 불효이다. 용맹한 것만 좋아하고 싸움에 빠져 부모를 위태롭게 하는 것이 다섯째 불효이다."

「명륜」

사람이 부끄럽지 않게 사는 데 제일 먼저 힘써야 하는 것이 효성이다. 유학의 도덕은 인의 감정을 근거로 하고, 인의 감정은 효의 마음에 기반을 둔다. 그러므로 효성을 다하고 나서 다른 도덕이 있지 효성 없이는 어떤 도덕도 의미를 지닐 수 없다.

인간이라면 누구나 효성을 알 것이다. 효성을 다해야겠다고 입버릇처럼 말하는 사람도 많다. 그러나 그 효성을 행동으로 실천하는 이는 그리 흔하지 않다. 그런데 효성이란 무엇일까? 효성을 다한다는 말을 늘 하는 사람도 막상 물어보면 구체적으로 어떻게 하는 것인지 제대로 알고 있을 때가 드물다. 여기서는 맹자의 말로 일상적인 효성이 다섯 가지로 정리된다. 이 구절의 구체적인 내용은 불효에 대한 것이지만, 그것을 뒤집어보면 그대로 효성에 대한 이야기임을 알 수 있다.

무엇이 효성인가? 게으름 피우지 않고 열심히 노력해서 부모를 봉양하는 것이 효성이다. 잡기에 빠지거나 술독에 빠져들지 않고 열심히 일해 부모를 봉양하는 것이 효성이다. 지나치게 인색하거나 처자만 사랑하지 않고 부모를 봉양하는 데에도 쓰는 것이 효성이다. 자기 즐거운 것만을 쫓아다니다 잘못을 범하여 부모가 대신 벌받지 않게 하는 것이 효성이다. 아무하고나 싸움을 벌이지 말아서 부모 역시 다툼에 빠져들지 않게 하는 것이 효성이다. 요컨대 한 사람의 사회인으로 열심히 바르게 생활하며 부모와 처자를 다 잘 살게 해주는 것이 효성이라는 이야기다.

【소학 5】 원문 61

『예기』에서는 다음과 같이 말한다. "혼례는 자손만대의 시작이다. 다른 성씨에서 찾아 맞아들이는 것은 혈연적으로 먼 데서 덧붙여와서 분별을 두텁게 하는 것이다. 폐백은 정성스럽게 하고, 오가는 말은 지극하게 하지 않음이 없어야 하고, 바로 믿을 수 있게 전해야 한다. 믿음을 갖게 하는 것은 사람을 섬기는 방법이며, 믿음을 갖게 한다는 것은 부인의 미덕이다. 한번 혼인하여 같이 살면 죽도록 그 마음을 바꾸지 않으며 지아비가 죽더라도 다시 시집가지 않아야 한다. 혼인한 뒤 남자가 몸소 맞아들이는 것은 남자가 여자를 이끌어감이니 강한 것과 부드러운 것의 의리를 담고 있는 것이다. 하늘이 땅을 이끌어가고, 군왕이 신하를 이끌어가는 것도 같은 뜻이다. 폐백을 들고 서로 마주보는 것은 공경하는 것으로 구별이 있음을 밝히는 것이다. 남녀의 구별

부끄러워야 사람이다

이 있은 다음에 부자의 친애함이 있고, 부자의 친애함이 있은 연후에 의로움이 생겨나고, 의로움이 생겨난 연후에 예절이 지어지고, 예절이 지어진 연후에 만물이 평안하게 된다. 구별 없이는 의리도 없으니 금수의 도리가 그러하다."

「명륜」

문화는 변한다. 생활이 규정해주는 것이 문화이기 때문이다. 전통 시대를 벗어나면서 우리 문화 가운데 가장 크게 변화의 물결을 탄 것 중 하나가 남녀관계다. 연애가 일반화되면서 남녀칠세부동석의 문화는 일찌감치 무너졌으며, 결혼의 문화가 뒤따라 변하기 시작했고, 오늘날에는 결혼을 꼭 할 필요는 없다는 독신주의가 널리 퍼져 있기까지 하다. 그러므로 전통적 결혼관을 원형 그대로 되돌아보는 것은 어찌 보면 적절하지 않을 수 있다. 그러므로 여기서는 전통 시대의 남녀관을 이해하는 게 목적임을 미리 밝혀둔다.

결혼을 중심에 두고 전통 시대의 남녀관을 살펴볼 때 우리는 세 가지에 주목할 필요가 있다. 첫째, 결혼은 혈연상으로 먼 성씨와의 사이에서 이루어져야 한다. 둘째, 남자가 이끌어가고 여자는 따르는 관계여야 한다. 셋째, 한번 결혼하면 여자는 죽을 때까지 한 지아비만을 가져야 한다. 이 세 가지는 전통 시대의 결혼에서 매우 중시되었던 남녀관계이지만 오늘날에는 셋 다 무너지고 실제로는 별 의미를 갖지 못한다.

혈연상 먼 성씨에서 배우자를 맞아야 한다는 것은 전통 시대적 개념으로는 '동성동본불혼'으로 정리되었다. 이 속에 깃들어 있는 정신은 상당히 과학적이다. 혈연상 가까운 관계의 배우자 사이에서는 후손들을 낳는 데 유전자의 결함을 보완할 가능성이 줄어든다는 점을 오늘날 과학적 연구가 입증해주고 있기 때문이다. 그러나 오늘날의 문화는 이 점을 별로 중시하지 않는다. 현대가 선택하고 있는 삶의 방식은 자유를 최대치로 보장하려 하기 때문이다.

남자가 이끌어가고 여자가 따르는 것은 특히 요즘 시대에 비판받는 덕목이다. 이것은 남존여비의 덕목이라 하여 여권론자들로부터 호된 공격을 당했다. 현대는 여성해방의 시대다. 여성해방은 남자와 같은 여자의 권능을 목적지로 삼는다. 그리하여 여성들은 순종의 미덕을 벗어던지고 전방위적으로 남성 영역을 침식하여 들어간다. 근력을 쓰는 일에서까지 남녀의 구별이 없어졌다.

결혼한 여자는 죽을 때까지 한 지아비만을 가져야 한다는 것은 조선시대의 유학 문화에서는 절대적인 의미를 지녔다. 당시의 가족은 이 덕목으로 지켜졌다고 할 수 있다. 이것은 특히 여성의 헌신을 요구하는 덕목이므로, 평등과 자유의 시대인 오늘날에는 의미를 담보하기 어렵다.

전통 시대에 이 세 덕목은 인간다운 문화의 표상으로 받아들여졌다. 이런 덕목을 지키지 못한다면 금수와 같이 부끄러운 일로 여겨졌던 것이다. 그러나 시대가 달라진 오늘날에는 이런 덕목을 답습하는 것이 오히려 부끄러운 일로 공격받는다. 그렇게 세월의 흐름을 타고 문화는 변하며 인간도 변한다. 그러나 변하는 세월, 변하는 문화 속에서도 변함없이 유지되는 것이 있다. 바로 어느 시대에나 각 시대의 각성을 모아 인간다움의 잣대가 제출되게 마련이며, 그런 기준에 맞도록 자기를 가꾸어가는 노력을 하지 않는 것은 부끄러운 일이다.

순자가 말했다. "사람에게는 세 가지 상서롭지 못한 일이 있다. 어리면서 어른을 모시지 않으려고 하는 것, 천하면서 귀한 이를 모시지 않으려고 하는 것, 어리석으면서 현자를 모시지 않으려고 하는 것, 이것이 사람의 세 가지 상서롭지 못한 일이다."

「명륜」

유학은 도덕의 수양 정도를 중시하는 사회적 논리를 갖추고 있다. 유학적 인간은 인격을 수양하는 존재이고, 그 수양 정도에 따라 사회적 직분을 갖게 된다. 물론 현실 역사에서 이러한 유학의 이상은 그 신분주의의 틀에 갇혀 원론 그대로 통용될 수 없었다. 그러나 어쨌든 유학의 이상이 신분주의를 벗어난 도덕주의에 걸쳐 있었음은 부인할 수 없다.

이러한 도덕주의의 사회 구조를 전제로 할 때, 어른은 아이보다 오래 인격 수양을 해왔으므로, 아이는 어른을 모시고 가르침을 받는 것이 당연하다. 유학적 도덕주의가 구현되는 사회에서 도덕적으로 성취를 이룬 사람은 귀한 신분이 되고, 그렇지 못한 사람은 천한 신분에 머물러 있으므로,

천한 신분의 사람이 귀한 신분의 사람을 모시고 가르침을 받아야 한다. 어리석은 사람과 현자 사이에서, 어리석은 사람이 현자를 모시고 섬기며 가르침을 받아야 한다는 점은 두말할 필요 없다.

순자가 말하는 위의 세 가지 인간답지 못한 일에는 계급주의의 논리가 깃들어 있다. 그것은 오늘날의 상황에 맞춰 조정될 필요가 있다. 그러나 이 속에서 움직이는 정신은 언제나, 누구에게서나, 도덕을 배워서 닦는 것이 인간다운 일이라는 점이다. 이 점은 오늘날에 가져다놓는다고 해도 아무런 문제가 없을 것이다. 어쩌면 이 덕목은 오늘날 더욱 중요성을 지닌다고 할 수도 있다. 요즘 시대에 우리는 다른 사람을 볼 때 도덕의 눈으로 보지 않고, 다른 사람의 도덕적 행위를 보고도 우리의 도덕적 약점을 부끄러워하지 않는다. 도덕이 사라지고 이익이 앞서서 끌어가는 시대를 살고 있기 때문이다. 그런 우리 시대를 바람직한 모습이라고 인정하기는 어렵다. 이익이 앞세워지는 시대가 편리함은 보장해주겠지만 평안을 가져다주지는 못한다. 평안은 도덕이 구현되는 사회에서만 주어질 수 있다. 그런 점에서 우리는 도덕의 눈으로 인간을 바라보지 못하는 오늘의 우리 자신을 부끄러워해야 할 것이다.

【소학 7】 원문 63

관리는 출세한 뒤에 나태해지고, 병은 조금 나은 뒤에 더 심해지고, 재앙은 나태하고 해이해졌을 때 생겨나고, 효자는 처자가 생

부끄러워야 사람이다

긴 뒤에 효성이 약해진다. 이 네 가지를 가지고 살펴보면 처음과 같은 마음 자세를 끝까지 유지하기 위해 신중히 노력하지 않으면 안 된다. 그러므로 『시』에서도 "처음 각오는 대단하지 않음이 없어도 끝까지 계속되긴 어려워라"라고 하는 것이다.

「명륜」

처음에는 언제나 놀라운 각오를 품기 마련이다. 처음은 어떤 획기적인 시점이고, 그런 시기에 우리는 대개 이상을 바라보며 가슴을 떨게 된다. 처음 직장에 들어간 젊은이는 그 직장에서 자신이 이루고자 하는 꿈을 안고 잠을 설친다. 그러나 그러한 꿈은 직장생활이 일상이 되면 점점 약해져 마침내는 흔적도 없이 사라져버린다. 그리하여 우리는 결국 하루하루의 시간만 흘려보내는 봉급쟁이로 살아가는 자신을 보게 된다.

인간의 일은 언제나 그러하기 마련이다. 각성을 일으키는 시간은 짧고 일상으로 살아가는 시간은 긴 까닭이다. 그러므로 우리는 언제나 처음의 각오를 되새겨보고, 그런 각오가 자신의 일상 속에 사라지고 없는 것을 부끄러워하지 않으면 안 된다. 인간은 나태해질 수밖에 없기에 어떤 결정적인 계기를 언제나 필요로 한다. 그러므로 처음에는 보다 분명한 각오를 만들어서 스스로에게 확인시켜줄 필요가 있고, 그런 시간을 벗어나서는 스스로 처음의 마음으로 돌아가는 새로운 각성을 불러일으킬 필요가 있다. 좋은 각오를 세워놓는다면 그것을 통해 마음의 부끄러움을 불러내기도 좋고, 그런 부끄러움의 도움을 받아 다음의 각오로 부활시키기도 쉬운 법이다. 처음의 각오가 없는 사람과 있는 사람은 그런 점에서도 서로 살아가는 길이 달라진다.

【소학 8】 원문 64

공자가 증자에게 말했다. "육신과 터럭과 피부는 부모에게서 받은 것이므로 손상을 입히지 않는 것이 효성의 첫걸음이다. 출세하여 도리를 행하고 후세에 이름을 날리는 것은 부모의 이름을 빛내는 것이니 효성의 마지막 목표다. 무릇 효성이란 부모를 모시는 것에서 시작되어 군왕을 섬기는 것으로 나아가며 출세를 하는 것에서 끝이 난다. 부모를 사랑하는 사람치고 다른 사람에게 나쁘게 하는 이가 없고, 부모를 공경하는 사람치고 다른 사람에게 오만하게 하는 이도 없다."

「명륜」

생명은 부모로부터 받아서 자손에게 이어주는 것이다. 그런 만큼 내 육신은 그저 육신으로서의 의미만 갖는 것이 아니라 생명의 강에서 과정적 역할을 다해야 하는 소중한 가치를 지닌다. 내 몸이라고 해서 내 마음대로 다룰 수 있는 것이 아니라 소중하게 대해야 하는 이유가 여기에 있다.

부모로부터 받아서 후손들에게 이어주는 것은 육신만이 아니다. 내 정

부끄러워야 사람이다

신, 내 도덕 역시 그러하다. 부모의 정신도 그냥 부모에게서 끝나지 않고 내 속에서 계속되어 후손들에게 이어진다면 그보다 더 가치 있는 일은 없을 것이다. 이렇게 이어가야 하는 것은 부모의 인생 속에 찬양할 만한 아름다운 도덕이 있기 때문이다. 그러한 아름다움이 부모에게 있다면 그것이 내 아름다움으로도 빛날 수 있어야 하고, 후손들에게 이어져 그들의 아름다움으로도 빛나야 할 것이다. 부모가 아름답게 닦아낸 정신이 내게 없다면 그것을 스스로의 부끄러움으로 삼아 자기 속에서 그런 아름다운 정신이 닦이도록 노력할 일이다. 그렇게 했을 때 내 도덕이 부모의 이름을 아름답게 빛낼 수 있을 것이다.

부모를 모시는 가장 아름다운 모습은 부모가 내게 이어준 것을 더럽히지 않기 위해서 노력하는 것이고, 내가 갖추어낸 것으로 부모의 이름이 빛날 수 있도록 하는 것이다. 그러므로 입신양명도 단순히 벼슬이 높아지는 것이 전부라고 할 수 없다. 그것 역시 아름다운 일이기는 하나 거기서 그친다면 부모의 이름을 드높이기보다는 오히려 더럽혔다는 부끄러움에 빠져들 수 있기 때문이다. 부모의 이름을 가장 드높일 수 있는 것은 이름 높은 도덕적인 사람이 되어 그 부모가 현자의 부모라는 칭송을 받게 하는 것이다.

【소학 9】 원문 65

범충선공이 자제들에게 다음과 같은 경계의 말을 했다. "사람이

2장 원전과 함께 읽는 '부끄러움'

아무리 어리석더라도 남을 꾸짖을 때는 밝아지기만 하고, 사람이 아무리 총명해도 자기를 용서하게 되면 흐릿해지게 마련이다. 너희가 항상 다른 사람을 꾸짖는 마음으로 자신을 꾸짖고 자기 자신을 용서하는 마음으로 다른 사람을 용서하면 성현의 지위에 이르지 못할 것을 걱정할 필요가 없을 것이다."

「가언」

우리는 언제나 나와 다른 사람들 사이에 놓인다. 그렇게 개인으로 살아가고 또 타자와 더불어 집단의 일원으로 살아가는 존재이기에 우리의 도덕적인 자아는 늘 흔들리게 마련이다. 자신을 보는 잣대와 타인을 보는 잣대가 다르기 때문이다.

우리는 자기 자신을 대할 때에는 너그럽다. 자기 잘못에 대해서는 이런 저런 변명거리를 만들어 덮기에 바쁘다. 그러나 남을 대할 때는 상당히 비판적이다. 그 잘못을 예리하게 짚어내며 어떤 변명에 대해서도 받아들이는 데 매우 인색하다.

그것은 일상인의 태도이지 도덕을 받아들인 사람의 자세는 아니다. 도덕은 늘 자기 자신을 문제삼는다. 스스로의 이기심을 비판하고 타인을 위해 헌신하는 마음을 만들어간다. 도덕은 자기 자신의 잘못을 부끄러워하는 것이지 타인의 잘못을 허물삼는 것이 아니다. 타인의 잘못을 허물로 여겨 손가락질을 아무리 열심히 해도 그것은 나의 도덕으로 환원되지 못한다. 내 잘못을 허물삼고, 내가 다른 사람들에게 야박한 것을 부끄러워하는 마음속에서 도덕은 길러진다.

　위의 구절은 도덕적인 마음을 가진 사람이 자신을 바라보는 시선과 타인을 바라보는 시선을 어떻게 갖추어야 하는지를 알려주는 말이다. 범충선공은 북송 초기의 정치가 범중엄의 둘째 아들이다. 북송 시대는 성리학의 지향을 갖추어나간 시기다. 그러한 때에 범중엄의 가문에서 자신에 대해서는 엄격하고 타인에 대해서는 너그러운 도덕심을 받아들이게 한 도덕정신이 위의 이야기로 나타난 것이라고 하겠다.

주자가 말했다. "후회한다는 글자는 설명하기 어렵다. 언제나 마음속에 후회가 자리잡고 있어서도 안 되고, 또 후회가 없어도 안 된다. 만약 단지 후회가 없다고만 한다면 지금 어지러움에 빠졌다가 그것이 사라지고 다음에 다시 어지러움에 빠졌다가 다시 그것이 사라진다고 하는 것이니 말이 되지 않는다." 어떤 사람이 물었다. "어떻게 해야 이 말씀의 도리를 드러낼 수 있는 것인지요?" "후회를 하지 않을 수는 없다. 그러나 오래 마음에 머물러 있게 해서는 안 된다. 이 일에 얽혀 어지러움에 빠졌다면 다음에 이와 같은 일을 만났을 때나 혹은 이와 비슷한 일을 만났을 때 바로 그것을 경계하고 징벌하여 다시 얽혀 어지러움에 빠져들지 않게 해야 할 것이다."

후회하는 마음은 부끄러워하는 마음이다. 그것은 도덕적인 자아를 가꾸려는 사람에게 매우 필요하다. 그러나 대부분의 경우 후회하는 마음이 생겼다 사라지고, 또 후회하는 마음이 생겼다 사라지곤 한다. 무엇 때문인가? 후회함으로써 자신을 개선하지 못했기 때문이다. 후회하는 마음은 그 마음 자체가 목적이 아니고, 지난 일을 아쉬워하는 것이 목적이 아니다. 후회하는 마음은 앞으로 같은 잘못을 반복하지 않는 것이 목적이다. 그러므로 이 마음은 금방 사라져서도 안 되고, 오래 계속되어서도 안 된다. 금방 사라져서는 마음속에 그 후회로부터 생겨난 부끄러움이 일정한 영향력을 행사할 시간을 갖지 못한다. 반면 그것이 오래 지속된다면 이것은 결국 자신이 계속 후회할 만한 일을 하고 있다는 말과도 같다.

　후회하는 마음은 우리 마음속에 일정 기간 남아 있다가 \다른 비슷한 상황을 맞았을 때 후회하는 마음이 일지 않도록 행하면 사라진다. 내 마음에 도덕적 각성을 불러일으킨 다음에도 후회하는 마음이 오래 남아 있을 수는 없다. 후회를 일정 기간 동안만 마음에 남게 하는 사람은 자기를 개선하고 도덕적으로 가꾸어가는 이다.

주자가 말했다. "선으로 바꾸어가는 것은 바람처럼 빠르게 해야 하고, 허물을 바꾸는 것은 번개처럼 강맹하게 해야 한다."

「천선개과장」

성리학은 성인이 되는 길에 목숨을 건 학문이다. 도덕적 자아를 만들어 가는 일을 성인이 될 것이냐 짐승으로 남을 것이냐 하는 치열한 의식을 바탕으로 하여 받아들이는 것이 성리학적 태도다. 이런 성리학자들은 지금 악이라고 알고 있는 것을 당장 바꾸지 않으면 부끄러워한다. 그들은 악을 아는 순간 바꾸기를 선택하고, 바꾸기를 택한 순간 완전히 뽑아내려는 결연한 태도로 달려드는 사람들이다.

자신의 악을 알고 있으면서 미적거리는 이는 도덕적 의식을 갖춘 사람이 아니다. 자신의 악을 바꾸기로 했으면서 흐릿하게 하여 다시 악을 범할 수 있는 시간을 허용하는 것도 도덕적인 의식을 갖추고 있는 사람이 아니다. 도덕이란 행하면 좋고 행하지 못하면 그뿐인 것이 아니다. 그것은 목숨을 걸고 이루어내야 하는 가치다. 성인과 짐승을 가르는 길이 바로 그것에 달려 있다. 이러한 것이 바로 성리학자들의 도덕관이다. 그런 도덕관을 지닌 이라면 바람처럼 바꾸고 번개처럼 확고하게 바꿀 수밖에 없을 것이다.

어떤 사람이 물었다. "사람이 전적으로 경건함으로 안을 바르게 하기 위해서만 노력하고 밖을 바르게 하기 위한 노력은 하지 않는다면 어찌해야 합니까?" 정자가 말했다. "마음속에 있는 것은 반드시 밖으로 모습을 드러내게 마련이다. 안이 바르지 못한 것이 문제일 따름이다. 안이 바르다면 반드시 밖도 바르게 된다."

「경이직내장」

마음을 경건함으로 바르게 한다면 그릇된 생각이 마음속에 일지 않을 것이다. 그것은 마음의 성실함을 지키는 방법이다. 마음에 그릇된 생각이 일지 않는데 그릇된 행위를 할 까닭이 없다. 마음에 욕망이 없는데 남의 물건이 탐나서 빼앗지는 않을 것이고, 마음에 욕망이 없는데 다른 이에게 해를 끼치는 일을 하지는 않을 것이다. 마음에 바른 생각이 움직인다면 행위도 그것을 따르게 마련이다. 안과 밖은 하나로 통하기 때문이다.

유학은 안의 바름이 밖의 바름으로 나타난다는 것에서만 그치지 않는다. 유학적 사고의 특징은 밖의 바름이 안의 바름을 이끌어낸다는 데까지 나아간다. 앞의 것은 쉽게 만날 수 있는 사고방식이지만 뒤의 것은 유학에서만 볼 수 있는 사고방식이다. 그만큼 유학은 마음과 행동을 하나로 묶어서 보는 데 철저하다.

안의 바름을 만들어나가는 것은 의지의 문제다. 마음의 바름을 지켜내

부끄러워야 사람이다

려는 의지가 굳건하고, 마음의 바름에서 벗어나는 것을 부끄럽게 생각하는 마음이 크게 마련되어 있다면, 그만큼 마음의 바름도 분명하게 갖추어질 것이고, 또 마음과 행동의 일치도 분명하게 드러날 수 있을 것이다. 문제는 마음의 바름이 얼마나 투철한가에 달려 있지 마음의 바름 외에 몸의 바름을 따로 닦을 필요가 있는 것은 아니다. 마음이 굳건하다면 몸은 따를 수밖에 없다. 몸이 굳건하다면 마음도 따르겠지만, 그것은 마음이 굳건할 때 몸이 따르는 것보다는 더 쉽게 효과를 보기 어렵다. 몸의 바름은 하나로 모아 통제해나가기 어려우나 마음의 바름은 도덕의 의지로 묶어 통제해나갈 수 있기 때문이다.

명도가 장자에게 말했다. "사람의 감정 중에 쉽게 드러나면서 제어하기 어려운 것으로는 분노가 첫손가락에 꼽힐 수 있다. 그 분노가 일어날 때 분노를 잊고 이치의 시비를 살펴볼 수 있다면 밖의 유혹에 빠져 악을 범하지도 않을 것이며 도리도 반은 안 것이라고 하겠다."

「징분질욕장」

도덕적 인격을 이루려 할 때 가장 문제가 되는 것은 마음이다. 그 마음은 감정을 만들어내 우리를 장악해나간다. 감정이 거칠게 움직일수록 마음의 통제력은 약해진다. 거세게 이는 감정은 그 자체의 논리를 만들어 마음 밖으로 뛰쳐나가버리기 때문이다. 그러므로 항상 감정이 크게 일기 전에 마음의 통제력을 행사해야지 감정이 일고 나서는 통제하기 쉽지 않다. 마음의 통제력은 공부를 함으로써 강화될 수 있다. 마음에 도덕의 의지를 강하게 세워놓으면 그것은 감정의 격량을 헤쳐나가는 장악력을 행사할 수 있다. 마음에 거칠게 감정의 격류가 나타나는 것은 고요하고 성실한 마음을 잃은 것이므로 바람직하지 않다. 그것은 도덕을 닦으려는 사람에게는 부끄러운 일이라고 할 수 있다. 그러나 마음속에 도덕을 세우려는 의지가 높다면 감정의 격류를 타고 넘어 다시 도덕에의 지향을 마련할 수 있다.

감정의 격류가 이는 것을 가지고 말하자면 분노가 움직일 때가 가장 강할 것이다. 그런 분노의 격류에 휩싸였을 때 그것을 도덕으로 끌고 나가는 힘은 도덕에의 의지밖에 없다. 분노의 격류에 휩싸인 것은 부끄러운 일이지만, 그런 격류 속으로 도덕의 의지를 불러들일 수 있다면 그것은 칭찬받을 일이다. 분노를 눌러 앉혀서 도덕적 마음으로 끌고 나갈 수 있는 의지라면, 감정의 격류는 이미 문제되지 않는다.

【삼국사기 1】 원문 70

(박혁거세) 30년 여름 4월 기해, 회일. 일식이 있었다. 낙랑 사람들이 병사를 일으켜 침범해와 국경에 사는 사람들이 밤에도 빗

부끄러워야 사람이다

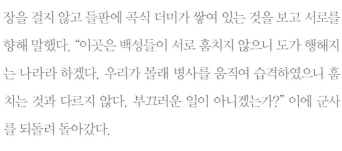

나라를 이끌어가는 도리에는 여러 가지가 있을 수 있다. 그러나 그 으뜸은 누가 무어라 해도 도덕이다. 도덕이 쉽게 구현될 수 없다는 것은 분명하다. 나라를 이끌어가는 일에 있어서는 더욱 그러하다. 나의 이익을 내세우기 어려운 때라도 집단의 이익을 내걸고는 그렇게 할 수 있기 때문이다. 그러나 진실로 집단의 이익을 만들어가면서 도덕을 갖출 수 있다면 그보다 더 사람을 감동시키는 일은 없을 것이다. 이것은 매우 어려운 것이므로 실제로 그 일을 행했을 때 이끌어낼 수 있는 감동의 정도는 더욱 크다.

는 사양하여 두 번 장가갈 수 없다고 했다. 아버지가 노하여 말했다. "너는 세상에 이름이 높아 나라 안 사람 중에 모르는 이가 없는데 미천한 여인을 짝으로 삼고자 하니 부끄러운 일이 아니냐?" 강수가 두 번 절하고 말했다. "가난하고 천한 것은 수치스러운 일이 아닙니다. 도를 배우고서 행하지 않는 것이 진실로 수치스러운 것입니다. 일찍이 옛사람의 '조강지처는 버리지 않고 빈천할 때의 친구는 잊지 않는다'는 말을 들은 적이 있습니다. 천한 첩이라서 버릴 수는 없는 것입니다."

『열전』제6「강수」

사람은 간사한 존재다. 큰 의리를 좇는 데에서 도덕을 구현하는 이도 작은 이해의 덫에 치여 실족하는 경우를 흔히 본다. 이것은 사소한 일이라는 생각이 경계심을 무너뜨려서 부끄러움을 잃게 만들었기 때문이다. 그런데 진실로 도덕의 영역에서는 크다 작다 하는 것이 무의미하다. 도덕이 구현되었느냐 욕심이 움직였느냐의 구분만 의미 있는 것이지, 큰 도덕을 이루었다거나 작은 도덕을 이루었다는 등의 구분은 할 필요도 없고 또 그런 구분이 있지도 않기 때문이다.

강수는 도덕적 세상이 아직 형성되기 전의 시대에 사는 사람이다. 우리는 강수가 야합을 하고 있는 것을 통해 아직 강수 시대의 신라가 남녀관계의 도덕을 본격적으로 세우기 이전임을 확인할 수 있다. 그럼에도 강수는 '조강지처'에 대한 이야기를 실천하기 위해 노력한다. 이 두 이야기 사

부끄러워야 사람이다

이에서 우리는 서로 다른 강수를 본다. 이 이야기 속의 강수가 배운 것을 실천하지 못함은 부끄러운 일이라고 말하는 것을 통해, 우리는 야합할 때의 강수는 아직 배우기 전이고 조강지처를 버리는 것은 부끄러운 일이라고 주장하는 강수는 배운 후라고 나누어 이해할 수 있다. 물론 강수의 배움은 당시 신라의 일반 정서와는 달리 그 자신이 배워 익힌 개인 도덕일 것이다.

무릇 도덕의 사람이라면 배운 것을 실천함에 있어 치열성을 갖추어야 한다. 이런 정신이 중심에서 움직이고 있어야만 도덕의 진화로 이어질 수 있기 때문이다. 강수에게서 우리가 그런 치열함을 보는 것은 즐거운 일이다.

【삼국사기 3】 원문 72

또 태자 법민, 대장군 유신, 장군 품일과 흠춘(흠순) 등에게 명하여 정병 5만을 이끌고 내응하게 했다. 왕은 금돌성에 행차했다. 가을 7월 9일 유신 등이 황산의 들판에 진격했다. 백제 장군 계백이 병사를 이끌고 와 먼저 험한 곳에 3영을 베풀고 대치했다. 유신 등은 군을 3로로 나누어 진격하였으나 네 번의 싸움에 승리를 거두지 못하고 병사들의 힘이 고갈되었다. 장군 흠순이 아들 반굴에게 말했다. "신하의 일에는 충성보다 더한 것이 없고, 자식의 일에는 효성보다 더한 것이 없다. 위태로운 일을 당하여 목숨을 버리는 것은 충성과 효성 둘을 온전히 행하는 일이다." 반굴이 말했다. "명을 받들겠습니다." 반굴은 적진에 뛰어들어가 힘껏 싸우다 죽었다. 좌장군 품일이 아들 관상(관창)을 불러 말 앞에 세우고 여러 장군을 둘러보며 말했다. "내 아들은 열여섯 살에 불과하나 품은 뜻이 매우 용감하니 오늘 전투에서 3군의 모범이 될 수 있을 것이다." 관창이 말했다. "철갑의 말에 올라 홀로 창을 들고 적진을 통과해서 적장 계백을……" 계백이 투구를 벗겨보고 그 어리고 용감한 점을 높이 사서 차마 해치지 못하고 탄식하여 말했다. "신라는 대적할 수 없겠구나. 소년의 기상이 이와 같은데 하물며 장사들은 어떻겠는가?" 이에 살려보내도록 했다. 관창이 아버지에게 고했다. "제가 적진에 들어가 적장이나 적기를 베지 못한 것은 죽기 두려워서가 아닙니다." 말을 마치고 우물물을 떠서 목을 축이고 다시 적진을 향해 질풍처럼 달려갔다. 계백이 붙잡아 참수하게 하고, 목을 말안장에 매달아 돌려보냈다. 품일이 그 아들의 목을 들고 피눈물로 옷자락을 적시며 말했다. "내 아들의 얼굴이 생시와도 같구나. 왕을 위해 죽었으니 다행스런 일이다." 3군이 그 장면을 보고 비분강개하여 목숨을 걸고 시끄럽게 북을 울리며 백제 병사들을 향해 진격해가서 대패시켰다. 계백은 죽었고 좌평 충상, 상수 등 20여 명을 포로로 잡았다.

『신라본기』 제5 『태종무열왕』 7년

7세기의 신라는 영웅들의 시대다. 이 시기 신라를 대표하는 영웅들은 이름 없는 청년들이다. 법흥왕 이후 통일전쟁을 치뤄나갈 만한 시대의식을 본격적으로 마련해나간 신라는 7세기에 이르러서 활화산 같은 헌신의 열정에 사로잡힌 무수한 청년지사를 생산해낸다. 우리는 그중 한 예로 이 이야기 속의 반굴과 관창을 볼 수 있다.

도덕정신은 자신을 희생하고 타인을 드높이는 것이다. 전쟁터에서 집단의 안녕을 위해 목숨을 던진다는 정신에는 이러한 자기희생의 미덕이 강력하게 구현되어 있다. 위기의 시대가 요청하는 희생정신은 바로 이러한 것이다. 물론 이런 희생의 미덕이 필요한 시대는 바람직하지 않다. 자기희생의 도덕주의적 미덕이 결국 자신을 아름답게 하고 타인들에게 이익을 주는 것이어야지 자기를 죽이고 타인들을 살리는 모습으로 구현되는 것은 바람직한 것이라 하기 어렵다.

(제25대 진지대왕, 즉위 4년에 폭정으로 폐왕이 됨) 폐왕이 되기 전 사량부의 서민 여인 중 용모가 풍염한 사람이 있어서 도화낭자라 불렸다. 왕이 소문을 듣고 궁으로 불러 취하려 했다. 여자가 말했다. "여자가 지킬 것은 두 지아비를 모시지 않는 것입니다. 지아비가 있는데 다른 사람에게 가겠습니까? 비록 만승의 위세를 가진 임금이라도 이 마음을 빼앗을 수는 없습니다." 왕이 말

했다. "그를 죽인다고 하면 어찌하겠느냐?" 여자가 말했다. "차라리 길거리에서 참수될지언정 그분이 없는 것을 바라지 않습니다." "지아비만 없다면 내게 올 수 있겠느냐?" "그렇게 할 수는 있습니다." 왕이 돌아가도록 보내주었다.

권1 「신라 도화녀」

결국 진지대왕은 음행을 일삼다가 폐위되어 죽는다. 그러나 이야기는 여기서 끝나지 않는다. 왕이 죽은 뒤 얼마 지나지 않아 도화낭자의 남편도 죽고, 왕은 생시의 인연을 잊지 못한 채 도화낭자 집에 혼령으로 모습을 나타낸다. 지아비가 죽고 없으니 이제 자신을 맞아들이라는 것이었다. 도화낭자는 부모와 상의한 뒤 왕의 혼령을 맞고, 왕의 혼령은 며칠 머물다 돌아간다. 그 혼령과 인간의 결합으로 태어난 이가 비형, 반인반령의 신비한 인물이다. 이 이야기는 이렇게 사랑과 욕정, 절개와 타협, 혼령과 인간 등이 뒤섞여 어지럽다. 이 시기 신라가 지녔던 고대적 정신과 유학적 도덕이 교묘하게 얽혀 있는 것이다.

인간의 일은 한꺼번에 변화하지 않는다. 문화는 점진적으로 진화한다. 여성의 절개는 우리 역사 속에서 유학과 같이 유통되기에 이른다. 유학의 시기 이전 역사 속에서 움직이고 있는 것은 보다 자유로운 사랑이다. 그러나 그 시대의 미덕이 자유로운 사랑이라 하더라도, 그 속에서 그 사랑을 소중하게 가꾸어가는 미덕은 있었을 것이다. 형태는 달라도 각 시대는 자기 시대만의 고유한 인간적 가치를 가지며, 그것을 가꾸어나가려는 사람

부끄러워야 사람이다

들의 노력을 드러낸다. 인간이 자기 자신의 가치를 만들어내려고 노력하
지 않는다면, 그것은 부끄러운 일이다. 자기 자신의 가치를 가꾸어내려는
의식은 필연적으로 어떤 도덕적 덕목을 떠올리게 마련이다.

【삼국유사 2】 원문 74

「사론」에는 다음과 같은 말이 있다. "신라에는 거서간과 차차웅 1
인, 이사금 16인, 마립간 4인이 있다. 신라 말기의 명유 최치원
은『제왕년대력』을 지으면서 모두 왕이라 불렀고 거서간 등의 명
칭은 쓰지 않았다. 어찌 그 말이 비루하다고 그렇게 부르지 않을
일인가? 지금 신라의 일을 적음에 있어서는 모두 그 방언을 그대
로 쓰니, 이렇게 하는 것이 마땅한 일이다."

권1 「신라 제2남해왕」

이것은 일연이 김부식의『삼국사기』에서 그대로 인용한 부분이다. 김부
식은『삼국사기』여러 곳에서 「사론」이라는 형식으로 사관들의 의견을 직
접적으로 적고 있다. 이 인용문은 그 「사론」 가운데 최치원이 신라의 모든
왕을 그저 중국식으로 왕이라 통일해 부르고 있는 것을 비판하는 부분이
다. 김부식의 입장은 원래 신라인들이 불렀던 대로 칭하는 게 옳다는 것이
다. 일연도 그 점에 동의하여 이 구절을 인용하고 있다. 신라사에서는 왕의

호칭이 거서간-차차웅-이사금-마립간-왕 등으로 변천해나간다. 각각 의미를 살펴보면 위대한 하늘의 아들-하늘과 인간을 이어주는 사람-이가 많은 사람-말을 제일 앞 말뚝에 매는 사람-임금 등으로 설명할 수 있다. 권력자를 부르는 칭호가 이렇게 달라진 데서 집단의 사회화 과정이 점차 진행되었음을 알 수 있다. 그러한 사회화 과정의 출발 지점은 신화 시대이고, 종착 지점은 중국화가 완결되는 시대다.

이런 명칭의 변화는 점차 신화 집단에서 사회 집단으로, 사회 집단에서 문화 집단으로 변모해나간 사정을 반영한다. 중국적인 것이 문화적인 것으로 유통되면서 우리 고대의 사회화 과정은 끝난다. 그런 역사적 경험은 중국적인 것에 우선적 가치를 두는 의식을 생산했을 것이고, 여전히 신라적이고 토속적인 의미를 담고 있는 것은 비문화적인 것, 부끄러운 것으로 여기는 의식을 만들어나갔을 것이다. 이런 역사적 의식은 최치원에게서 중화주의적인 주장으로 나타난다.

최치원의 시대는 당나라 유학생들이 신라 문화를 이끌어가던 때이다. 그런 시대를 대표하는 인물이 최치원이었다. 당나라에 가서 과거급제해 벼슬까지 역임했던 최치원의 문화의식이 위의 주장에 담겨 있는 것이다.

김부식과 일연은 고려 문화 시대에 놓인다. 고려가 문신 체제에 바탕을 둔 유학 문화를 완성시켜나가는 때가 김부식의 시대이고, 무신정권이 끝나고 원나라 간섭기가 시작되어 국가적 위신을 회복하고자 몸부림치기 시작하던 때가 일연의 시대다. 김부식과 일연은 그 생존 시기가 조금 다르지만 똑같이 고려의 자생 문화를 기반으로 하여 역사를 들여다본다. 그렇게 시기가 다르고 가치가 다르므로 부끄러워하고 자랑스러워하는 것의 내용도 달라지는 것이다.

원화 시대 중 남간사 사문 일념이 찬술한 「향촉분례불결사문」에
이 일이 소상히 기록되어 있는데 그 대략의 줄거리는 다음과 같
다. "옛날에 법흥대왕이 궁궐에서 정사를 돌보실 때 신라 땅을
굽어보며 말했다. '옛날 한나라 명제가 꿈에 감응이 있어 불법이
동쪽으로 흘러 들어오게 되었다. 과인이 즉위하였으니 백성들
을 도와 복을 닦고 죄를 없애는 곳을 짓고자 한다.' 신하들은 대
왕의 깊은 뜻을 헤아리지 못하고, 나라를 다스리고자 하는 뜻
은 받아들였으나 사찰을 지으려는 방략을 따르지는 않았다. 대
왕이 탄식하며 말했다. "아아! 과인이 부덕하여 대업을 이어가지
못해 위로는 음양의 조화가 어그러지고 아래로는 많은 백성이
즐거움을 잃게 되었구나. 정사를 돌보는 여가에 석가의 가르침
에 마음을 두게 되었으나 누가 나를 도울 수 있겠는가.' 이때 궁
궐에 들어와 살던, 박씨 성을 쓰고 자가 염염인 사람이 있었는
데, 그 부친은 누군지 알려져 있지 않지만 조부는 아진종랑으로
습보갈문왕의 아들이다. (…) 이때 나이가 스물두 살이었는데 사
인의 관직을 갖고 있었다. 그가 왕의 용안을 우러러보고는 그 마
음을 헤아려 알게 되어 주청을 올렸다. "신이 듣기에 옛사람은

꼴꾼과 나무꾼에게도 방책을 물었으니 원컨대 죄가 될 수 있는 위태로운 것을 제게 물어주시겠습니까?" 왕이 말했다. "네가 할 일이 아니다." 사인이 말했다. "나라를 위해 죽는 것은 신하의 큰 충절이고, 임금을 위해 생명을 바치는 것은 백성의 바른 의리입니다. 군왕의 말을 잘못 전했다는 죄를 들어 저를 참수하신다면 만백성이 다 복종하여 감히 명령을 어기지 않을 것입니다."

권3 「원종흥법, 염촉멸신」

우리에게 '이차돈의 죽음'으로 잘 알려진 이야기다. 법흥왕은 신라에서 불교를 공인한 인물이고, 이때부터 신라는 통일전쟁 시기를 이끌어갈 국가의식을 상징적으로 생산해내기 시작한다. 그런 영광의 시대의 신라를 설계하고 있는 자가 법흥왕이다.

이차돈은 사실 이름조차 분명하지 않은 인물이다. 그러나 그는 우리 역사에서 최초의 순교자로 남아 있다. 순교! 목숨을 바쳐 무엇을 이루고자 하는 태도다. 이 순교라는 것은 결국 정신이 육신보다 가치 있다는 사상의 가장 적극적인 표현 양식이다. 목숨까지 바친다는 것의 비극성은 별로 소망스러운 것이 아니지만, 무언가를 절실히 지킨다는 태도는 모두의 귀감이 될 수 있다.

이차돈의 순교는 무엇을 위한 것일까? 이 이야기는 우리에게 생각할 만한 거리를 준다. 법흥왕은 불교를 택했다. 그는 한나라 명제와 같은 역할을 신라에서 하기를 바란다. 한나라 명제는 꿈에 '금으로 된 사람'을 보고 불법을 구하고, 이 전설 같은 이야기가 중국 불교사의 첫머리를 장식한다. 법흥왕이 한나라 명제같이 되기를 바랐다는 것은 신라 불교를 본격적으로 만들어나가기를 꿈꾸는 것이다.

모든 꿈은 아름답다. 꿈은 절실한 바람이기 때문이다. 그것도 어떤 구차한 이익을 바라는 것이 아니라 보다 멀리, 보다 높이 시선을 두는 바람이라면 꿈은 성취가 아닌 소망만으로도 우리를 들뜨게 하는 장치를 가지고 있다.

법흥왕의 꿈은 이차돈의 꿈으로 확산된다. 꿈은 이렇게 전염성을 갖는다. 그러나 이차돈은 법흥왕과 똑같은 꿈을 꾸는 것이 아니다. 둘의 꿈은 조금 다르다. 이차돈은 법흥왕을 위해 몸을 바치는 꿈을 꾸기 때문이다. 이차돈의 꿈속에는 충성의 덕목이 이중으로 덧씌워져 있다.

꿈은 그것이 현실이 아닌 꿈이기 때문에 얼마든지 꿈꾸는 사람이 자의적으로 그 내용과 목표를 설정할 수 있다. 꿈속에서 인간은 신의 권능을 갖는다. 그런 신적 권능을 가지고 우리가 꿈을 마련할 수 있는데 저속한 이익에 목을 매는 정도의 꿈밖에 꾸지 못한다면 그것은 꿈꾸는 정신을 모욕하는 부끄러운 일이 될 것이다. 우리의 꿈은 높고 먼 데까지 우리를 끌고 나가는 것이어야 한다. 그러할 때 우리는 현실의 포로가 되지 않는 힘을 그 꿈으로부터 나누어 가질 수 있다.

2장 원전과 함께 읽는 '부끄러움'

청태 2년 을미 10월, 사방의 국토가 다 타국의 소유가 되어 국세
가 약해지고 외로워져서 평안하지 않게 되었다. 이에 여러 신하
와 더불어 나라를 들어 태조에게 항복하는 것을 상의했다. 여러
신하가 가부를 두고 의론이 분분했다. 태자가 말했다. "나라의
존망에는 반드시 천명이 있으니 마땅히 충신 의사와 더불어 합
심 진력해본 뒤에야 포기를 해도 할 일입니다. 어찌 천 년 사직을
남에게 가볍게 넘긴단 말입니까." 왕이 말했다. "외롭고 위태롭
기가 이와 같고 세력은 옛날 같지 않다. 이미 강해질 수 있는 방
법도 없고 또 아주 약해질 때까지 기다리고 있을 일도 아니다.
무고한 백성들이 간뇌도지 당하는 것을 나는 참고 볼 수 없다."
이에 시랑 김봉휴에게 국서를 가지고 가서 태조에게 항복하게 했
다. 태자가 울며 왕을 하직하고 개골산으로 들어가 베옷에 나물
밥을 먹으며 죽을 때까지 나오지 않았다.

권2 「김부대왕」

천년왕조 신라의 마지막 장은 이렇게 조용하기만 하다. 그러나 이 잔잔
한 이야기는 어떤 웅변보다도 더 커다란 울림을 안으로 갈무리해둔다. 두
영웅의 정신이 그 안에서 움직이고 있기 때문이다.

신라사 마지막 장의 두 영웅은 그 임금의 태자이고, 그 태자의 부왕이

다. 이 둘은 서로 반대되는 선택을 하지만 그 선택이 다 옳고 아름답다. 똑같이 아름다우므로 그 둘은 어느 한편은 부끄럽고 다른 한편은 자랑스러운 것이 아니라 똑같이 서로에게 자랑스러운 모습을 보여준다. 적어도 드러난 양상을 가지고 말할 때는 그러하다. 드러난 양상이라는 제한을 굳이 두는 것은 그 두 선택 당사자의 마음의 풍경을 우리가 진실하게는 알지 못하기 때문이다.

김부대왕과 마의태자의 마음의 풍경을 살펴보자. 김부대왕이 마음으로까지 백성을 위하여 나라를 바치자는 선택을 하는 것이라면 그의 선택은 분명 스스로에게 부끄럽지 않은 의리를 담고 있다. 그러나 그가 마음속으로는 작은 권력이라도 이어가자는 생각을 하고 있는 것이라면 그의 선택은 밖으로 내건 대의와 어긋나고, 그것은 그의 마음속 부끄러움일 수밖에 없을 것이다. 마의태자 역시 그러하다. 그의 웅변이 만약 천년왕국에 대한 충정에서 비롯된 것이라면 그는 이 대의를 앞장세워 마음속에 어떤 부끄러움도 없을 것이다. 그러나 그가 밖으로 내건 대의와 달리 속마음으로는 자기가 가져야 할 권력의 상실을 아쉬워하는 것이라면 그것은 스스로에게 부끄러울 수밖에 없다.

이렇게 김부대왕 자신과 마의태자 자신이 그들 마음의 안과 밖 사이에서 느낄 수 있는 것이 부끄러움과 자랑스러움이다. 부끄러움이란 밖의 사람의 시선에서 나오는 것이 아니라 자기 안의 마음에서 나오는 것이기 때문이다.

2장 원전과 함께 읽는 '부끄러움'

사람의 성품은 선하지 않음이 없으니

요임금 순임금의 마음이라 하리라

다만 인연과 기운의 구속을 받고 태어나

현명하고 어리석으며 거스르고 따르는 차이가 있는 것

성인은 무리 중에서 빼어난 존재이니

충성과 믿음으로 이끌고

행하는 것은 곧고 길하니

따르지 않으면 후회하고 불쌍해지리

권1 「고풍 19수」

김시습은 비운의 천재다. 그의 능력은 사회적인 그릇 속에 담기에는 넘치는 것이었다. 그는 자유인이었지만, 유학을 토양으로 하는 인격이기도 했다. 이 시는 그런 김시습의 마음의 토양을 확인시켜준다.

이 시에서 김시습은 우리가 바로 요임금, 순임금의 마음을 갖고 있는 사람이라고 선언한다. 마음을 가지고 있다면 그 마음을 구현하여 그 인물과 같은 정도에는 오를 수 있어야 자신에게 부끄럽지 않다. 그런 성인의 마음을 가지고 있으면서 그 이끌음을 따라 성실하게 행동한다면 성인을 이루는 길은 멀지 않을 것이다. 그렇게 하지 않는다면 그것은 성인의 능력을 갖추고 있으면서 범부의 모습에 만족하는 잘못을 범하는 일이다. 할 수 없는 것을 하지 못하는 것이라면 부끄러울 것도 없다. 그러나 할 수 있는 것을 하지 않는 것은 부끄러운 일이다.

【매월당집 2】 원문 78

시와 술을 벗하여 30년을 지내왔네
주변 사람들은 잘못 보고 선으로 도망갔다 하지
푸른 구름 한 덩이 한유한 날에 던져놓고
한바탕 맑은 생활 즐기며 온전하지 못할까 걱정하네

권1 「자소」

풍류의 인물 김시습, 그는 현실의 벽에 갇혀 스스로 울타리를 넘어 뛰쳐나가는 선택을 한다. 그의 벗은 술과 시다. 김시습의 그런 생활은 그의 현실적 능력을 주목하는 이들에게는 비극적인 것으로 읽힐 수밖에 없다. 그러므로 그런 사람들은 그를 손가락질하며 고작 선으로 도망한 것인가 묻는다. 그 손가락질 앞에서 부끄러운 이는 김시습이 아니다. 그렇게 손가락질하는 자가 부끄러움을 갖는 사람이다. 손가락질하는 이는 그런 부끄러움을 통해 자신이 갈 길을 스스로에게 지시한다. 현실의 사람으로 살아가는 길을 그는 분명히 하는 셈이다. 그의 부끄러움이 온전히 제 길을 찾아갔다면, 그는 그저 현실의 사람에서 그치지 않고 좋은 현실의 사람을 이루었을 것이다. 그의 손가락질 밖에 자리잡고 있는 김시습이 그냥 울타리를 넘어간 것에서 그치지 않고 울타리 밖에서 온전한 삶을 걱정하며 살아가는 모습을 염두에 둔다면 더욱 그래야만 할 것이라고 생각된다. 손가락질당하고 있는 사람이 온전한 삶의 미덕을 갖추기 위한 노력을 하는데 손가락질한 사람은 더욱 그래야 하지 않겠는가?

현실의 삶은 그 자체로서 가치를 갖지 않고, 자연의 삶도 그 자체로 가치를 갖지 않는다. 가장 중요한 것은 그러한 영역에 우리가 어떤 노력을 담아내느냐이다. 우리의 노력이 이상의 목표와 연결되는 것이라면 어떤 자리에서 살아가든 우리가 그것만으로 부끄러워할 이유는 없다.

【매월당집 3】 원문 79

청한자가 말했다. "……대저 선비가 지킬 것은 도이고, 행할 것은 뜻이다. 그 도를 지키면 비록 의복이나 장식이 없더라도 위의가 빛나고, 그 뜻을 행하면 일이 비록 일정한 형식을 벗어난다 하더라도 법도가 그 속에서 찬연하게 빛날 것이다."

권16 「산림」

일에는 반드시 본질되는 것과 부수적인 것이 있게 마련이다. 부수적인 것을 지키려는 노력이 아름다운 것은 본질적인 것을 지키려는 노력이 그보

부끄러워야 사람이다

다 더 강하게 행해진다는 전제가 있을 때뿐이다. 본질이 지켜지지 않는다면 부수적인 것을 지키려는 노력은 더욱 큰 부끄러움을 자아낼 따름이다.

김시습은 스스로를 선비로 여긴다. 그는 도를 지키고 뜻을 행하는 것이 선비의 본분이라고 보며, 그런 본분을 지키는 데에 그 자신 부끄러움이 없다고 생각한다. 그는 형식적인 것, 부수적인 것을 거쳐서 본질적인 것으로 나아가는 선택을 하는 사람이 아닐 따름이다. 그의 선택은 곧바로 본질을 겨냥하고 그 중심을 타격한다.

【매월당집 4】 원문 80

청한자가 말했다. "……도를 갖춘 사람은 산림에 엎드려 사는 것도 원해서 하는 것이 아니고, 세상에서 도를 행하는 것도 원해서 행하는 것이 아니다. 행해야 하면 행하고, 멈추어야 하면 멈춘다. 토란을 태워 재로 만들어버리고 눈물을 뿌리며 멀리 나아가는 자에게는 역시 즐거움이 있다. 지팡이를 끌고 산을 나가는 자는 때가 되면 움직이고, 움직일 때는 그 도를 어그러뜨리지 않는다. 믿음을 가진 다음에 말하고, 말하면 그 변화하는 점까지 빠뜨리지 않는다. 이익을 추구하지 않으므로 그 말은 단단하고 바르며, 명성을 사랑하지 않으므로 그 일은 바르고 엄하다. 생명을 훔치지 않으므로 그 이야기는 족히 황제와 제왕을 움직이고, 죽음을 두려워하지 않으므로 그 법은 속세의 티끌에 더럽혀진 사람이나 기미를 좇는 사람에게 경계가 된다. 왕후는 그를 예의로 공경하며 자신을 높은 사람으로 여기지 않고, 기와집과 수레와 누대의 사람들은 그를 내려다보며 낮은 사람이라 여기지 않으며, 이단이 백가지로 무너뜨리려 해도 그 도는 견고하고, 사악한 비방의 말이 교대로 공격해도 그 종지는 약해지지 않는다. 무릇 이런 사람을 도를 갖춘 선비라고 하는데, 일대의 종사이고 만세의 준칙이며, 그 도덕의 영향력은 아주 넓어 덮을 수 있는 것이 없다."

권16 「산림」

김시습! 그는 어떤 인물이 되고자 했던가. 그는 선비임을 자처한다. 그러나 그가 바라보는 선비는 일반적인 인격을 갖춘 존재가 아니다. 그는 이 구절에서 '청한자'의 입을 빌린다. 맑고 빈한하게 사는 사람—이것은 김시습의 자화상이다. 김시습은 이 인격을 저절로 되어가는 대로 따라 이루는 사람으로 설명한다. 따르는 사람은 두 종류가 있을 것이다. 하나는 그저 편하게 다 놓고 무위도식하는 사람이다. 그러나 김시습이 지닌 꿈은 몹시 크다. 그러므로 김시습이 제출하는 청한자는 이런 사람이라고 할 수 없다. 다른 하나는 어떤 무엇에도 휘둘리지 않고 가장 낮은 자리에서조차 큰 덕을 드러내는 사람이다. 이것이 바로 김시습이 소망하는 인격이다. 그는 욕심에 좌우되지 않으므로 꼭 지켜야 할 자리가 없다. 따라서 그는 상황이 이끄는 대로 자리를 옮겨간다. 그러나 그는 어떤 자리로 흘러가든 큰 도를 이루려

부끄러워야 사람이다

는 꿈을 놓지 않는다. 김시습이 부끄러워하는 것은 어떤 자리에 놓여 있다는 점이 아니라 어떤 도덕을 이루고 있느냐 하는 점이다. 그는 청한자로 살아가면서도 일대의 종사, 만세의 준칙이 되는 목표를 겨냥한다. 그런 자리를 바라보는 것이 아니라 그런 덕을 희망하는 것이다.

경건함을 지키는 공부에 대한 의론을 나눈 적이 있는데 선생이
다음과 같이 말씀하셨다. "나는 아침 저녁 사이에 혹 정신이 맑
을 때에는 엄숙하여서 마음과 몸이 붙잡아 의지할 것이 없어도
스스로 온전할 수 있고, 사지육신을 특별히 묶어서 이끌지 않아
도 스스로 공손해질 수 있어서, 옛사람이 품은 기상과도 같이
삼갈 수 있기도 하다. 좋을 때에는 이와 같기도 하나 오래 이런
상태를 지속시킬 수는 없다."(우성전)

권1 「논지경」

이황은 자기 수양에 뛰어난 면모를 보여주는 인물이다. 그는 이십대에 질병을 얻어 늘 건강이 좋지 못했으나 철저하게 자신을 수양하여 70세까지 살았다. 마르고 초췌한 모습이었지만 건강에 크게 문제가 있지는 않았다. 그러한 이황의 수행력은 그 공부 성격에서도 유감없이 드러난다. 경건

함을 다하여 자기를 통제하고 조절하려는 것은 이황 사상의 특질을 구성한다. 수양의 사람 이황다운 철학이다.

이황은 언제나 경건함을 유지하기 위한 노력을 다했다. 이 구절에서도 그런 이황의 모습이 유감없이 드러난다. 여기서 이황은 자기 자신의 마음에 들어와 있는 경건함을 들여다본다. 그 경건함은 그의 마음과 몸을 적절하게 통제하고 규율한다. 그러나 그는 그런 경건함이 오래 유지되지 못하는 것을 부끄러워한다. 경건함이 잠시도 빼놓지 않고 철저하게 일거수일투족, 한 생각의 움직임까지 규율하기를 바라기 때문이다.

【퇴계선생언행록 2】원문 82

일찍이 다음과 같이 말씀하신 적이 있다. "사람은 마음을 잡기가 몹시 어렵다. 내 경험을 가지고 말하자면 한 걸음 떼어놓는 동안 마음이 이 한 걸음에 집중하는 것도 어려운 일이었다."(김성일)

권1 「존성」

경건함을 다하는 것은 의지를 통해 철저하게 자신을 감독하고 통제하는 것을 뜻한다. 이렇게 경건함을 다하는 태도에는 사악함이 들어서기 어렵다. 막고 나서는 힘이 너무 강해 이것저것을 곁눈질할 여지가 없기 때문이다. 그러나 생각은 유혹의 요소를 가리고 떨쳐내는 것만으로 완벽하게

부끄러워야 사람이다

장악할 수 있는 것이 아니다. 안에서 스스로 움직이기도 하기 때문이다. 사람이 본래 갖추고 있는 마음은 고요하고 진실하다. 그러나 사람은 언제나 그 고요하고 투명한 마음으로 살아가지는 못한다. 마음이 흔들리고 뒤섞여서 집다한 욕구가 일어나기 때문이다. 이황은 밖에서 들어오는 것을 떨쳐내는 것 못지않게 안에서 일어나는 생각에도 의식을 집중한다. 생각이 제멋대로 뛰어다님을 경계하는 것이다.

이황은 몸과 마음 전부를 쏟아부어 일상의 할 일을 선택하고 행하는 사람이다. 그런 치열한 선택은 지금 이 순간 하지 않으면 안 되는 일을 택하는 것이니, 그렇게 택한 일이라면 전력을 다해 그 일에 몰두할 수밖에 없다. 그렇게 치열함에 이끌리면서 지금 하고 있는 일 밖으로 마음이 움직여 갈 수는 없는 일이다. 그것은 치열성에 문제가 있는 것이리라. 이런 마음의 움직임을 이황은 부끄러워했다.

선생이 일찍이 말씀하셨다. "처음 배우는 사람에게 가장 좋은 것은 경계와 반성이다. 처음 배울 때에는 경계와 반성이 끊기는 경우가 있다. 그러나 그 공을 이루기를 그침 없이 하면 점점 가볍게 경계와 반성 속으로 들어갈 수 있고, 오래 멈추지 않고 하다 보면 항상 그런 상태를 유지하여 잃지 않게 된다."(우성전)

권1 「존성」

경계와 반성은 아무리 많이 하더라도 부족하고, 나태와 해이는 아무리 적어도 넘친다. 도덕이란 그냥 아무렇게나 해서 구현되지 않는다. 그것을 구현하려면 경계하고 반성하는 수고를 다하지 않으면 안 된다. 반성하고 경계하는 노력은 누구나 할 수 있다. 그런 것은 처음 할 때 더 잘할 수 있는 것이기도 하다. 처음 어떤 일을 할 때, 처음 어떤 길을 갈 때, 처음 누군가를 만날 때에도 우리는 많이 경계하고 반성할 수 있다. 반성하고 성찰하는 일에 게을러지는 것은 익숙해졌을 때이다. 그러나 익숙해졌다고 해서 반성과 성찰하는 일을 그만둔다면 문제가 일어나게 마련이다. 익숙해졌을 때 우리가 드러내는 태도가 외견상 별 반성이나 경계를 하지 않는 것처럼 보이더라도, 일을 잘하는 사람은 안으로 경계하고 반성하는 것을 멈추지 않는다.

도덕적 행위에 있어서는 더욱 그러하다. 도덕적 행위에 숙련된 사람은 없다. 숙련된 사람은 항상 반성하고 항상 경계해서 마음이 제멋대로 움직이지 못하도록 하는 자다. 도덕이란 바로 반성이나 경계와 짝을 이루는 말이다. 도덕이란 반성하고 경계하는 태도 자체라고도 할 수 있다. 익숙해져야 하는 것은 반성과 경계에 시시때때로 빠져 들어가는 것이지, 반성과 경계 없이 어떤 일을 하는 것이 아니다. 반성과 경계가 자기 속에서 보다 쉽게, 보다 쉼 없이 움직인다면, 그것은 언제나 도덕을 구현하는 바탕이 된다. 진실로 우리가 부끄러워해야 하는 것은 반성과 경계 없이 어떤 일을 행하는 것이다.

또 말씀하셨다. "금문원의 집에 가는 산길이 매우 험하여 갈 때
는 고삐를 부여잡아 경계심을 놓지 않고 나아가곤 하지만 올 때
는 조금 취기가 있어 길의 험함을 잊고 멋대로 편하게 탄탄대로
를 걸어오듯이 하게 되는데, 마음이 조심성을 잃는 것은 몹시 두
려운 일이다."(김성일)

권1 「존성」

'하학이상달下學而上達'은 일상적인 삶으로부터 닦아서 도덕의 이치에 도
달하는 유학적 공부 방식이다. 유학적 학문이 갖는 특징을 이것보다 잘 드
러내는 말은 없다. '하학'은 일상적인 생활 속에서 배우는 것이다. 먹고 마
시고 떠들고 노래하는 것, 그러한 일상이 유학자의 수양처다. 위의 구절에
서는 말을 타고 제자의 거처에 오가는 일이 바로 이황의 공부가 진행되는
수양처이다.

금문원은 금난수인데, 25세 되던 해(1554)에 부포에 '성재'라는 정자를
짓고 학문을 연마하다가 10여 년 뒤 34세 때(1563)에는 가송에 고산정을
지어 독서를 하며 자연과 벗했다. 만년에 이황은 낙동강 가의 오솔길을 따
라 위로 청량산의 발치에 있는 고산정에 가서 금난수를 보고 돌아오곤 했
다. 이 길은 절벽 가를 타고 가는 부분도 있다. 위의 글은 바로 이러한 사정
을 드러내고 있다.

말을 타고 오가면서 절벽 가에서 조심하거나 방심하거나 하는 일은 사소한 것일 수 있다. 그러나 그 사소한 것도 이황에게는 자기 경계, 자기반성의 자료가 된다. 그러한 일에서조차 경계하고 반성하여 성심을 다해 처신하기를 계속한다면, 보다 큰일에서 반성과 경계를 잃어버리지 않을 것이다. 일상의 일에서 경계심을 잃는 것을 부끄러워하는 이황의 생각 속에서 움직이는 것은 바로 이러한 정신이다.

【퇴계선생언행록 5】 원문 85

> 항상 세상 사람들이 명예와 이익에 빠져드는 것을 지적하여 거듭 탄식하고 애석하게 여기면서 손을 모아 좌중을 돌아보며 말씀하시곤 했다. "우리는 마음을 치열하게 반성하여 소인으로 돌아가지 않게 하는 것이 어떻겠습니까?"(김성일)
>
> 권1 「교인」

향리에서 이황은 많은 제자에 둘러싸여 살아갔다. 이황이 있는 곳에는 언제나 제자들이 찾아들어 배우곤 했던 것이다. 50대부터의 이황은 가르치는 사람, 스승의 모습을 통해서만 제대로 설명될 수 있다. 50세에서 60세에 이르기까지 이황은 주로 계상서당에서 가르쳤고, 60세에서 70세까지는 도산서당에서 가르쳤다. 이 20년 동안의 이황은 교육자로서의 이황

부끄러워야 사람이다

이고, 이것이야말로 역사에서 이황이 갖는 위상을 확정해준 본질이다.

　이황은 그 제자들을 벗 또는 도우道友로 대했다. '도우'란 '도를 같이하는 벗'이라는 뜻인데, '도를 같이하는 동지'의 의미도 들어 있다. 생활에서 같이 도를 닦아 좋은 세상을 구현하고자 하는 것이 유학자들의 목적이다. 그 도가 명예나 이익의 반대쪽에 놓이는 것임은 위의 구절이 확인시켜준다. 명예나 이익을 좇으면서도 유학의 도를 이룰 수 있는 것이 아니라, 명예나 이익을 좇으면 이 도에서 벗어난다는 인식이 이 속에 깃들어 있다. 그런데 명예나 이익을 쫓아내는 것은 쉽지 않다. 그러므로 이황은 이 구절에서 명예나 이익을 좇는 것을 소인의 일로 치부하여 부끄럽게 여기면서 그것을 쫓아내기 위해 자신과 제자들이 서로를 경계하고 채찍질하는 '도리의 동지'로서 굳건하게 결속되기를 희망하고 있다.

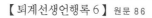

소년 시절 연곡(온계 가까이 있는 마을 이름)에서 노닌 적이 있는
데 골짜기 안에 작은 못이 있어 수심이 깊고 물이 맑았다. 선생
은 그것을 보고 다음과 같은 시를 썼다.

　"수초 하늘거리며 물가에 둘러 있고
　작은 연못은 깨끗하여 모래 한 점 떠돌지 않네
　떠가는 구름 떠도는 새들, 원일한 형상을 엿보게 하니

다만 두려운 것은 제비가 일으키는 파문일세."

천리의 유행과 인욕이 끼어드는 것을 두려워하는 마음을 풀어낸 것이다.

권1 「학문」

온계는 퇴계 이황이 태어난 곳의 분지를 가르고 흐르는 시내다. 이 시내는 퇴계로 이어져 낙강으로 흘러 들어간다. 이 물길 주변이 바로 어린 이황이 노닐던 곳, 그 정서의 원적지다. 누군들 그렇지 않겠냐마는, 이황 역시 어린 시절과 정서적으로 굳게 얽혀 있다. 그리하여 결국 온계의 아래쪽, 퇴계의 물길 가에 거처를 정해 산다.

어린 시절 이황의 모습은 많이 알려져 있지 않다. 다만 잘 알려진 몇 가지만 놓고 말하더라도, 어린 시절의 그는 후년의 모습과도 같이 상당히 조신했던 듯하다. 이 시에서도 우리는 그런 소년 이황의 마음이 지향하는 바를 확인할 수 있다.

이 시는 매우 조용한 물웅덩이 하나를 보여준다. 시끄럽고 번잡스러운 것은 오직 하늘을 맵시 있는 자세로 날아가는 제비뿐이다. 한유하고 평화로운 풍경 위를 날아가는 제비를 보며 소년 이황은 제비의 날갯짓이 깨끗한 물웅덩이 위에 파문을 만들지 않기를 꿈꾼다. 이것이 소년의 시에 들어 있는 한 구절 문자로 끝나는 것이 아니라 이황의 칠십 평생을 이끌어간 지남指南이었음을 우리는 안다. 마음의 평정을 최우선적으로 전제하고, 잠

부끄러워야 사람이다

시의 흔들림조차 용납하지 않는 치열한 반성의 정신이 그 안에는 깃들어 있다.

선생이 말씀하셨다. "군자의 공부는 자기 자신을 위한 것일 따름이다. 자기 자신을 위한다는 것은 장경부의 이른바 행하는 바 없이 그렇게 하는 것을 의미한다. 깊은 산 숲속에 난초 한 송이가 피어 있어 종일 향기를 뿌려대면서도 스스로 그 향기를 알지 못하는 바와 같은 것이 바로 군자의 자기 자신을 위한다는 것의 의미에 부합할 것이다. 마땅히 깊이 체득해야 할 일이다."(이덕홍)

권1 「교인」

공부는 스스로 아름다워지기 위해서 한다. 인간은 이상과 진리를 갖출 수 있는 존재다. 인간에게 최고의 가치는 이상과 진리다. 그런 가치를 인간이 스스로 갖출 수 있다면 아름답다는 것의 최대치는 바로 그러한 가치를 구현하는 내 모습이 될 것이다. 공부에 부여하는 최선의 의미가 바로 이런 것인데, 그것을 벗어나서 차선, 차차선의 목표를 설정하는 것은 부끄러운 일일 것이다. 공부에 부여하는 최악의 의미는 남에게 보여주기다. 그런데 우리는 이 최악의 목표를 최선의 것으로 착각하여 받아들이기도 한다. 그

리하여 보여주는 공부, 꾸미는 공부, 체면치레용 공부를 하기도 한다. 부끄러운 일이다.

위의 구절에 보이는 장경부는 북송 시대 사람 장식張栻을 가리킨다. 그는 호를 남헌南軒이라 하고, 성년이 되면서 갖게 된 자가 경부敬夫다. 이 인물은 이황의 『성학십도』의 제9도 「경재잠도」 부분에서 이름을 보이기도 한다. 「경재잠도」는 장경부가 지은 「주일잠」을 바탕으로 주자가 「경재잠」을 완성시켰고, 그 주자의 「경재잠」을 그림으로 옮긴 것이다. 「주일잠」이란 마음을 하나로 집중하여 흩어지지 않게 하는 노력에 대한 것이고, 주희의 「경재잠」은 마음을 경건하게 감독하여 잠시도 놓지 않는 방법에 대한 이야기다.

위의 이야기에서 장경부는 난초 향을 말하고 있는데, 그것은 그의 이른 바 「주일잠」 같은 공부를 통해서 완성시켜낸 아름다운 인격에 대한 설명이다. 인격은 안으로 갖추는 것이지만, 그것이 갖춰지면 저절로 밖으로 드러난다. 인격이 풍기는 향기는 깊은 산속에 꽃을 피운 난초와도 같다. 난초는 그 자신을 구현하기 위해 노력하고, 결국 꽃을 피워올린다. 그 꽃은 깊은 산속에 아무도 모르게 피어난다. 그 점은 혼자만의 세상에서 아무도 모르게 그 스스로의 도덕을 완성시키기 위해 노력하는 사람과 같다. 그러나 난초는 그것이 완성되면 자신도 모르게 향기를 뿜어내 여기저기서 그 향기에 반한 사람들이 코를 벌름거리며 모여들게 한다. 그것은 도덕의 향기가 밖으로 뿜어져 나와 사람들을 경복하게 하는 것과 같다. 난초의 향기를 맡으러 모여든 사람들은 그 자신이 인식하지도 못하는 순간 난초 향기를 자기 속으로 받아들여 스스로의 몸에서도 난초 향을 풍긴다. 그것은 위대한 도덕에 감복되어 몰려든 사람들이 그 도덕에 촉발되어 자기 마음속에서도 도덕을 길러내는 삶을 살아가는 것과 같다.

도덕의 향기는 스스로의 아름다움으로 갖추어져서 다른 모든 이를 감복시킨다. 남의 시선을 의식하여 거짓으로 만들어내고 과장해서 꾸며낸 것과는 근원적으로 성격이 다른 것이다. 스스로의 향기를 자기 속에서 자신과의 만남을 통해 만들어내기 위해 노력하지 않고 밖에서 주어지는 명예와 이익만을 얻기 위해 이리 꾸미고 저리 꾸미고 하는 것은 부끄러운 일이다.

【퇴계선생언행록 8】 원문 88

"좌우명을 지어서 붙여두고 반성하는 것은 어떻습니까?"

"옛사람은 대야나 그릇, 책상, 지팡이 등에 다 좌우명을 써두는 경우가 있었다. 그러나 마음에 경계하고 반성하는 실질이 없으면 좌우명을 써서 벽에 가득히 붙여둔다고 하더라도 무슨 이익이 있겠는가? 공부는 장횡거처럼 낮에는 부지런히 배우고 밤에는 잘 살펴 깨달음을 얻어 말에는 배운 것이 담겨 있고 행동에는 법도가 깃들어 있고, 눈 깜빡이는 동안에도 배움이 보존되어 있고 쉴 때에도 그 뜻이 구현되어 있어야 한다. 이 마음이 언제나 보존되어 있어서 잠시도 제멋대로 움직이는 법이 없다면 어찌 좌우명이 필요하겠는가?"(김성일)

2장 원전과 함께 읽는 '부끄러움'

경계한다는 것은 어떤 계기로 촉발되어 내 속에서 움직이게 되더라도 그 가치는 다 같다. 계기가 어떤 것이냐에 따라서 그 가치가 달라지는 것은 아니다. 그러므로 그 계기를 주변에 많이 가져다놓는 것이 중요하다. 이를테면 이황이 도산서당에 가져다놓은 절우사의 식물들이나 그의 방 안에 들여놓은 매화 화분 같은 것은 다 경계하는 계기를 만들어주는 자료들이다. 그러한 이황이 좌우명을 써놓고 경계로 삼는 것이 어떠한지를 묻는 김성일의 질문에 그건 할 필요가 없다고 말하는 것은 아니다. 여기서는 그것을 하지 말라는 것이 아니라 그것보다 먼저 마음의 경계를 멈추지 않는 것이 중요하다는 이야기다. 언제나 본질을 놓치지 않기를 목적으로 삼는 이황의 의식이 여기서도 움직인다.

하긴 눈 깜빡이는 동안에도, 쉴 때에도 일거수일투족을 다 자기를 경계하고 반성하는 채찍으로 쓰고자 한다면 책상 양옆에 반성하는 글을 적어놓는 것으로 충분치는 않을 것이다. 무엇보다도 마음에 적어놓는다면 언제 어디서나 동행할 수 있으니 이 방법 외에 효과적인 것은 따로 있을 수 없지 않겠는가?

"내가 비록 늙기까지 배운 것은 별로 없지만 어려서부터 성현의 말을 깊이 믿어 영광과 오욕 따위에 구속되었던 적이 없고, 색다른 설을 세워 사람들을 괴이쩍게 만든 적도 없었다. 만약 배우는 사람이 영광과 오욕을 두려워한다면 스스로를 세울 수 없을 것이다. 또 안으로 공부가 없는데 급하게 새로운 설을 세운다면 여러 사람이 괴이하게 여길 것이고 스스로 보전하기도 어려울 것이다. 중요한 것은 배우는 자는 모름지기 단단하고 확실하게 해서 근거를 지킬 수 있어야 한다는 점이다."(김부륜)

권1 「학문」

인간에게 공부만큼 빛나는 훈장은 없다. 공부는 인간을 위대하게 만들어주는 길, 한갓 동물에 지나지 않는 인간을 신이 되게 이끌어갈 수 있는 길이다. 그 공부가 얼마나 투철하냐에 따라 인간은 무엇이라도 될 수 있다. 이를테면 생활의 명인들에 대한 이야기를 들어보자. 인간이 한평생을 쏟아부어 무엇을 이룰 수 있는가에 대한 해답이 바로 거기에 있다. 육신이 익히는 기능만 그러한 것이 아니다. 정신이 익히는 덕성 역시 그러하다. 정신은 두뇌 또는 마음에 길을 열고 찰나의 쉼도 없는 자기반성과 성찰을 통해 빼어난 인격을 만들어낼 수 있다. 육체의 기능은 눈에 보이는 것이기 때문에 하기 쉬운 반면, 정신의 길은 표시도 없고 흔적도 눈에 포착되지 않

기에 하기 어려운 일이라는 차이는 있다. 그러나 어렵다고는 해도 나아갈 길이 있는데 지레 포기한다는 것은 부끄러운 일이다. 길이 있다면, 어려울수록 해볼 가치가 있다.

그러나 길을 가는 사람이 경계해야 할 것은 언제나 성실함을 잃지 말아야 한다는 점이다. 마음의 성실함을 바탕으로 공부의 길을 걸어나가는 사람이라면 밖에서 오는 명예나 오욕 같은 것에 휩쓸리지 않을 것이고, 스스로 멋있게 보이고자 하는 헛된 욕망에도 길을 내주지 않을 것이다. 공부하는 태도와 성취의 정도는 남에게 속일 수 있지만, 자신에게만은 속일 수 없다. 남의 눈에 보이는 내 모습에서 부끄러움의 여부를 찾기 시작하면 공부는 그 사이에 실종되어 없어지고 만다. 스스로의 마음으로 아는 내 모습에서 부끄러움을 찾아, 언제나 탄탄하고 투철하게 행해나가지 못하는 자신을 부끄러워할 일이다. 부끄러움이란 자신이 할 수 있는 최대의 노력과 자신이 보여주는 지금의 노력 사이에서만 움직이는 것이어야 한다. 그렇게 된다면 남는 것은 오직 시간의 문제뿐일 것이다.

【 남명집 1 】 원문 90

안을 밝게 유지시켜주는 것은 경건함이요
밖의 허물을 끊어주는 것은 의로움이라

「본집」

부끄러워야 사람이다

남명 조식은 직정直情의 사람이었다. 학자가 되고 군자가 되기보다는 지사가 되고 열사가 될 품성을 더욱 많이 갖추고 있는 인물이었다. 그런 남명에게서 우리는 칼에 새긴 명문을 본다. 선비에게 칼은 어울리지 않지만, 남명만은 예외다. 남명은 누구의 시선 앞에서라도 꺼릴 것이 없기 때문이다. 조선 성리학의 완성기인 16세기를 살았던 그가 남명이라는 호를 내세우는 것부터가 그런 성품을 유감없이 드러내는 것 아니겠는가? 16세기는 이황과 이이의 시대이고, 바로 남명 조식의 시대다. 조식은 이황과 같은 해에 태어나서 이황보다 2년을 더 살고 타계했다. 그는 영남의 학문을 이황과 위아래로 양분하여 16세기를 조선 성리학의 시대로 만들어 가는 데 일정한 역할을 했다. 그런 그가 『장자』 첫머리에 나오는 '남명'을 호로 쓰는 것부터가 시대의 시선을 별로 의식하지 않는 그의 독자적이고도 자유로운 정신을 보여준다. 남명 정신의 핵심은 그 자유로움과 거침없음에 있다.

남명은 자신의 검에 위의 두 구절을 새겨 스스로를 채찍질하는 도구로 썼다. 경건함과 의로움을 날선 검처럼 쓰려는 의식을 이 명문은 담고 있다. 경건함과 의로움은 유학에서 안과 밖을 바르게 지키는 덕목으로 항용 사용되어왔다. 대저 이 경건함과 의로움은 '지키려는 것'이 있고 '막으려는 것'이 있게 마련이다. 지키려는 것은 본래의 성실한 마음이다. 막으려는 것은 사사로운 욕망이다. 도덕은 본래의 성실한 마음을 근거로 하며 사사로운 욕망과 대척점에 놓인다. 사사로운 욕망은 가까이 있는 내 작은 이익에 걸려 있기 때문에 손쉽게 우리 마음을 장악할 수 있다. 그 대척점에 놓이는 본래의 성실한 마음은 나의 먼 이익과 연결된다. 그것은 멀리 있는 이익이므로 비록 큰 것이라 해도 내 이익이 아니라 손해로 여겨질 수 있다는 특징을 지닌다. 그러므로 우리 마음은 멀리 있는 큰 이익보다는 가까이 있는 작은 이익에 쉽게 기울어지곤 한다.

그 쉽고 어려움을 어떠한 상호관계로 만들어가느냐 하는 것은 인격의 성숙 정도를 반영한다. 가까이 있는 작은 이익에 휩쓸려가서 멀리 있는 큰 이익을 돌아보지 못하는 것은 미숙한 인격을 드러내는 것이고, 부끄럽기 그지없는 일이다. 그 부끄러움으로부터 벗어나는 방법은 멀리 있는 큰 이익을 불러들이는 길을 만드는 것인데, 그 점에서 바로 경건함과 의로움이 중요한 역할을 한다. 남명은 그것을 칼날 같은 의지로 쓰고자 하여 검에 새겨 옆에 두었던 것이다. 검은 성숙한 인격을 이루고자 하는 남명의 날카로운 의지를 반영하는 놀라운 하나의 상징물이었다.

【남명집 2】 원문 91

집에서 벗어나면 시리게 하얀 몸체 뿜어내네
서릿발 기세가 넓고 차가운 하늘을 가르며 흐르누나
견우성 북두성 벌려 서 있는 땅에
정신은 노닐어도 칼날은 노닐 새 없어라

「본집」

남명 조식은 자기 자신이 패검명을 곁에 두고 있었을 뿐만 아니라 지인들에게 써서 주기도 했다. 이 구절은 남명이 이준민의 사위인 조원이 장원급제했을 때 검에 써서 선물로 건넨 것이다. 그런 점에서 여기 흐르는 정신은 앞의 패검명에서 보는 것과 동질적이라 하겠다. 다만 둘 사이에 차이가 있다면 앞의 것은 유학적 수양의 덕목을 분명히 내걸고 있지만 뒤의 것은 보다 우회적이고 상징적인 방식으로 하나의 이미지만 내세우고 있다는 점이다.

칼날이 갖는 이미지는 서릿발 같은 기세다. 서릿발 같은 그 예기 위에 한 목숨이 걸려 있는 것이다. 칼이 그 쓰임새를 가지려면 서릿발 같은 예기를 지키고 있어야 한다. 예기가 무너지면 칼은 쇠몽둥이와 다를 바 없다. 무사는 칼을 앞세워서 적과 만난다. 적을 베면 자신이 살고, 적을 베지 못하면 자신이 죽는다. 이 백척간두의 위기 앞에서 무사가 믿을 것이라고는 자신이 평소에 그 칼에 불어 넣었던 예기뿐이다. 이 순간의 삶과 죽음을 그 칼날의 예기가 결정하니, 평소에 무사는 칼이 예기를 잃지 않도록 쉼 없이 벼려놓지 않으면 안 된다. 적과 만나는 때는 결정적인 한순간이지만, 그것은 언제라도 찾아들 수 있기에 무사는 잠시도 방심할 수 없다. 남명이 취하고 싶어했던 것은 이 치열함이다.

검은 실제의 목숨을 걸고 있다는 점에서 치열함이 보다 현실적이다. 검을 앞에 두고 치열함이 무너진다면 그 자리에는 부끄러움이 들어설 새도 없다. 그대로 한 목숨이 죽어나간다. 그렇기 때문에 칼의 예기를 닦는 무사는 쉬는 법이 없다. 그러나 남명 조식은 이 칼의 예기를 내세워 우리에게 질문을 던진다. 정신에는 놀 사이가 없는데 칼은 어떠한가? 정신에 놀 사이가 있다면 그것은 성인과 짐승을 놓고 자신과 대면하는 선비라고 할 수

없다. 성인을 목표로 두고 자신과 대면하는 선비는 칼의 예기처럼 정신의
예기를 가꾸는 사람이다. 정신의 예기가 무뎌져서 짐승의 면모를 보인다
면 부끄럽기만 할 뿐 그 잘못을 회복할 여지는 주어지는가? 남명의 세상
에서는 선비에게 그러한 여유가 주어지지 않는다. 정신의 예기가 무너지면
곧 한 선비가 죽어나간다. 과연 선비는 무사보다 더 여유를 지닐 수 있는
존재인가? 조식의 답변은 패검을 상징으로 사용하는 순간에 이미 아주
분명하게 주어져 있다.

【 남명집 3 】 원문 92

신의를 다하고 삼감을 다하며
사악한 생각을 막고 성실함을 지켜라.
산처럼 우뚝 서고 못처럼 깊이 담아
봄날의 영광을 환히 빛나게 하라.

「본집」

남명의 패검명에는 절박함과 삶의 전부를 거는 듯한 결연함이 있다. 이
것은 의지를 시퍼런 칼날 위에 세우는 것이니, 소스라치듯이 긴장하여 일
상을 살아가는 삶, 전쟁터에 선 장수의 위험한 세월을 눈앞에 펼쳐놓는 것
과 같다. 도덕적 자아를 가꾸어감에 있어서 이런 결연함을 갖추는 것은 중

부끄러워야 사람이다

요하다. 한편 결연함은 도덕의 끈이 해이해졌을 때 자신을 화들짝 깨어 일어나도록 채찍질하는 데는 좋지만, 일상을 등에 지고 살아가는 데 있어서는 힘에 부칠 수밖에 없다. 인생은 치열함과 여유로움을 동시에 필요로 하는 전장이다. 치열한 전투만을 치러내는 전장이라면 그 과도한 위기감이 우리를 강박하여 무너뜨리기 십상일 것이다. 치열한 전투는 여유로운 날들을 기대하며 타고 넘고, 여유로운 시간들은 치열한 전투를 예비하며 검속해내는 것이 인생이다. 이 둘은 서로를 도와 우리를 인생으로부터 실족하지 않게 돕는다. 남명에게 패검명이 치열함을 이끌어내는 장치라면 그 반대쪽에 놓이는 것, 여유로움을 배경으로 하는 장치는 이 좌우명이리라.

물론 좌우명과 패검명을 전투적인 것과 일상적인 것으로 서로 짝을 이루어 보는 것이 적절치 않다고 할 수도 있다. 여기 좌우명에서 보듯이 남명에게는 좌우명조차 무겁고 강력했기 때문이다. 높은 산처럼, 깊은 못처럼 스스로를 큰 사람으로 만들어가려 했던 남명의 의식은 좌우명에서도 강력한 웅변으로 나타난다.

【 남명집 4 】 원문 93

혀는 말이 새 나오는 곳이고
가죽은 물건을 묶어놓는 것이다.
살아 꿈틀대는 용을 결박하여
아무것도 자리잡을 수 없는 깊은 사막 속에 감추어두라.

인간의 욕망은 마음속에서 자라난다. 욕망이 자라나게 마음을 쓴다는 것은 부끄러운 일이다. 한편 욕망이 마음속에서만 움직이고 밖으로 드러나지 않는다면 이는 개인의 내밀한 문제로 끝나고 만다. 이것이 문제가 되는 것은 밖으로 드러나 세상 속에서 움직이기 때문이다. 욕망이 밖으로 나오면 그것은 구체화되고, 실현되려 하기 마련이다. 그 말씀과 생각은 당연히 다른 사람들에게도 전해진다. 그렇게 하여 개인적·사회적 문제를 일으키는 것이다.

마음속 내밀한 욕망이 그저 스쳐 지나가는 상념으로 그치지 않고 마음밭에 조그만 뿌리를 내리면 이내 마음밭에서 덩치를 키워나가고, 마음 밖으로 비집고 나와 세상에 얼굴을 들이밀게 된다. 마음 밖으로 나오는 경우를 두고 말할 때, 가장 처음 보여주는 양상은 말로 표현된다는 것이다.

말은 개인의 내밀한 속마음이 밖으로 모습을 드러내는 창구다. 그것이 선한 마음이라면 밖으로 모습을 드러내도 문제를 만들어내지 않는다. 반면 나쁜 욕망은 모습을 드러내는 순간 그 나쁜 면을 적극적으로 확장하고 진화시켜나간다. 그러므로 마음속 생각이 말을 통해 밖으로 드러나는 순간은 성찰과 반성이 집중되어야 할 때다. 남명은 이 구절에서 이런 측면에 주목한다. 말이 행해지는 것을 검속하고 통제하려는 적극적인 의식으로부터 이 구절이 나왔다.

여기서 그것을 혁대에 명문으로 쓰는 것은 나름의 의미를 갖는다. 혁대

부끄러워야 사람이다

는 한 몸을 검속하는 도구다. 욕망은 한 몸의 이익과 연관되어 있다. 혁대로 한 몸을 검속하듯이 욕망이 말로 자라나는 과정을 막으려는 것이 조식의 의지다. 말은 생각의 옥토다. 생각은 말을 만나지 못하면 사막에 뿌려진 씨앗처럼 뿌리를 내리지 못한다. 그러나 생각이 말을 만난다면 생각은 그 정체가 분명해지고, 그 자신을 키워낼 근거를 갖게 된다. 나쁜 생각이 말을 만나 입 밖으로 나오는 것은 그것이 본격적으로 성장하고 확장되는 단계로 들어감을 뜻한다. 나쁜 생각이 움직이면 서둘러 찾아 없애야지 거기에 말을 부여하고 뿌리를 드리우게 하여 더 클 수 있게 한다면 부끄러운 일이 아니겠는가. 조식의 혁대명에서 움직이고 있는 정신은 바로 이런 것이다.

【 남명집 5 】 원문 9 4

연못에 물이 없으면 곤란한 일이 생기니 물고기와 용이 배를 드러내게 된다. (살펴야 한다.)
구름이 드리운 듯 제방이 만장이나 된다 해도 개미굴 하나로 무너지게 된다. (본래 가지고 있는 성실한 성품을 그대로 지키고 있는지 살펴야 한다.)
시동과 용처럼 (활력을 갖추고 있고) 연못과 우레처럼 (활발하게 움직일 수) 있어야 한다. (생사의 길이 열리는 첫머리이다.)
입에서 내놓는 모든 말을 다 성실함을 담을 수 있게 닦아야 하고

2장 원전과 함께 읽는 '부끄러움'

(그 말에 따라 천 리 밖에서도 응해오거나 떠나가거나 한다.) 아무 말이나 입에서 내놓지 않도록 호리병 주둥이처럼 단단하게 지켜야 한다. (중추적인 기틀이니 영광과 오욕이 이에 따라 천지에 울리게 된다.)

(잘 살펴야 한다.) 살피고 있을 때에나 아무 생각 없이 있을 때에나 충실하고 신뢰할 수 있는 마음을 주인으로 삼는 상태를 이루어야 한다.

「본집」

이것은 위의 혁대명과 짝을 이룬다. 혁대명 역시 말을 검속하는 것을 중심에 두며, 이 신언명 또한 그러하다. 그만큼 남명이 아무렇게나 말하고 욕심을 담아서 말하는 것을 부끄러워하며 경계했음을 뜻한다고 하겠다. 위의 혁대명에서는 말의 씨앗이 자라는 것을 묶어 고사시킴으로써 마음밭에서 마치 사막에 있듯 그 씨앗이 자리잡지 못하게 하려는 것을 내용으로 했다. 그러므로 그 말은 나쁜 말임을 전제하고 있다.

나쁜 말은 혁대로 몸을 검속하듯이 묶어서 자라나지 못하게 하면 그뿐이다. 그만큼 부끄러워할 이유도 대상도 분명하기 때문에 막는 방법도 단순명료할 수 있다. 그렇지만 말은 인간의 표현이다. 생각이 우리의 일신 밖으로 나오기 위해서는 말을 통하거나 몸을 통하는 방법밖에는 없다. 몸을 통하는 것은 성격을 분명하게 드러내지 않는다. 말을 통하는 것도 불명료한 부분이 있지만, 다른 것에 비하면 어느 정도 성격이 분명하게 드러나는

부끄러워야 사람이다

것은 이것뿐임을 알 수 있다. 그런데 우리는 자신의 마음속만 가지고 세상을 살아가지 않는다. 우리 밖과 연관된 삶을 살며, 불가피하게 바깥과 관계를 가져야만 한다. 그러므로 우리는 우리 밖을 향해 말하고, 주장하고, 보여줌으로 인해 우리의 어떤 부분을 갖게 된다. 평생을 묵언수행하는 스님이라도 말로 자신을 표현할 일은 반드시 있다. 여기 신언명에서 남명은 우리가 해야만 하는 말까지 담아서 스스로를 검속하고 경계하는 방식을 만들어놓고 있다. 혁대명이 있는데 신언명이 또 필요한 이유가 여기에 있다.

【남명집 6】 원문 95

태일진군太一眞君. (사악함을 막으면 한결같아지고, 욕심이 없으면 한결같아진다. 예의는 반드시 태일에 근본을 두니, 사악함을 없게 하는 것이 그 준칙이다. 충효의 마음으로 그것을 섬겨야 한다.) 명당에서 정사를 펼치는데, 안에서는 내정을 총괄하는 총재가 주재한다.(보존하는 것이다.) 밖에서는 외정을 총괄하는 백규가 살핀다. (물어서 배우고 생각하여 분별하는 것은 사물을 만나는 자리에서 이치를 찾아나가는 것이니, 밝게 갖추고 있는 덕을 밝게 구현하는 첫 번째 공부다. 이것은 총체이다.) 뼈대를 이어받아 내보내고 모아들인다. (세분한 것이니 선을 가려 알고 지식을 지극하게 하는 것이다.) 충실하고 신실하게 만든다. (5상의 실제적인 이치는 터럭 한 오라기만큼의 속임도 없는 것이다. 음식에 해당된다.) 닦는다. (몸을 닦는

2장 원전과 함께 읽는 '부끄러움'

다고 할 때의 닦음이다.) 감사한다. (굳게 지켜서 힘써 행한다. 진흙에 새겨진 바퀴자국을 따르듯이 따라 배우는 것이다. 어느 곳에서나 그런 배움을 반복하는 것이다.) 네 글자 부적을 내놓아본다. (조화롭게 하고, 항구적으로 계속되게 하고, 곧게 하고, 척도에 맞게 한다. 예가 쓰는 것은 조화로움이다. 조화로움은 딱 들어맞게 하는 것이다. 행함에 있어서 믿음직하게 하고 흔들림이 없도록 삼가면서 하는 것이 항구적으로 계속되게 하는 것이다. 항구적으로 계속되게 하면 오래 이어갈 수 있다. 혼자만의 마음속에서 움직이는 것들을 삼가는 것이 바르게 하는 것이다. 자로 재서 맞추는 것이 척도에 맞게 하는 것이다.) 백 가지 해서는 안 되는 것을 깃발에 써서 세운다. (인자로운 일을 행하는 방법이다. 행해야 할 것을 알고, 갖고 있는 것을 살펴 보존하는 것이다. 부여받은 천명을 이어가는 것이다.) 아홉 구멍이 작동하는 사악함도 세 가지 요체에서 처음 발동한다. (자기를 만들어 갖게 하는 것이다.) 미미한 데에서 움직임은 시작된다. (기미다.) 용감하게 극복해야 한다. (사악한 것을 막는 것이다.) 배움으로 나아가 없애야 한다. (극복하는 것이다.) 붉은 벽돌로 만든 단에 올라 명을 받들어야 한다. (성실함을 보존하여 지극히 선한 곳에 언제나 머물러 있어야 한다.) 요순을 일월처럼 받든다. (사물을 바르게 알아 지극한 앎을 갖추고 예로 돌아간다.) 세 관문을 닫아두니 맑은 들이 끝없이 펼쳐진다. (함양하는 것이다.) 되돌아 순일한 마음으로 복귀한다. (거기서 머물러야 한다.) 시동과도 같이 기다리며 서 있고, 연못과도 같이 깊이 담고 있어야 한다. (함양하

부끄러워야 사람이다

는 것이다.) 충실하게 하고 믿음직하게 해야 한다. (바로 이 마음이 있어야 덕으로 나아갈 수 있다. 충실하게 하고 믿음직하게 하는 것으로 일관한다면 자기를 온전하게 구현하고 만물을 다 한 몸에 담을 수 있으니, 스스로의 내면에서 나온 것이 사물에서도 구현된다. 진실로 이와 같은 것이 있다면 마음은 아주 성실하여 잠시도 흐트러지는 법이 없어진다.) 솥과 시루를 깨뜨리고 오두막집을 불태우고 배와 노도 불사르고 3일 먹을 식량을 지고 떠나며 사졸에게 죽어도 돌아오지 않을 각오를 보여주어야 한다. 마음이 이와 같을 때 바야흐로 사악한 것을 섬멸할 수 있게 된다. 모름지기 마음 바탕에서 땀 흘려 이룰 공을 거두어들여야 한다.

나라에 두 임금 없고 마음에 두 주인 없다. 삼천 가지 많은 일도 오로지 하나로 모아지니 억만 가지로 갈라지면 넘어져 엎어지리.

사악한 것은 막아서 본디 것을 보존하고, 닦아서 감사하는 마음으로 세워놓으며 정밀하고 순일한 것에서 구하여 경건한 마음으로 들어가라.

마음의 소리는 메아리와 같고 그 흔적은 인장과 같아라. (이상의 세 명銘은 제목이 없다.)

송나라 시대의 『태극도설』 이후 그림은 유학의 역사에 들어와 본격적인 기능을 수행한다. 반도의 유학자들에게 있어서도 마찬가지다. 이들 유학자 가운데 그림으로써 자기 사상을 표현하기 시작한 인물이 누구인지는 정확히 알지 못한다. 어쨌든 권근의 『입학도설』로부터 본격화된 것이 아닌가 짐작할 뿐이다. 이것은 조선 성리학자들에게 이어져 내려와 이황의 『성학십도』로 제출되기도 했다. 여기서 우리가 보는 것은 조식의 「신명사도」이다. 이 그림은 조식 철학의 체계를 총체적으로 보여준다.

그림에서 보듯이 신명사에는 태일진군이 산다. 이 신명사를 둘러싸고 울타리가 쳐져 있으며, 세 개의 관문 즉 목관目關, 이관耳關, 구관口關이 가설되어 있다. 이관과 목관은 감각기관을 대표한다. 보고 들어서 밖의 정보를 가지고 들어오는 것이다. 태일진군은 이 보고 들은 것으로 생각을 만든다. 그러니 태일진군은 다른 존재가 아니라 마음임이 분명하다. 마음은 대장깃발을 날리며 버티고 앉아 바깥세상의 모든 기미를 관찰한다. 꿈도 귀신도 그 관찰로부터 벗어나지는 못한다.

태일진군은 공경함을 도구로 삼아 천덕天德과 왕도王道의 길을 걸어나간다. 그것은 반드시 군왕의 덕목을 익히는 일이라고 할 수는 없다. 마음은 한 몸의 군왕이고, 한 몸이 갖는 여러 분야에서 하늘의 덕을 보이고 왕의 도리를 구현해야 하는 존재이기 때문이다. 이 공경함을 총재로 삼아 언제나 바른 상태를 유지·보전해야 하는 것이 태일진군, 마음의 임무다. 이 임무는 인간이라면 지지 않아서는 안 된다. 마음의 바름이 유지·보전되면 그것이 구관, 즉 입을 통해 잘 드러나게 살피고 규찰하는 일 역시 마음의 공경함이 수행해야 한다. 스스로를 드러내고 다른 이들과 관계를 맺는 등의 백 가지 일도 다 이것으로 규찰하여 언제나 지극한 선을 드러내고, 한순간도 그 선으로부터 옮겨가지 않게 노력할 일이다. 인간다움이 여기에 있고, 우리의 마음이 이런 경지에까지 이를 권능을 갖추고 있기 때문이다.

부끄러워야 사람이다

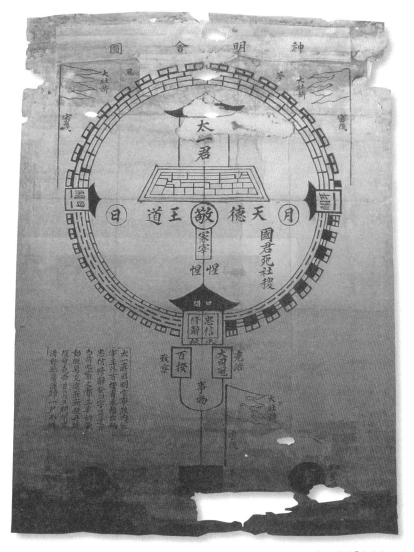

⊙ 조식의 「신명사도」

물론 그 권능을 완벽하게 구현하는 것은 쉽지 않다. 그렇지만 요순같이 뛰어난 인간은 할 수 있는데 같은 인간인 우리가 하지 않거나 못 한다는 것은 부끄러운 일이 아닌가? 남명의 치열한 수양론은 이 점을 부끄럽게 여기는 한 줄기 생각에서 출발한다.

> 천 석들이 종을 좀 보시오
> 크게 치지 않으면 소리도 내지 않아라
> 두류산 같게 되기를 다투노니
> 하늘이 울더라도 오히려 소리 하나 내지 않지
>
> 「본집」

남명 조식은 크게 보고 멀리 나아가는 데 목표를 둔 인물이다. 그는 자질구레한 이해관계에는 꿈쩍도 않는 인격의 무게를 갖추기를 소망한다. 여기 단순한 몇 구절로 이루어져 있는 짧은 시는 그러한 남명의 지향을 분명히 보여준다. 천 석들이 종, 두류산 같이 큰 덩치를 지닌 존재─ 그것은 하늘이 우는데도 오히려 끄떡 않고 자신의 자리를 지키고 있는 인격을 상징한다.

무릇 우리를 움직이는 이해관계는 자질구레한 것들이다. 사소한 이익

이야말로 우리가 떨쳐버리기 어려운 유혹이다. 우리는 그것이 사소하다는 것을 알면서도 휩쓸려가고 만다. 그만큼 우리의 인격이 가벼운 탓이다.

그런데 남명은 우리 자신이 위대해질 수 있는 가능성을 본다. 그는 하늘 조차 오히려 그 자신에 비해 보면 가벼운 존재일 수밖에 없는 세상을 꿈꾼 다. 그렇게 그가 만들어가려는 인격은 위대한 것이다. 그런 위대함으로 나 아갈 수 있는데 작은 이해관계를 좇아 이리 뛰고 저리 뛰며 어지러운 소리 를 만들어내느라 바쁘다면 부끄러운 일이다. 이 시는 그렇게 위대한 자신 을 겨냥하는 그가 그 자신의 가볍게 움직이려는 마음을 향해 울리는 경종 이다.

【 남명집 8 】 원문 97

불사약을 먹고 장생하기를 바라더라도
고죽군의 아들같이 되지는 못하지
수양산 고사리만 먹고 지냈지만
만고에 죽지 않는 사람 되었네

「본집」

진실로 큰 사람, 위대한 인격이 되려는 것은 어떤 철학을 바탕에 두느냐 에 따라 그 성격과 내용이 달라진다. 철학은 하나의 세상을 열고 닫는 문이 된다. 여기 조식의 시에서는 큰 사람 되는 것이 영원히 사는 것을 중심으로 특수화되어 있다.

영원히 사는 것은 도교의 꿈이다. 도교는 불멸하는 신선을 추구하여 양생에 매달리고, 불사의 약을 찾아 나선다. 그러나 그것은 조식의 꿈과는 상관없다. 조식은 몸의 장생을 추구하는 것에는 관심을 두지 않는다. 그의 시선은 그 너머를 본다. 몸의 장생 여부만으로는 위대한 인간과 부끄러운 인간으로 갈리는 비밀의 문이 열리지 않는다고 조식은 생각한다. 설령 영원히 사는 몸을 이루었다고 해도 조식에게 그것은 부럽잖다. 그가 부러워하는 것은 백이와 숙제다.

고죽군의 아들인 백이와 숙제는 수양산 고사리를 뜯어먹고 살다가 죽었다. 망한 나라의 유민으로서 새로 선 나라의 식량을 먹고 목숨을 이어가지는 않으려는 절의의 정신을 구현한 것이다. 조식은 바로 그런 정신을 부러워한다. 조식은 백이와 숙제가 그 절의를 구현함으로써 만고에 죽지 않는 사람이 되었다고 찬양한다. 역사 속에서 그 자신의 위대한 이름이 사라지지 않는 위대한 행동을 이루는 것, 조식이 꿈꾸는 사람의 모습은 바로 거기에 있다.

【 남명집 9 】 원문 98

온몸에 40년 전부터 낀 때
천 섬들이 맑은 계곡 웅덩이에서 다 닦아내네

부끄러워야 사람이다

티끌이 만약 내 오장에 묻어 있다면
당장이라도 배를 갈라 물에 흘려보내리

「본집」

이 시는 기유년(1549) 8월 초에 지은 것이라고 한다. 거창과 합천 사이에 있는 감악산에 함양 사람 임희무, 박승원 등과 같이 놀러 가서 계곡 물에 몸을 닦고 지었다는 것이다. 조식이 1501년생이라는 것을 감안하면 우리는 이때 조식이 40대의 마지막 지점에 이르렀음을 알 수 있다. 50을 바라보는 나이, 공자식으로 말하면 지천명이 내일모레인 때다. 전통 시대에는 이 나이가 아마도 인생의 만년으로 접어드는 때라 할 수 있을 것이다. 그러니 감회가 새로울 수밖에 없다. 더구나 골짜기의 너른 소에 들어가서 차가운 물에 온몸의 속진을 털어냈음에랴. 조식에게는 속진을 씻어낸 뒤의 청량감이 온몸의 구석구석까지 훑고 지나가는 것이 실감되었으리라.

그러나 조식은 몸을 바라보는 이가 아니다. 그는 자신의 내면을 바라보는 사람, 마음을 깨끗이 유지하기를 꿈꾸는 사람이다. 몸의 속진을 씻어낸 뒤 그는 자기 내면에도 더러운 것들이 끼어 있지나 않을까 걱정한다. 오장에 더러운 것이 끼었다면 배를 갈라서라도 씻어내고 싶다고 그는 선언한다. 그것은 목숨을 건 결연함이다. 물론 말은 그렇게 하지만 그가 겨냥하는 것은 오장이 아닌 마음이다. 혹여 마음에 더러운 것이 묻어 있다면 물로 닦아내서 될 일이 아니다. 그것은 성찰과 반성, 경건함과 성실함을 익힘으로써만 씻어낼 수 있는 것이리라.

2장 원전과 함께 읽는 '부끄러움'

골짜기 안에 들어서자 산 모양이 달라지네

물가를 따라 경치는 더욱 색다르네

깊은 숲은 더위를 잊게 하고

시냇물 소리 발길을 멈추게 하네

너럭바위 줄을 서서 신발은 자꾸 미끄러지고

구름과 언덕은 그늘을 만들어 나그네를 머물게 하네

맑은 정취 담은 시 한 수를 다 읊조리기도 전에

티끌세상 향해 달려가는 마음 부끄럽구나

권1

조선의 선비들에게 자연은 '욕망으로부터 벗어난 성실하고 충실한 마음'을 만나게 하는 장소였다. 세속적인 것과 자연적인 것은 서로 대비되는 두 지점을 차지하고 있다. 그런 까닭에 수양과 공부를 위해 조선의 선비들은 산속 자연을 찾아 들어가곤 했다.

인적이 끊긴 깊은 산속에 들어설수록 자연은 세속의 마음을 씻어주는 데 더 큰 권능을 베푼다. 여기 율곡 이이의 시에서도 우리는 깊은 산속으로 걸어들어가 마주하는 신선한 자연의 모습을 볼 수 있다. 그 속에 들어가서 시내와 바위, 구름과 시내를 즐기는 나그네는 세속의 이해관계를 벗어나 자연의 고적함과 여유로움을 받아들이게 된다. 그리하여 맑고 깨끗한 자연이 마음속으로 밀려들어오며, 그렇게 자연을 받아들이는 마음이 저절로 뽑아내는 한 수의 시를 읊조리게 된다. 그런 여유를 즐기는 것은 그런 마음이 된 것이고, 그런 사람이 된 것이라고 할 수 있다.

　율곡은 그런 마음을 갖춘 사람이 되기를 바란다. 그러나 율곡의 마음은 그 한 끝이 티끌세상에 매달려 있다. 그러므로 자연을 즐기고 읊조리는 것에 집중할 수 없다. 그런 그의 마음속에 세속의 일이 자꾸 끼어들어와 세상으로 돌아갈 시간이 되었음을 알려오기 때문이다. 율곡은 그것을 부끄럽게 생각한다. 자연의 사람이 되지 못하고 세속의 사람이 되어 있음을 부끄러워하는 율곡의 의식이 움직이고 있기 때문에, 그는 세속으로 들어와서도 자연을 떨쳐버리지 못하고, 세속의 이해관계에 매몰되지 않을 수 있었으리라. 이 시는 그렇게 세속의 사람이면서 자연 앞에서 스스로를 부끄러워하고, 세속에서는 또 자연을 놓지 못하는 율곡 마음의 지향을 알려준다.

【율곡전서 2】 원문 100

걷고 걸어 나아가고 나아가니
하수의 물가에 이르렀다 하네
하수는 드넓게 펼쳐져나가고
검은 물결은 천 장 깊이를 감추고 있네
건너려 하지만 배와 노는 보이지 않고

저무는 태양만 빈 하늘에 내려와 있네

우리 도는 어디로 가야 하는 걸까

하늘의 뜻은 오묘해서 살펴 알기 어려워라

기린과 봉황이라도 머물 자리를 찾지 못하면

한 마리 짐승, 한 마리 새와 무엇이 다를 건가

얻고 잃는 것은 천명에 달려 있는 것

돌아가자꾸나, 나를 막는 것이 누구인가

아름답구나, 저 하수의 물결

실로 공부자의 마음을 얻었으리니

권1

공자는 위나라에서 자리를 잡지 못하고 다시 진나라의 조간자를 만나기 위해 서쪽을 향해 길을 나섰다. 하수 가에 이르렀을 때 그는 진나라의 조간자가 그를 위해 헌신하던 보명독寶鳴犢, 순화舜華 등의 충직한 신하들을 죽였다는 소식을 듣는다. 공자는 하수 가에서 탄식한다. "아름다운 물결, 도도하게도 흐르는구나! 구가 이 물을 건너지 않은 것은 천명이로다!" 자로가 나서서 무슨 뜻인지를 묻는다. 공자가 말한다. "보명독과 순화는 진나라의 현명한 대부다. 조간자가 뜻을 얻지 못했을 때는 이 두 사람의 뒤를 따라 정사를 이끌었는데 이제 뜻을 얻자 그들을 죽이는 것으로 정치를 이끄는구나. 구가 듣기에 태를 가르고 아이를 죽이는 곳에는 기린이 그 들판에 이르지 않고, 연못이 마르고 잡을 물고기가 없어진 곳에서는 교룡

부끄러워야 사람이다

이 음양의 조화를 부리지 않고, 둥지를 엎어 새의 알을 깨는 곳에서는 봉황이 날아오르지 않는다고 하였다. 어째서 그러하겠는가? 군자는 그 같은 부류를 해치는 자리를 피해야만 한다. 무릇 새나 짐승들조차 불의를 행하는 곳은 피해갈 줄 아는데 하물며 구는 더 그러해야 하지 않겠는가?"이에 공자는 조간자를 만나러 가기 위해 하수를 건너지 않고 되돌아갔다.

이 이야기는 『사기』「공자세가」에 기록되어 있다. 이 이야기에서 하수는 그저 공자가 진나라의 실정을 듣는 장소로서만 나온다. 그러나 공자는 거기서 발걸음을 멈추고 강물을 건너지 않도록 천명이 작용한 것이라고 이해한다.

공자가 만났던 이 하수는 30대의 이이 앞에도 가로놓여 있다. 정묘년(1567)이니 1536년에 태어난 이이의 나이 30대 초반의 일이다. 이이는 하수의 물결이 당시에 공자의 마음을 알았으리라고 생각한다. 천명을 알고 받아들이는 것, 그리하여 적절히 머물 자리를 찾아 처신하는 것을 공자의 고사를 빌려 배우려는 것이다.

1567년이라면 명종이 죽고 선조가 등극하던 때다. 세상의 권력이 움직이던 시기이니 아마도 이이의 마음속에 걱정과 염려가 크게 자리잡고 있었을 것이다. 이런 때에 처세를 하면서 부끄러운 일을 범하지 않기 위해 자기를 단속하는 의식이 율곡으로 하여금 이 시를 쓰게 한 것 아니겠는가.

호당에서 밤늦도록 잠들지 못하니

밤기운에 젖어들어 마음이 맑아지네

나뭇잎이 다 떨어진 때이니 가을이 깊음을 알겠고

강물이 맑게 보이니 달이 떴음을 알겠네

성긴 소나무는 책상머리에 그림자를 드리우고

변방을 거쳐온 기러기는 모래밭에 우는 소리 흘려놓네

홍진에 찌든 나그네는 스스로가 부끄러워라

흐르는 물결 앞에서도 갓끈을 빨지 못하누나

권1

이 시는 율곡이 기사년(1569)에 쓴 것이다. 호당에서 밤을 보내며 감상을 적고 있는 것이니, 아마도 벼슬살이 와중에 사가독서를 하던 때의 심경이 담겨 있는 것이리라. 율곡 이이, 아홉 차례의 장원급제를 거쳐 29세에 처음으로 호조좌랑에 임명됨으로써 본격적인 벼슬살이를 시작한 관인이다. 1569년이면 그의 벼슬살이 5년째에 접어들던 때이니 아마 당시 사가독서의 기회를 얻었다면 첫 번째의 휴가 기간이었을 것이다. 관인으로 일에 묶여 있을 때와는 사뭇 다른 여유, 그동안의 관인생활을 돌아보는 기회가 이때 주어졌을 것이다.

이이는 호당의 호젓한 분위기에 젖어 잠들지 못한다. 늦은 가을 밤, 강물 위에 떠 있는 달, 책상머리까지 밀고 들어온 소나무 그림자, 기러기 울음소리…… 하나하나가 다 시인의 감성을 한껏 높여주는 것들이다. 이런 분위기라면 그 속에 도력 높은 선비가 학처럼 고고한 자태를 뽐내며 서탁 앞에 앉아 책장을 넘기고 있어야 제격이다. 그러나 율곡은 이런 장면에서 스스로의 부끄러움을 떠올린다. 자연 속에 깊이 들어서 있으면서도 자연의 사람이 되어 있지 못한 자신을 돌아보는 것이 그의 마음속에 찾아든 부끄러움의 정체다. 자연을 꿈꾸는 관인, 이이의 삶이 놓여 있는 지점이다. 29세 이후 이이는 이러한 마음의 지평으로부터 탈출하지 못한다. 그의 마음속에는 두 사람이 불안하게 동거한다. 한 사람은 자연의 사람이고자 하는 이이이고, 다른 한 사람은 관인으로서 세상을 걱정하는 이이다. 이 시에서도 그는 갓끈을 빨고 싶어하긴 하나 빨지 못하는 자신을 이미 받아들이고 있는 중간자의 모습을 보인다. 앞의 이이의 첫 번째 시에서 보았던 마음의 풍경이다.

관인 이이를 아름답게 하는 것은 관인의 자리를 놓고 물러나 앉지 못하는 자신을 부끄럽게 생각하는 마음이다. 이런 부끄러움이 마음속에 똬리를 틀고 있는 한 그는 아무리 해도 부끄러운 관인이 될 수 없을 것이다.

【율곡전서 4】 원문 102

천리가 사람에게 부여된 것을 성품이라 한다. 성품이 기질과 더불어 하나로 합해져서 사람의 한 몸에서 주재하는 기능을 수행하는 것을 마음이라고 한다. 마음이 사물에 감응하여 밖으로 드러낸 것을 감정이라고 한다. 성품은 마음의 본체이고, 감정은 마음의 작용이다. 마음은 아직 움직이기 전과 이미 움직인 다음을 다 합해서 부르는 이름이므로, 마음이 성품과 감정을 통합한다고 한다. 성품의 요목에는 다섯이 있으니 인의예지신이라고 한다. 감정의 요목에는 일곱이 있으니 희로애구애오욕이라고 한다. 감정이 나타나는 데에는 도의에서 만들어져 나오는 것이 있는데, 그 어버이에게 효성을 다하고자 하고, 그 군왕에게 충성을 다하고자 하고, 우물에 빠지려는 어린아이를 보면 측은해하고, 의롭지 못한 일을 보면 수치스러움을 느끼고, 종묘를 지나가면 공경하는 마음이 생기는 것이 이것이니, 이것은 도심이라고 하며, 입과 몸의 요구로부터 만들어져 나오는 것은 배고프면 먹고, 추우면 입고, 힘이 들면 쉬고, 정기가 왕성하면 내실의 사람을 생각하는 것이 이것이니, 이것은 인심이라고 한다. 이치와 기질은 뒤섞여 있어서 원래 서로 나뉘지 않는 것이다. 마음이 움직여 감정이 생기면, 그것을 만들어내는 것은 기질이나 그것이 만들어지게 하는 이유는 이치다. 기질이 없으면 만들어져 나오지 않고, 이치가 없으면 만들어질 이유가 없는 것이니, 어찌 이치에서 만들어져 나오고 기질에서 만들어져 나오는 차이가 있겠는가.

권14

부끄러워야 사람이다

유학자들은 마음에 대한 연구에 많은 시간을 쏟는다. 인격은 성인의 마음을 이루는 것이라는 입장이 전제되어 있기 때문이다. 그들은 성인이 되는 것을 방해하는 것도 마음이고, 성인을 이루는 것도 마음이라고 생각한다. 그렇게 그들이 생각하는 마음은 이중적이다. 그런 이중적인 마음은 마음을 구성하는 존재론적 요소의 이원성에서 이미 씨 뿌려져 있다. 마음은 이치를 품고 있으며, 기질로 만들어져 있다. 마음이 형체를 이루는 데에는 기질만으로 충분하지만 마음이 작용력을 가지려면 이치가 그 속에 깃들어 있어야 한다. 이것은 성리학자들의 세상 어디에서도 통용되는 논리다. 모든 것은 아무렇게나 지어져 있지 않고 그것 자체의 질서를 갖고 그에 따라 작동하도록 지어졌다. 그러니 모든 것은 이치와 기질을 그 자신의 요소로 갖추고 있는 셈이다. 마음이 특히 문제가 되는 것은 그것이 갖추고 있는 이치가 그 존재성을 결정하는 중요한 의미를 갖기 때문이다.

마음은 하나다. 인간적인 마음이 따로 있고, 도덕적인 마음이 따로 있는 것이 아니다. 있는 것은 사려분별할 수 있는 하나의 마음과 그 마음이 대응해가고 있는 상황뿐이다. 마음이 상황을 받아들여 사려분별한 결과는 감정으로 나타난다. 상황은 도덕을 요청하는 것과 일상적인 반응을 요청하는 것으로 나뉠 수 있다. 앞의 것을 도심이라 하고 뒤의 것을 인심이라 한다. 이것 역시 두 마음이 있는 것이 아니라 마음의 작동 양상과 그 결과를 놓고 볼 때 둘로 나누어 설명할 수 있다는 것에 지나지 않는다.

상황이 두 종류로 나뉜다는 것은 무엇인가?

마음이 바라보고 있는 일이 어린아이가 물에 빠지려는 상황이라고 해보자. 이 상황은 분명한 대응의 방식을 드러낸다. 달려가 위기로부터 구해주는 것이다. 그러니 이 상황은 도덕적 문제 상황일 수밖에 없다. 상황이 요청하는 행위는 결정되어 있고, 그런 행위를 하면 도덕적인 것이 되며, 그런 행위를 하지 않으면 부도덕한 일이 된다. 이런 상황에서는 인간 속에 마련되어 있는 성품이 주도적인 작용을 한다. 그리하여 인의예지신의 감정이 움직인다. 인의예지신의 성품은 이 행위 속에서 작동하는 이치다. 그 이치에 따라 실제로 마음을 일으키고 행동을 수행하는 것은 기질이다.

반면 사탕을 보고 먹고 싶은 마음을 일으켰다고 하자. 이 상황은 대응의 방식을 결정해놓고 있지 않다. 그것을 먹든 먹지 않든, 그것이 아닌 다른 사탕을 먹든, 어떤 것이나 결정되어 있지 않고 어떻게 하든 도덕과는 무관하다. 이런 상황은 마음이 만들어내는 기호가 작동 방식을 결정한다. 그작동 방식 속에서 희로애락애오욕의 감정을 불러일으키지만, 이 감정도그것 자체로는 아직 도덕의 길과는 무관하다. 희로애락애오욕은 이 행위속에서 작동하는 이치다. 그 이치에 따라 마음을 드러내고 행동을 일으키는 것은 기질이다.

결과가 두 종류로 나뉜다는 것은 무엇인가?

어린아이가 빠지려는 것을 보고 달려가서 아이를 물가에서 끌어내 안전한 곳으로 옮겼다면 그 행위는 좋은 일을 한 것으로 찬양받을 것이다. 이미 좋은 일과 나쁜 일이 나뉘어져 드러나 있는 상황이므로, 결과는 그좋은 일이 구현되는 것만 지향하는 것이다. 도덕적 상황이란 이처럼 그렇게 해야 한다는 점이 분명하게 드러나 있는 경우다.

사탕을 보고 먹고 싶은 마음을 일으켜 이를 구해서 먹었다면, 그 상황이 요청하는 행위를 한 것이다. 그 행위의 결과는 그러나 인의예지신의 다섯 덕성과 연결되어 있지 않고, 희로애락애오욕의 일곱 감정과도 확정적으로 이어져 있지 않다. 이것은 직접적으로 일곱 감정과 관계되어 있는 상황이지만, 이 상황 자체는 희를 요청하지도 노를 요청하지도 않는다. 어떤 하나의 감정이 유통되어야 하는 상황으로 결정되어 있지 않다는 말이다. 그렇게 해야 한다는 점이 분명하게 드러나 있지 않으므로 이 상황은 도덕적인 것일 수 없다. 이 상황은 다만 개인의 기호에 따라 선택될 수 있으며, 거기서 비롯된 결과를 지탄하거나 찬양할 수 없다.

전자는 도심이 움직이는 영역이고, 후자는 인심이 움직이는 영역이다. 이황으로부터 촉발된 16세기 조선 성리학의 특별한 지형은 마음의 작용을 이치와 기질로 설명하려는 시도다. 그런 점에서 이황은 이발理發·기발氣發의 논리를 만들어낸다. 이발은 사단四端의 작용 방식인데, 여기 이이의 인심도심설人心道心說의 설명 과정을 통해 보면 오상五常의 작용 방식이라 할 수도 있다. 기발은 칠정七情의 작용 방식이다. 이황이 이것을 하나는 이발로, 또 하나는 기발로 분별해내는 것은 이발로 설명될 수 있는 도덕의 근거를 보다 존재론적 측면에서 굳건하게 만들어줌으로써 도덕의 자기 구현력을 강화시키려는 것이었다.

그러나 이이는 도덕의 존재론적 근거를 강화하는 방식을 인정하지 않는다. 여기 인심도심의 설명 방식에서 이이가 도심이나 인심의 작용 방식을 이치와 기질이 간섭되는 것으로 일원적으로 처리하는 것을 통해서 우리는 그 점을 확인할 수 있다. 그러나 이것은 이이가 이황에 비해서 도덕적 세상을 위한 구조적인 틀을 마련하는 데 소홀하기 때문이라고 할 수는 없다. 이황이 존재론적 차원에서 도덕의 근거를 확립하는 방식을 택하고 있다면, 이이는 작용론적 차원에서 인심이 작동할 때나 칠정이 작동할 때나 가릴 것 없이 이치와 기질이 상호관계를 잘 이룰 수 있도록 세심하게 이끌어가서 도덕적인 세상을 보다 폭넓게 구현하는 것을 요구하고 있기 때문이다.

도덕의 작용 방식을 설명하고 도덕을 구현할 수 있는 마음의 틀을 보다 공고히 만들어나가려는 것은 16세기 조선 성리학의 도덕주의적 입각점이다. 이황과 이이는 다 같이 심성론적 차원에서 이 점에 주목한다. 조식 역시 이 점에서 다르지 않다. 이들에게 있어 도덕을 구현하는 것은 부끄럽지 않은 인간의 삶을 사는 것이었다. 그것에 부여되는 의미가 치열했기 때문에 이들은 그 설명 방식을 만들어내는 일에도 적극적인 노력을 다한다. 여기 이이의 인심도심론에서도 우리는 그러한 의식의 일단을 확인할 수 있다.

【율곡전서 5】 원문 103

인자함은 본래 갖추고 있는 마음의 온전한 덕이고, 예는 천리의 절문이고, 자기는 한 몸의 사사로운 욕망이다. 사람은 이 본래의 마음을 갖추고 있지 않음이 없는데 인자롭지 못해지는 이유는 사사로운 욕망으로 마음이 한가로워지기 때문이다. 사사로운 욕망을 버리려고 한다면 모름지기 몸과 마음을 단정하게 다스리고 한가지로 예를 따른 다음에야 그것을 극복할 수 있으며 예가 회복될 수 있다. 의와 예와 지가 다 하늘의 이치인데 예만 거론하

부끄러워야 사람이다

여 말하는 것은 예가 몸과 마음을 검속하는 것이기 때문이니,
보고 듣고 말하고 움직이는 것에서 다 하늘의 준칙을 따르고 태
도를 갖추고 두루 행함에 있어 모두가 절문에 맞게 된다면 마음
의 덕이 이것으로 온전해지고 의로움과 지혜로움이 다 그 속에
있게 된다.

권14

이 글은 임오년(1582) 겨울에 조사詔使 황홍헌黃洪憲을 위해 지은 것으
로, 극기복례克己復禮에 대한 설명이다. 극기복례란 공자의 이른바 도덕성의
근거가 되는 인자로움에 대한 해석이다. '자기를 극복하고 예로 돌아가는
것'이 어떻게 도덕성의 근거가 될까? 이에 대한 해석은 다양하다. 여기서
우리는 이에 대한 율곡의 해석을 볼 수 있다.

이 논의가 걸려 있는 영역은 사적 욕망과 도덕성 사이다. 이것은 유학이
전 역사를 투입해 해결하려는 주제다. 인간은 사적인 존재로 살아가면서
도덕적 이상을 꿈꾼다. 이 사이에는 분명한 단층이 놓인다. 이 단층을 뛰
어넘는 방법은 결정되어 있다. 사적 욕망으로부터 벗어나고 도덕성을 중심
으로 불러들인다. 이것이 바로 유학이 선택한 방식이다. 그런데 그 선택을
실현시킬 방법이 마땅치 않다. 이것은 분명 마음의 문제인데, 마음에만 맡
겨두기가 어렵다. 성인이나 군자라면 마음에 맡겨두는 것으로 충분할 것
이다. 그들은 스스로 마음의 지향을 일관되게 도덕성 쪽으로 끌고 갈 능력
을 충분하게 갖췄기 때문이다.

사실 그렇게 뛰어난 성품을 갖춘 사람에게는 스승도 교육도 필요하지 않다. 스스로 앎을 마련하고 실천을 향해 나아갈 것이기 때문이다. 그러나 유학은 한 사람의 도덕을 추구하는 것이 아니라 도덕적인 세상을 꿈꾼다. 세상은 대중, 중인들의 것이다. 이 중인들은 마음에만 맡겨두어서는 스스로 지향할 바를 찾아나가지 못하고 갈팡질팡하기 십상이다. 그런 까닭에 지남指南이 될 만한 확실한 도구가 필요하다. 그것이 바로 예법이다. 이때 예법은 정신으로서의 예가 아니라 절목으로서의 예, 형식적인 내용을 갖추고 있는 예를 뜻한다. 이것은 바로 한 시대의 예법, 알려지고 통용되는 예법, 그리하여 자신도 확실히 그것을 통해 스스로를 검속할 수 있고, 다른 이들도 확실하게 그것을 통해 지켜볼 수 있는 그런 예법을 뜻한다.

원리적인 측면에서 예법은 하늘과 땅의 이치를 담고 있다. 그러나 이런 추상적인 설명은 그 절대성의 근거를 마련하는 데에서만 의미를 지닌다. 실제적인 측면에서 볼 때 예법이란 많은 사람이 중지를 모아 만들어낸 '인간답게 살아가는 방식'이라고 할 수 있다. 유학은 이 형식적인 예법을 익숙하게 반복함으로써 그것을 통해 내 마음에서 자라나는 사적인 욕망을 줄여나가고, 결국 마음속에 그런 예법이 스스로 드러날 수 있는 품성을 갖추는 것을 목적으로 한다. 사사로운 욕망이 마음대로 작동하게 내버려두는 것은 부끄러운 일이다. 예법은 기준이 내 밖에 마련되어 있는 것이기 때문에 무엇보다도 지금의 내 행동이 사사로운 내 욕망과 다른 논리 속에서 움직이게 하는 데에 아주 효과적이다.

부끄러워야 사람이다

옥은 쪼지 않으면 그릇을 만들지 못하고 사람은 배우지 않으면 도를 알지 못한다. 도를 알지 못한다면 인간이라 할 수 없다. 선비가 배우지 않는다면 이것은 모두 금수가 되는 것을 두려워하지 않는 자들이다. 이미 금수가 되는 것을 두려워하지 않는데 경계하는 말을 자리 옆에 붙여두고 돌아본다 하여 무슨 이익이 있겠는가?

권14

이 글은 임오년(1582) 겨울, 율곡의 나이 47세에 생질인 홍석윤洪錫胤에게 준 것이다. 홍석윤은 율곡에게 좌우명을 써주기를 바란다. 하지만 율곡은 좌우명보다는 오히려 경계의 말을 들려준다. 물론 율곡이 좌우명을 전혀 무가치한 것으로 보는 것은 아니다. 그는 단지 좌우명이 의미를 지닐 수 있으려면 그것 자체만으로는 부족하고, 스스로 배우고 익히는 공부가 필요하다는 점을 강조한 것이리라. 그것은 홍석윤의 공부하는 태도를 보는 율곡의 마음이 그리 흡족하지 않음을 알려주는 것일 터이다.

율곡 이이에게 있어서 인간은 배워야 하는 존재이고, 배움은 도리를 목적으로 한다. 도리를 배우는 사람은 인간이 되기를 바라고, 도리를 배우려고 노력하지 않는 사람은 짐승의 자리로 떨어지는 것을 마다하지 않는 자다. 한 자락 배움을 사이에 두고 사람과 짐승으로 갈리니, 배움의 의미가 그만큼 치열하다고 할 수 있다. 율곡은 도리를 배우는 데 최선을 다하지 않는 사람은 짐승으로 사는 것을 부끄러워하지 않는 것이라고 이해한다. 짐승임을 부끄러워하는 자는 인간으로서의 자격을 얻기 위해 노력할 것이고, 도리를 공부하는 치열성을 보여줄 것이다. 공부의 의미가 원래 그렇게 치열하다면, 그것 외에 좌우명 같은 것을 만들어 이로써 자신을 이끌어감은 군더더기에 지나지 않겠는가?

그대의 아들이 그대의 뜻을 알고, 그대의 손자가 그대 아들의 뜻을 알면, 비록 백세의 먼 훗날이라도 뜻으로 서로 전해질 것이니 끝내 사라지는 법이 없을 것입니다. 만약 선조의 설계대로 집을 지어가려는 생각이 무너지지 않는다면 효성과 공경의 마음이 흥성해서 비록 부러진 지팡이나 해진 신짝이라 해도 보물처럼 숭상하며 경모감을 불러일으킬 텐데 하물며 손수 심은 나무는 더하지 않겠습니까? 만약 가르침이 잘못되어 양심이 묶이거나 사라진다면 그 부모도 진나라(서북방)와 월나라(동남방)가 서로 멀리 있듯이 할 것인데 하물며 집 밖의 나무는 더하지 않겠습니까? 말로 가르치는 것은 몸으로 가르치는 것만 못하고, 글로 전하는 것은 뜻으로 전하는 것만 못합니다. 말이 어찌 그 자체로 숭상될 만한 것이겠습니까?

조선은 가문의 시대를 활짝 연다. 종법제도로 상징되는 주나라의 혈연 중심적 사고방식이 공자의 문화였고, 그것은 그대로 유학의 문화의식으로 장착된다. 중국에서 이 문화를 통해 세상을 완벽하게 이끌어가려는 노력은 그리 성공적인 면모를 보여주지 못한다. 그러나 조선 후기에 이것은 시대의 문화로 완성된다. 16세기는 이 문화를 본격적으로 만들어나간 시점이고, 17세기와 18세기는 이 문화를 가지고 살아가는 시대다.

가문의 시대는 조상의 삶과 의식을 이어서 후손이 살아가는 시기다. 대를 거듭하여 이어가기는 이 문화의 유일한 방식이다. 여기 이 글은 그러한 가문의식이 움직이던 시기의 걱정거리 하나를 알려준다.

정산鼎山 아래 사는 김열金說은 선인이 손수 심은 소나무들에 둘러싸인 집에 살고 있었다. 그는 이 소나무들을 부모처럼 바라보았다. 아마도 그에게는 손수 이 소나무를 심던 선인의 모습이 뇌리에 각인되어 있었는지도 모른다. 그런 그에게 이 소나무들은 바로 선인 그 자체의 의미를 지닌다. 그의 걱정은 바로 거기서 온다. 자신은 선인을 모시듯이 그 소나무들을 위하지만 후손들도 그러할까? 그런 걱정이 그에게 그 의미를 글로 써서 남긴다는 생각을 하게 하고, 당시 이름 높은 학자 이이를 찾게 만드는 것이리라.

사실 이것은 당시를 살고 있는 선비 김열의 걱정이기도 하고, 전통이 해체된 시대를 살고 있는 오늘날 우리의 걱정이기도 하다. 조상의 것을 잇는다는 것은 과연 어떤 의미일까? 후손이 조상을 이어갈 수 있게 하는 방법은 과연 무엇일까? 김열은 글로 이어가기를 꿈꾸고 있다. 그러나 율곡은 글이라는 것이 갖는 권능의 한계를 본다. 그것은 글로 이루어진 학문이 갖는 한계와도 맞물려 있다. 글로 표현하는 것은 가장 손쉬운 방법이다. 그러나 아무리 좋은 문장이라도 결정적인 위력을 발휘하지는 못한다. 그것은 몸으로 그 뜻을 익히게 하는 것의 권능을 뛰어넘을 수 없다. 몸으로 익히기, 그 말이 아니라 뜻을 배우는 것은 그 생활을 통해 지켜나가야 하는 가치를 체험함을 뜻한다. 부모의 삶이 아름답고 가치 있을 때 자식은 그 삶을 자신의 아름다움과 가치로 재생산해내려는 생각을 품는다. 그러니 부모의 사업을 이어가려는 목표를 이루고자 한다면, 그런 부모의 삶을 자신의 몸으로 보여주고, 그러한 삶을 이어가는 것이 무엇보다도 가치 있는 것임을 스스로 깨닫게 하지 않으면 안 된다. 여기서 율곡이 말하는, 뜻을 배운다는 것은 바로 그런 의미를 지닌다.

진실로 몸으로 구현되는 가치는 어떤 웅변보다도 강한 전승력을 갖게 마련이다. 말과 글로 선언되는 것은 이런 힘을 지니기 어렵다. 말과 글로는 아름다움을 이야기하면서 몸과 뜻으로는 그 아름다움을 드러내지 못한다면, 그것은 자긍심보다는 부끄러움을 이끌어내는 요소가 될 것이다. 후손들이 부모의 것을 지켜내기를 바란다면 무엇보다도 부모의 삶 자체가 어디 내놓아도 부끄러울 것이 없어야 한다. 그런 경우라면 말과 글로 표현하지 않아도 부모의 흔적들은 세월의 강을 통과하여 먼 후손들에게까지 고스란히 전해지게 마련이다. 그것이 바로 부모가 뜻으로 자식에게 전하는 일일 것이다.

부끄러워야 사람이다

도리 공부에 넘어져 의심 않는 이 있으리오?
병의 뿌리는 부끄러운 나 아예 떠나지 못한 데 있네
차가운 시냇물을 받들어 마시기를 생각하며
마음을 냉철하게 지키면 스스로 알게 되려나
젊은 날엔 양식을 마련하려 사방을 내달렸으나
말은 주리고 사람은 피곤해진 뒤에 비로소 빛을 찾아 돌아왔네
저무는 해는 본래 서산머리에 머물러 있는 것
길손이 어찌 먼 고향을 걱정할 일이겠는가?

권14

젊은 날 율곡은 향리로 돌아가 있는 퇴계 이황을 찾아가 뵌 적이 있다. 무오년(1558) 봄의 일이다. 이때는 아직 이황의 도산서당 시대가 열리기 전이다. 그러니 이이가 찾아간 곳은 도산의 남쪽 기슭이 아니라 북쪽 기슭, 즉 계상서당 영역일 것이다. 여기서 이이는 이황 곁에 이틀을 머물렀다. 이별하기 전에는 시를 주고받기도 했다. 두 사람 사이에 오고간 이야기는 아마도 이 시를 통해 보면 보다 분명하게 눈에 그려질 수 있을 것이다.

시내는 나누어지니 수수와 사수의 물길이요
봉우리는 빼어나니 무이산이라

천 권 경서에서 활로를 찾고

몇 칸 누옥에서 살아가시네

옷자락 속에 품은 생각 펼쳐내시면 맑은 달이 뜨고

웃으며 애기를 시작하시면 난초 잎조차 조용해지네

어린아이 찾아와 도를 얻어듣기를 바랐더니

반나절 한가함조차 훔쳐갈 수 없어라.

– 이이가 이황에게 올린 시

병든 내가 문을 막고 숨어 봄을 만날 수 없더니

그대가 찾아와 막힌 문 깨치고 내 몸과 마음 일깨우네

높은 이름 얻은 이 가운데 못난 선비 없음을 비로소 알겠구나

젊은 날 몸 공부 소홀했던 게 부끄러워

좋은 낱알 거두려면 돌피가 익게 해서는 안 되고

티끌 사이에서 노닐다간 거울 닦을 사이 없게 되네

지나치게 감상적인 시어는 과감히 자르듯이

각자 몸 가까운 데부터 힘쓰고 닦아야 하리.

– 이황이 이이에게 준 시

　그들의 이런 만남은 여기서 끝난 게 아니다. 돌아간 이이에게 이황은 편지를 뒤이어 보낸다. 그 편지에는 이이에게 주는 이황의 또 다른 시가 담겨 있었다.

부끄러워야 사람이다

종내 이 학문을 보고 세상에서 놀라고 의심하더니

몸의 이익 위해 글을 읽으니 도는 더욱 떠나누나

그대만은 깊은 뜻에까지 이를 힘을 갖췄으니

듣는 이마다 새로운 이치를 갖추도록 이끄시라.

이 편지에 담긴 시를 보고 나서 이이가 다시 쓴 시가 지금 우리가 살펴본 것이다. 그러니 이 시는 조선 사상사의 최고봉을 다투는 두 위대한 인물의 감정적 교감의 최후편이라 할 수 있다. 선배인 이황의 시에는 기대와 격려가 자리잡고 있다. 이미 돌아서 나온 청년에게 비판하고 견책할 일은 아니라고 생각했을 것이다. 대신 그는 젊은이의 재주를 잡아 이끌어주는 역할을 택한다. 비판과 견책은 당사자인 이이의 몫이 될 수밖에 없는 이유가 여기에 있다.

이이의 문제는 어머니 신사임당의 죽음에서 비롯된다. 어머니의 그늘 아래서 어머니를 태양처럼 섬기면서 자란 이이였다. 그런 그가 막 관례를 올린 젊은 나이에 어머니를 여읜 것이다. 그의 삼년 시묘살이는 처절했을 것이다. 몹시 감성적인 나이에 가장 의지했던 모친을 떠나보내는 일은 쉽지 않기 때문이다. 상복을 벗는 열아홉 살이 되면서 이이는 자신의 삶에서 태양이 빛을 잃은 암담함을 더 이상 이겨내지 못한다. 그는 세상으로부터 발길을 돌렸고, 금강산으로 들어가 불교 공부를 했다.

그러나 얼마 뒤 결국 이이는 세상으로부터 떠났던 발길을 되돌려 현실로 돌아온다. 그의 외출은 마음속 깊은 곳에 내밀한 부끄러움으로 남았다. 도리는 어디에나 있고, 여러 모습으로 있다. 그것들 가운데서 우리는 선택

2장 원전과 함께 읽는 '부끄러움'

을 하게 된다. 좋은 선택은 다양하게 살피고 깊숙하게 성찰하는 것으로부터 온다. 선택이 잘못되면 세상이 뒤바뀌게 마련이다. 오늘은 이런 선택을 하고 내일은 저런 선택을 할 일도 아니다. 그렇다면 시간을 통과해가면서 또는 온 전력을 기울여서 가장 가치 있는 것을 만들어가는 노력도 없을 것이다. 스스로 부끄럽지 않은 존재가 되기 위해서는 치밀한 성찰과 끈질긴 노력을 쏟아부어야 한다. 이이의 부끄러움은 그가 한때 불교에 출입했다는 점에 있지 않다. 이이의 부끄러움은 그 선택이 감상적으로 이루어진 것이며, 인생을 걸고 치밀하게 사유된 결과물이 아니라는 점, 그리하여 결국은 생각을 바꿔 다른 선택으로 나아갈 수 없게 되었다는 점에 있다. 그러한 갈팡질팡의 선택은 이이의 아까운 세월을 손가락 사이로 새어나가게 만들었던 것이다.

【율곡전서 9】원문 107

먼저 모름지기 뜻을 크게 가져 성인을 준칙으로 삼을 것이니, 터럭 한 오라기만큼이라도 성인의 경지에 미치지 못한다면, 나의 일은 아직 끝나지 않은 것이다.

권14

성리학의 시대 조선에서는 젊은 선비들에게 이것저것 돌아보고, 방황하고 표류할 수 있는 자유가 주어지지 않는다. 시대는 성리학 전제의 사상적 틀을 시대의 문법으로 확정해두었기 때문이다. 조선시대에 성리학 밖의 사유체계는 이단사설이었다. 그리하여 그 이단사설에 이끌리거나 혹은 이를 조장하는 사람은 사문난적으로 지탄을 받는다. 이런 시대에 이이의 불교 곁눈질은 놀랍다. 그를 이해해보자면 두 가지 이유를 꼽아볼 수 있다. 하나는 이이의 시대가 조선 성리학의 지형이 완성되어나가던 시기이고, 이이가 이 조선 성리학 문화의 창업자 가운데 한 사람이라는 점을 들 수 있다. 다른 하나는 이이의 천재성이 성리학적 전제의 작은 하늘을 뛰어넘는 큰 자유를 꿈꿀 수밖에 없었다는 점이다.

그렇지만 이이의 일탈은 되돌아올 것이 예정되어 있었다. 그는 이미 이 시대 주류 문화의 강자가 될 능력을 폭넓게 갖추고 있었다. 그의 공부는 소년기에 일정한 성취를 이루었고, 이 외투를 아예 벗어던지기에는 갖춘 토대가 아주 견고했다.

그리하여 그는 짧은 외출을 끝내고 바로 되돌아온다. 그는 조선 성리학 문화의 지형 속으로 깊이 회귀한다. 갈팡질팡한 이력이 있기에 더 깊이, 더 집요하게 추구할 의지가 생겼을 수도 있다. 이제 그가 하는 공부의 지향점은 성인되기다. 유학의 본래 면모가 유감없이, 가장 건강한 모습으로 표출되는 것은 바로 이 목표 속에서다. 성인되기는 다른 말로 하면 가장 아름다운 인격 이루기라 할 수 있다.

성인을 목표점으로 정한 사람은 매일의 일상을 부끄러움 속에서 살게 마련이고, 또 그 매일을 그 부끄러움으로부터 벗어나기 위해 살기 마련이다. 그의 부끄러움은 누구의 시선 앞에서도 가려질 수 없기에 더욱 절실하게 그를 채찍질해나갈 권능을 갖는다. 이이가 맞닥뜨리고 있는 부끄러움이 어느 누구의 것보다 더 클 수밖에 없는 것은 그가 '나는 이러한 성인의 품격을 갖추어냈다'는 식으로 자위하지 않고 '나는 아직 이만큼 성인으로부터 멀리 있다'는 것을 자각하기 때문이다. 그는 자기가 아직 갖추지 못한 성인의 모습 때문에 가슴 아파하는 사람이다. 한 오라기만큼의 차이도 없는 성인이 되려는 것이 그의 목표인 것이다. 그러므로 그는 죽을 때 까지 한 치도 모자람 없는 성인이 되고자 치열하게 공부하는 사람으로 남을 수밖에 없었다.

부끄러워야 사람이다

3장

恥

원문

恥

【논어 1】 원문 1

子曰. "見賢思齊焉, 見不賢而內自省也." 「里仁」

【논어 2】 원문 2

子曰. "古者言之, 不出 '恥躬之不逮' 也." 「里仁」

【논어 3】 원문 3

子貢問曰. "孔文子, 何以謂之文也?"

子曰. "敏而好學, 不恥下問, 是以謂之文也." 「公冶長」

【논어 4】 원문 4

子曰. "過而不改, 是謂過矣." 「衛靈公」

【논어 5】 원문 5

孔子曰. "君子有三戒. 小之時, 血氣未定, 戒之在色. 及其壯也, 血氣方剛, 戒之在鬪. 及其老也, 血氣旣衰, 戒之在得." 「季氏」

【 논어 6 】 원문 6

子曰. "君子求諸己, 小人求諸人." 「衛靈公」

【 논어 7 】 원문 7

子曰. "君子懷德, 小人懷土, 君子懷刑, 小人懷惠." 「里仁」

【 논어 8 】 원문 8

子曰. "道之以政, 齊之以刑, 民免而無恥. 道之以德, 齊之以禮, 有
恥且格." 「爲政」

【 논어 9 】 원문 9

曾子曰. "吾日三省吾身. 爲人謀而不忠乎? 與朋友交而不信乎?
傳不習乎?" 「學而」

【 맹자 1 】 원문 10

孟子曰. "惻隱之心人皆有之, 羞惡之心人皆有之, 恭敬之心人皆有
之, 是非之心人皆有之. 惻隱之心仁也, 羞惡之心義也, 恭敬之心
禮也, 是非之心智也. 仁義禮智, 非有外我也, 我固有之也, 弗思耳
矣. 故曰. '求則得之, 舍則失之.'" 「告子」上

【 맹자 2 】 원문 11

孟子曰. "人皆有不忍人之心. 先王有不忍人之心, 斯有不忍人之政

矣. 以不忍人之心, 行不忍人之政, 治天下可運之掌上. 所以謂人皆有不忍人之心者, 今人乍見孺子將入於井, 皆有怵惕惻隱之心, 非所以內交於孺子之父母也, 非所以要譽於鄉黨朋友也, 非惡其聲而然也. 由是觀之, 無惻隱之心, 非人也, 無羞惡之心, 非人也, 無辭讓之心, 非人也, 無是非之心, 非人也.惻隱之心, 仁之端也, 羞惡之心, 義之端也, 辭讓之心, 禮之端也, 是非之心, 智之端也. 人之有是四端也, 猶其有四體也. 有是四端而自謂不能者, 自賊者也. 謂其君不能者, 賊其君者也. 凡有四端於我者, 知皆擴而充之矣, 若火之始然, 泉之始達. 苟能充之, 足以保四海, 苟不充之, 不足以事父母."「公孫丑」上

【 맹자 3 】 원문 12

孟子曰."誠者天之道, 思誠者人之道也. 至誠而不動者, 未之有也. 不誠未有能動者也."「離婁」上

【 맹자 4 】 원문 13

孟子曰."君子所以異於人者, 以其存心也. 君子以仁存心, 以禮存心. 仁者愛人, 有禮者敬人. 愛人者人恒愛之, 敬人者人恒敬之."「離婁」下

【 맹자 5 】 원문 14

孟子曰."大人者, 不失其赤子之心者也."「離婁」下

【 맹자 6 】 원문 15

孟子曰. "非其道, 則一簞食不可受於人. 如其道, 則舜受堯之天下, 不以爲泰."「滕文公」下

【 맹자 7 】 원문 16

孟子曰. "無爲, 其所不爲, 無欲, 其所不欲. 如此而已矣."「盡心」上

【 맹자 8 】 원문 17

孟子曰. "恥之於人, 大矣. 爲機變之巧者, 無所用恥焉. 不恥不若人, 何若人有."「盡心」上

【 맹자 9 】 원문 18

孟子曰. "人不可以無恥. 無恥之恥, 無恥矣."「盡心」上

【 중용 1 】 원문 19

天命之謂性, 率性之謂道, 修道之謂敎.

【 중용 2 】 원문 20

道也者, 不可須臾離也, 可離非道也. 是故君子戒愼乎其所不睹, 恐懼乎其所不聞. 莫見乎隱, 莫顯乎微. 故君子必愼其獨也.

부끄러워야 사람이다

【 중용 3 】 원문 21

君子居易以俟命, 小人行險以徼幸. 子曰. "射有似乎, 君子失諸正
鵠, 反求諸其身."

【 중용 4 】 원문 22

子曰. "好學近乎知, 力行近乎仁, 知恥近乎勇."

【 대학 1 】 원문 23

大學之道, 在明明德, 在親民, 在止於止善. 知止而後有定, 定而后
能靜, 靜而后能安, 安而后能慮, 慮而后能得. 物有本末, 事有終
始. 知所先後, 則近道矣.

【 대학 2 】 원문 24

所謂誠其意者, 毋自欺也. 如惡惡臭, 如好好色. 此之謂自謙.
故君子必愼其獨也.

【 대학 3 】 원문 25

是以君子有絜矩之道. 所惡於上, 毋以使下, 所惡於下, 毋以事上,
所惡於前, 毋以先後, 所惡於後, 毋以從前, 所惡於右, 毋以交於左,
所惡於左, 毋以交於右, 此之謂絜矩之道.

【대학 4】 원문 26

君子先愼乎德. 有德此有人, 有人此有土, 有土此有財, 有財此有

用. 德者本也, 財者末也. 外本內末, 爭民施奪. 是故財聚則民散,

財散則民聚. 是故言悖而出者, 亦悖而入, 貨悖而入者, 亦悖而出.

【예기 1】 원문 27

道德仁義, 非禮不成, 教訓正俗, 非禮不備, 分爭辨訟, 非禮不決,

君臣上下, 父子兄弟, 非禮不定, 宦學事師, 非禮不親, 班朝治軍, 涖

官行法, 非禮威嚴不行, 禱祠祭祀, 供給鬼神, 非禮不誠不莊. 是

以君子, 恭敬撙節退讓, 以明禮. 鸚鵡能言, 不離飛鳥, 猩猩能言,

不離禽獸. 今人而無禮, 雖能言, 不亦禽獸之心乎! 夫唯禽獸無禮,

故父子聚麀. 是故聖人, 作爲禮以教人, 使人以有禮, 知自別於禽

獸.「曲禮」上

【예기 2】 원문 28

夫禮者, 所以定親疏, 決嫌疑, 別同異, 明是非也. 禮不妄說人, 不

辭費. 禮不踰節, 不侵侮, 不好狎. 修身踐言, 謂之善行. 行修言道,

禮之質也. 禮聞取於人, 不聞取人. 禮聞來學, 不聞往教.「曲禮」

上

【예기 3】 원문 29

太上(太上帝皇之世)貴德, 其次(三王之世)務施報. 禮尙往來, 往而

부끄러워야 사람이다

不來, 非禮也, 來而不往, 亦非禮也. 人有禮則安, 無禮則危. 故曰. 禮者不可不學也. 夫禮者, 自卑而尊人. 雖負販者, 必有尊也, 而況富貴乎? 富貴而知好禮, 則不驕不淫, 貧賤而知好禮, 則志不懾. 「曲禮」上

【 이정전서 1 】 원문 30

克己則私心去, 自然能復禮. 雖不學文, 而禮意已得. 卷2 上

【 이정전서 2 】 원문 31

人心莫不有知. 惟蔽於人欲, 則忘天理也. 卷11

【 이정전서 3 】 원문 32

志可克氣. 氣勝則憒亂矣. 今之人, 以恐懼而勝氣者, 多矣, 而以義理勝氣者, 鮮也. 卷11

【 이정전서 4 】 원문 33

志動氣者十九, 氣動志者十一. 卷11

【 이정전서 5 】 원문 34

大凡出義則入利, 出利則入義. 天下之事, 惟義利而已. 卷11

【 이정전서 6 】 원문 35

視聽思慮動作, 皆天也. 人但於其中, 要識得眞與妄爾. 卷11

【 이정전서 7 】 원문 36

問. "有所忿懥, 恐懼憂患, 心不得其正. 是要無此數者, 心乃正乎? "曰. "非是謂无. 只是, 不以此動其心. 學者未到不動處, 須是執持其志." 卷19

【 이정전서 8 】 원문 37

問. "人有不爲, 然後可以有爲? "曰. "此只是有所擇之人, 能擇其可爲不可爲也. 纔有所不爲, 便可以有爲也. 若無所不爲, 豈能有爲邪." 卷18

【 이정전서 9 】 원문 38

養心, 莫善於寡欲. 不欲, 則不惑. 所欲不必沈溺, 只有所向, 便是欲. 卷15

【 이정전서 10 】 원문 39

寂然不動, 萬物森然已具在. 感而遂通, 感則只是自內感, 不是外面. 將一件物來, 感於此也. 卷15

부끄러워야 사람이다

【 근사록 1 】 원문 40

敬只是主一也. 主一, 則旣不之東, 又不之西. 如是, 則只是中. 旣
不之此, 又不之彼, 如是, 則只是內存. 此則自然天理明. 學者須
是, 將敬以直內, 涵養此意. 直內是本. 卷4「存養」

【 근사록 2 】 원문 41

人之過也, 各於其類. 君子常失於厚, 小人常失於薄, 君子過於愛,
小人傷於忍. 卷12「咸謹」

【 근사록 3 】 원문 42

君子役物, 小人役於物. 今見可喜可怒之事, 自家著一, 分陪奉他,
此亦勞矣. 聖人之心, 如止水. 卷5「力行」

【 근사록 4 】 원문 43

動息節宣, 以養生也. 飲食衣服, 以養形也. 威儀行義, 以養德也.
推己及物, 以養人也. 愼言語以養其德, 節飲食以養其體. 事之至
近, 而所繫至大者, 莫過於言語飲食也. 卷4「存養」

【 근사록 5 】 원문 44

明道先生曰. "富貴驕人, 固不善, 學問驕人, 害亦不細." 卷12
「咸謹」

【근사록 6 】원문 45

纖惡必除, 善斯成性矣. 察惡未盡, 雖善必粗矣. 卷5「力行」

【근사록 7 】원문 46

"人性本善, 有不可革者, 何也?"曰. "語其性, 則皆善也, 語其才, 則有下愚之不移. 所謂下愚, 有二焉, 自暴也, 自棄也. 人苟以善自治, 則無不可移者, 雖昏愚之至, 皆可漸磨而進. 唯自暴者, 拒之以不信, 自棄者, 絶之以不爲, 雖聖人與居, 不能化而入也. 仲尼之所謂下愚也."卷1「道體」

【근사록 8 】원문 47

先生謂繹曰. "吾受氣甚薄, 三十而浸盛, 四十五十而後完. 今生七十二年矣, 校其筋骨, 於盛年無損也."繹曰. "先生豈以受氣之薄, 而厚爲保生耶?"夫子默然曰. "吾以忘生循欲爲深恥."卷4「存養」

【근사록 9 】원문 48

罪己責躬, 不可無. 然亦不當長留, 在心爲悔.
(有過自責, 乃羞惡之心. 然已往之失, 長留愧沮, 應酬之間, 反爲繫累.)
卷5「力行」

부끄러워야 사람이다

【 사서집주 1 】 원문 49

恥者, 吾所固有, 羞惡之心也. 存之, 則進於聖賢, 失之, 則入於禽獸. 故所繫爲甚大.(『孟子』「盡心」上), 『朱子集註』

【 사서집주 2 】 원문 50

此亦因人愧恥之心, 而引之使志於仁也. 不言智禮義者, 仁該全體, 能爲仁, 則三者在其中矣. (『孟子』「公孫丑」上), 『朱子集註』

【 사서집주 3 】 원문 51

學問之事, 固非一端. 然其道, 則在於求其放心而已. 盖能如是, 則志氣淸明, 義理昭著, 而可以上達. 不然, 則昏昧放逸, 雖曰從事於學, 而終不能有所發明矣. (『孟子』「告子」上), 『朱子集註』

【 사서집주 4 】 원문 52

心者人之神明, 所以具衆理而應萬事者也. 性則心之所具之理, 而天又理之所 從以出者也. 人有是心, 莫非全體, 然不窮理, 則有所蔽, 而無以盡乎此心之量. 故能極其心之全體, 而無不盡者, 必其能窮夫理, 而無不知者也. 旣知其理, 則其所從出, 亦不外是矣. 以大學之序言之, 知性則物格之謂, 盡心則知至之謂也. (『孟子』「盡心」上), 『朱子集註』

【 주자어류 1 】 원문 53

"今學者, 皆是就冊子上鑽, 却不就本原處理會, 只成講論文字, 與自家身心, 都無干涉須, 是將身心做根柢." 德明問; "向承見教, 須一面講究, 一面涵養, 如車兩輪, 廢一不可." 曰. "今只就文字理會, 不知涵養, 便是一輪轉, 一輪不轉." 問; "今只論涵養, 却不講究, 雖能閑邪存誠懲忿窒慾, 至處事差失, 則奈何? " 曰. "未說到差處. 且如所謂居處恭, 執事敬. 若不恭敬, 便成放肆. 如此類, 不難知, 人却放肆, 不恭敬. 如一箇大公至正之路, 甚分明. 不肯行, 却尋得一線路, 與自家私意合, 便稱是道理. 今人每每如此. 下卷 卷113 「訓門」

【 주자어류 2 】 원문 54

問; "山居, 頗適讀書罷, 臨水登山, 覺得甚樂? " 曰. "只任閒散, 不可, 須是讀書. 又言, '上古無閒民', 其說甚多, 不曾記錄. 大意似謂, 閒散是虛樂, 不是實樂." 下卷, 卷113 「訓門」

【 주자어류 3 】 원문 55

某嘗言. "吾儕講學, 正欲, 上不得罪於聖賢, 中不誤於一己, 下不爲來者之害, 如此而已, 外此非所敢與."(道夫). 下卷, 卷107 「內任」

【 주자어류 4 】 원문 56

今之仕宦, 不能盡心盡職者, 是無那先其事而後其食底心(瑞蒙).

부끄러워야 사람이다

下卷, 卷111「論官」

【 소학 1 】 원문 57

孟子曰. "人之有道也. 飽食暖衣, 逸居而無教, 則近於禽獸. 聖人
有憂之, 契爲司徒, 教以人倫. 父子有親, 君臣有義, 夫婦有別, 長
幼有序, 朋友有信."「立教」

【 소학 2 】 원문 58

孔子曰. "君子事君, 進思盡忠, 退思補過, 將順其美, 匡救其惡. 故
上下能相親也."「明倫」

【 소학 3 】 원문 59

欒共子曰. "民生於三, 事之如一. 父生之, 師教之, 君食之. 非父不
生, 非食不長, 非教不知, 生之族也, 故一事之. 唯其所在, 則致死
焉. 報生以死, 報賜以力, 人之道也."「明倫」

【 소학 4 】 원문 60

孟子曰. "世俗所謂不孝者, 五. 惰其四支, 不顧父母之養, 一不孝
也. 博奕好飲酒, 不顧父母之養, 二不孝也. 好貨財, 私妻子, 不顧
父母之養, 三不孝也.從耳目之欲, 以爲父母戮, 四不孝也. 好勇鬪
狠, 以危父母, 五不孝也."「明倫」

【 소학 5 】 원문 61

『禮記』曰. "夫婚禮, 萬世之始也. 取於異姓, 所以附遠厚別也. 幣
必誠, 辭無不腆, 告之以直信. 信, 事人也, 信, 婦德也. 一與之齊,
終身不改, 故, 夫死不嫁. 男子親迎, 男先於女, 剛柔之義也. 天先
乎地, 君先乎臣, 其義一也. 執摯以相見, 敬章別也. 男女有別, 然
後, 父子親, 父子親, 然後, 義生, 義生, 然後, 禮作, 禮作, 然後, 萬
物安. 無別無義, 禽獸之道也." 「明倫」

【 소학 6 】 원문 62

荀子曰. "人有三不祥. 幼而不肯事長, 賤而不肯事貴, 不肖而不肯
事賢, 是人之三不祥也." 「明倫」

【 소학 7 】 원문 63

官怠於宦成, 病加於小愈, 禍生於懈惰, 孝衰於妻子. 察此四者, 愼
終如始. 『詩』曰. "靡不有初, 鮮克有終." 「明倫」

【 소학 8 】 원문 64

孔子謂曾子曰. "身體髮膚, 受之父母, 不敢毀傷, 孝之始也. 立身
行道, 揚名於後世, 以顯父母, 孝之終也. 夫孝, 始於事親, 中於事
君, 終於立身. 愛親者不敢惡於人, 敬親者不敢慢於人." 「明倫」

范忠宣公戒子弟曰. "人雖至愚, 責人則明, 雖有聰明, 恕己則昏.
爾曹但常以責人之心責己, 恕己之心恕人, 不患不到聖賢地位也."
「嘉言」

朱子曰. "悔字難說. 旣不可常存在胸中爲悔, 又不可不悔. 若只
說不悔, 則今番做錯, 且休, 明番做錯, 又休, 不成說話." 問. "如何,
是著中底道理?" 曰. "不得不悔. 但不可留滯. 旣做錯此事, 他時
更遇此事, 或與此事相類, 便須懲戒, 不可再做錯了."「遷善改過
章」

朱子曰. "遷善當如風之速改過當如雷之猛."「遷善改過章」

問. "人有專務敬以直內, 不務方外, 何如?" 程子曰. "有諸中者, 必
形諸外. 惟恐不直內. 內直則外必方."「敬以直內章」

明道先生謂張子曰. "人之情, 易發而難制者, 惟怒爲甚. 第能於怒
時, 遽忘其怒, 而觀理之是非, 亦可見外誘之不足惡, 而於道亦思

過半矣."「懲忿窒慾章」

【 삼국사기 1 】 원문 70
三十年, 夏, 四月, 己亥, 晦日. 有食之. 樂浪人, 將兵來侵, 見邊人夜
戶不扃, 露積被野, 相謂曰. "此方民不相盜, 可謂有道之國. 吾儕
潛師而襲之, 無異於盜得. 不愧乎?" 乃引還.「新羅本紀」第1,「始
祖朴赫巨世」

【 삼국사기 2 】 원문 71
强首常(嘗)與釜谷冶家之女野合, 情好頗篤. 及年二十歲, 父母媒
邑中之女有容行者, 將妻之. 强首辭, 不可以再娶. 父怒曰. "爾有
時名, 國人無不知, 而以微者爲偶, 不亦可恥乎?" 强首再拜曰.
"貧且賤非所羞也, 學道而不行之, 誠所羞也. 嘗聞古人之言曰.
'糟糠之妻不下堂, 貧賤之交不可忘', 則賤妾所不忍棄者也."「列
傳」第6,「强首」

【 삼국사기 3 】 원문 72
又命太子法敏, 與大將軍庾信, 將軍品日欽春(春一作純)等, 率精
兵五萬, 應之. 王次今突城. 秋七月九日, 庾信等進軍於黃山之原.
百濟將軍堦伯, 擁兵而至, 先據嶮設三營以待. 庾信等, 分軍爲三
道, 四戰不利, 士卒力竭. 將軍欽純, 謂子盤屈曰. "爲臣莫若忠, 爲
子莫若孝. 見危致命, 忠孝兩全." 盤屈曰. "謹聞命矣." 乃入陣力戰

부끄러워야 사람이다

死. 左將軍品日, 喚子官狀(一云官昌), 立於馬前, 指諸將曰. "吾兒
年纔十六, 志氣頗勇. 今日之役, 能爲三軍標的乎"曰. "唯以甲馬
單槍, 徑赴敵陣, 爲敵所伯……"堦伯俾脫胄, 愛其少且勇, 不忍加
害, 乃嘆曰. "新羅不可敵也. 少年尙如此, 況壯士乎?"乃許生還.
官狀告父曰. "吾入敵中, 不能斬將塞旗者, 非畏死也."言訖以手掬
井水飲之, 更向敵陣疾鬪. 堦伯擒斬, 首繫馬鞍以送之. 品日執其
首, 流血濕袂曰. "吾兒面目如生. 能死於王事, 幸矣."三軍見之, 慷
慨有死志, 鼓噪進擊百濟衆, 大敗. 堦伯死之. 虜佐平忠常, 常永,
等二十餘人.『新羅本紀』第5,「太宗武烈王」7年

【 삼국유사 1 】 원문 73

前此, 沙梁部之庶女, 姿容艷美, 時號桃花娘. 王聞而召致宮, 中
欲幸之. 女曰. "女之所守, 不事二夫. 有夫而適他,? 雖萬乘之威,
終不奪也."王曰. "殺之, 何?"女曰. "寧斬于市. 有願靡他."王戲
曰. "無夫, 則可乎?"曰. "可."王放而遣之. 卷1,「新羅 桃花女」

【 삼국유사 2 】 원문 74

史論曰. "新羅, 稱居西干, 次次雄者, 一, 尼師今者, 十六, 麻立干
者, 四. 羅末名儒崔致遠, 作「帝王年代曆」, 皆稱某王, 不言居西
干等. 豈以其言鄙野, 不足稱之也? 今記新羅事, 具存方言, 亦宜
矣."卷1,「新羅 第二南解王」

元和中, 南澗寺沙門一念, 撰「髑香墳禮佛結社文」, 載此事甚詳.
其畧曰. "昔在法興大王垂拱紫極之殿, 俯察扶桑之域, 以謂, '昔
漢明感夢, 佛法東流. 寡人自登位, 願爲蒼生, 欲造修福滅罪之處.'
於是朝臣, 未測深意, 唯遵理國之大義, 不從建寺之神略. 大王嘆
曰. '於戲! 寡人以不德, 丕承大業, 上虧陰陽之造化, 下無黎庶之
歡. 萬機之暇, 留心釋風, 誰與爲伴?' 粵有內養者, 姓朴, 字厭髑,
其父未詳, 祖阿珍宗郎, 習寶葛文王之子也. (…) 時年二十二, 當充
舍人. 瞻仰龍顔, 知情擊目, 奏曰. '臣聞, 古人問策芻蕘. 願以危罪,
啓諮?' 王曰. '非爾所爲'. 舍人曰. '爲國亡身, 臣之大節, 爲君盡命,
民之直義. 以謬傳辭, 刑臣斬首, 則萬民咸伏, 不敢違敎.'" 卷3, 「原
宗興法, 厭髑滅身」

清泰二年, 乙未十月, 以四方地盡爲他有, 國弱勢孤, 不已自安. 乃
與群下, 謀擧土降太祖. 群臣可否, 紛然不已. 王太子曰. "國之存
亡, 必有天命, 當與忠臣義士, 收合心, 力盡, 而後已. 豈可以一千
年之社稷, 輕以與入." 王曰. "孤危若此, 勢不能全. 旣不能强, 又
不能弱. 至使無辜之民, 肝腦塗地, 吾所不能忍也." 乃使侍郎金封
休, 齎書請降於太祖. 太子哭泣. 辭王, 經往皆骨山, 麻衣草食, 以
終其身. 卷2, 「金傅大王」

부끄러워야 사람이다

【 매월당집 1 】 원문 77

人性無不善, 可以爲堯舜, 只緣氣稟拘, 有賢愚逆順, 聖人拔乎萃,
道之以忠信, 行之則貞吉, 否之則悔吝. 卷1, 「古風19首」

【 매월당집 2 】 원문 78

詩酒悠悠三十年, 傍人錯會愛逃禪, 靑雲亦有投閑日, 一段淸遊恐
不全. 卷1, 「自笑」

【 매월당집 3 】 원문 79

淸寒子曰. "蓋士之所守者道也, 所操者志也. 守其道, 則雖無服
飾, 而威儀有章, 操其志, 則事越規距, 而法度粲然." 卷16 「山林」

【 매월당집 4 】 원문 80

淸寒子曰. "蓋有道之士, 跧伏山林非所願也, 行道於世亦非志願
也. 可以行則行, 可以止則止. 煨芋垂涕而長往者, 亦有欣然. 曳杖
而出山者, 時而後動, 動不乖其道. 信然後言, 言不戾其化. 不爲利,
故其言硬而直, 不愛名, 故其事正而嚴. 不儻生, 故其談足以動皇
王, 不畏死, 故其法可以警塵機. 王侯禮敬而不爲高, 瓦合輿儓而
不爲卑, 異端百毁而其道愈堅, 邪謗交攻而其宗不磨. 夫是之謂有
道之士, 而一代師, 萬世則, 則其道德之滂沱, 有不能掩者耳." 卷
16 「山林」

【 퇴계선생언행록 1 】 원문 81

嘗論持敬工夫, 先生曰. "如某者, 朝暮之頃, 或有神淸氣定底時節, 儼然肅然, 心體不待把捉而自存, 四肢不待覊束而自恭, 謹意以爲古人氣象. 好時必是如此, 但不能持久耳."(禹性傳) 卷1「論持敬」

【 퇴계선생언행록 2 】 원문 82

嘗曰. "人之持心, 最難. 嘗自驗之, 一步之間, 心在一步, 亦難."(金誠一). 卷1「論持敬」

【 퇴계선생언행록 3 】 원문 83

先生嘗曰. "初學最好, 警省. 初間, 固多間斷底時. 然不已其功, 則漸漸輕. 至於久, 則常存而不放矣."(禹性傳). 卷1「存省」

【 퇴계선생언행록 4 】 원문 84

又曰. "嘗往琴聞遠家, 山蹊頗險, 去時按轡, 警馭心常不弛, 及還微醉, 頓忘來路之險, 縱然安行, 如履坦途, 心之操舍, 甚可懼也." (金誠一) 卷1「存省」

【 퇴계선생언행록 5 】 원문 85

嘗語及世之沒溺於名利者, 反復歎惜, 拱手謂在座曰. "凡我同人, 須猛省此心, 勿爲小人之歸, 可乎?"(金誠一) 卷1「敎人」

부끄러워야 사람이다

【 퇴계선생언행록 6 】 원문 86

先生少時, 偶遊燕谷(里名近溫溪). 谷有小池, 水甚淸淨. 先生作
詩曰."露草夭夭繞水涯, 小塘淸活淨無沙, 雲飛鳥過元相管, 只
怕時時燕蹴波." 謂天理流行, 而恐人欲間之. 卷1「學問」

【 퇴계선생언행록 7 】 원문 87

先生曰."君子之學, 爲己而已. 所謂爲己者, 卽張敬夫所謂無所爲
而然也.如深山茂林之中, 有一蘭草, 終日薰香, 而不自知其爲香, 正
合於君子爲己之義.宜深體之."(李德弘) 卷1「敎人」

【 퇴계선생언행록 8 】 원문 88

問."書箴警之言, 揭左右觀省, 如何?"先生曰."古人, 盤盂几杖
皆, 有銘. 但心無徹省之實, 則箴書滿壁, 亦何益哉? 爲學如張橫
渠, 書有爲, 夜有得, 言有敎, 動有法, 瞬有存, 息有養, 則此心常存
而不放矣,何待於揭座右也?"(金誠一)卷1, 類編, 學問.

【 퇴계선생언행록 9 】 원문 89

"余雖老而無聞, 但自少篤信聖賢之言, 而不拘於毁譽榮辱, 亦未
曾立異而爲衆所怪. 若爲學者, 畏其毁譽榮辱, 則無以自立矣. 且
內無工夫, 而遽然立異, 爲衆所怪, 則無以自保矣. 要之, 學者須是
硬確, 方能有所據守."(金富倫) 卷1「學問」

【남명집 1】원문 90

內明者敬, 外斷者義.「本集」銘 '佩劍銘'

【남명집 2】원문 91

离宮抽太白, 霜拍廣寒流, 牛斗恢恢地神遊刃不游.「本集」詩 '書劍柄贈趙壯元瑗(李俊民壻)'

【남명집 3】원문 92

庸信庸謹, 閑邪存誠. 岳立淵沖, 燁燁春榮.「本集」銘 '座右銘'

【남명집 4】원문 93

舌者泄, 革者結. 縛生龍, 藏漠沖.「本集」銘 '革帶銘'

【남명집 5】원문 94

澤無水困 魚龍背背 (省) 雲堤萬丈 田蟻穴潰 (存省) 尸(活)龍 淵 (潑)雷 (生死路頭) 修辭立誠 (千里應違) 守口如瓶 (樞機榮辱動天地) (省) 在庸在忽 主忠信成.「本集」銘 '愼言銘'

【남명집 6】원문 95

太一眞君. (閑邪則一, 無欲則一. 禮必本於太一, 無邪其則. 事以忠孝.) 明堂布政, 內冢宰主.(存). 外百揆省. (學問思辨, 卽事物上窮理, 明明德第一工夫. 摠體.) 承樞出納. (細分, 擇善致知.)忠信. (五常實理,無一毫自欺. 食料.)修.(修身之修.) 辭(固執力行. 塗轍. 洞洞流轉.) 發四字符. (和恒直方. 禮之用. 和. 和, 中節. 庸信謹, 恒. 恒, 悠久. 謹 獨, 直. 絜矩, 方.) 建百勿旅.(仁之方. 知行存省. 命脉) 九竅之邪, 三要始發.(己.) 動微(幾.) 勇克.(閑邪.) 進教厮殺(克)丹墀復命(存誠止至善)堯舜日月(物格知至復禮)三關閉塞淸野無邊(涵)還歸一(宿)尸而淵(養)忠信(便是有這心, 方會進德, 忠信一貫, 盡己體物, 自裏面出, 見於事物, 誠有是, 心, 至誠無息.) 破釜甑, 燒廬舍, 焚舟楫, 持三日粮, 示士卒必死無還. 心如此, 方會厮殺. 須於心地收汗馬之功. 國無二君, 心無二主, 三千惟一, 億萬則仆. 閑邪存 修 辭立 求精, 一 由敬入. 心聲如響, 其跡如印. (右三銘, 皆無題.)「本集」銘 '神明舍銘'

【남명집 7】 원문 96

請看千石鍾, 非大扣無聲, 爭似頭流山, 天鳴猶不鳴.「本集」詩 '題德山溪亭柱'

【남명집 8】 원문 97

服藥求長年, 不如孤竹子, 一食西山薇, 萬古猶不死.「本集」詩 '無題'

【남명집 9】 원문 98

全身四十年前累, 千斛淸淵洗盡休, 塵土倘能生五內, 直今刳腹付歸流.「本集」詩 '浴川'

【 율곡전서 1 】 원문 99

入洞山容別, 沿流境漸新, 林深不受暑, 泉語解留人, 苔石承鞋滑,
雲厓蔭席親, 淸詩吟未了, 慙愧向紅塵. 卷1, 詩 上/上山洞

【 율곡전서 2 】 원문 100

行行復行行, 日至河水潯, 河水去洋洋, 黑波千丈深, 欲濟舟楫闕,
斜陽空俯臨, 吾道竟何之, 天意杳難尋, 麟鳳不得所, 何殊凡獸禽,
得失命也夫, 歸歟誰我禁, 美哉彼河水, 實獲仲尼心. 卷1, 詩 上/
臨河歎

【 율곡전서 3 】 원문 101

湖堂久不寐, 夜氣著人淸, 葉盡知秋老, 江明見月生, 疎松搖榻影,
塞鴈落沙聲, 自愧紅塵客, 臨流未濯纓. 卷1, 詩 下/湖堂夜坐

【 율곡전서 4 】 원문 102

天理之賦於人者, 謂之性. 合性與氣, 而爲主宰於一身者, 謂之心.
心應事物而發於外者, 謂之情. 性是心之體, 情是心之用. 心是未
發已發之摠名, 故曰心統性情. 性之目有五, 曰仁義禮智信. 情之
目有七, 曰喜怒哀懼愛惡欲. 情之發也, 有爲道義而發者, 如欲孝
其親, 欲忠其君, 見孺子入井而惻隱, 見非義而羞惡, 過宗廟而恭
敬之類是也, 此則謂之道心, 有爲口體而發者, 如飢欲食, 寒欲衣,
勞欲休, 精盛思室之類是也, 此則謂之人心. 理氣渾融, 元不相離.

부끄러워야 사람이다

心動爲情也, 發之者氣也, 所以發者理也. 非氣則不能發, 非理則無所發, 安有理發氣發之殊乎. 卷1, 說/人心道心圖說

【 율곡전서 5 】 원문 103

仁者本心之全德, 禮者天理之節文, 己者一身之私欲也. 人莫不具此本心, 而其所以未仁者, 由有私欲間之也. 欲去私欲, 須是整理身心, 一遵乎禮, 然後已可克, 而禮可復矣. 義禮智, 均是天理, 而獨擧禮者, 禮是撿束身心底物事, 視聽言動悉循天則, 動容周旋皆中節文, 則心德斯全, 而義智在其中矣. 卷14, 說/克己復禮說

【 율곡전서 6 】 원문 104

玉不琢不成器, 人不學不知道. 不知道無以爲人. 士而不學者, 是皆不憚爲禽獸者也. 旣不憚爲禽獸, 則座有警語, 顧何益哉. 卷14, 說/曾洪甥錫胤說

【 율곡전서 7 】 원문 105

君之子知君之意, 君之孫知君之子之意, 雖至百世之遠, 以意相傳, 則終必不泯也. 若使堂構不墜, 興孝興悌, 則於祖先之物, 雖斷杖廢履, 尙且寶藏而起敬, 況手植之里樹耶? 如或教育乖方, 良心梏亡, 則其視父母亦如秦越, 況闔外之植物耶? 教之以言, 不若教之以身, 傳之以文, 不若傳之以意. 言何足尙哉. 卷14, 說/

護松説

【 율곡전서 8 】원문 106

學道何人到不疑, 病根嗟我未全離, 想應捧飮寒溪水, 冷澈心肝
只自知, 早歲春糧走四方, 馬飢人瘦始回光, 斜陽本在西山上, 旅
客何愁遠故. 卷14, 雜著/瑣言

【 율곡전서 9 】원문 107

先須大其志, 以聖人爲準則, 一毫不及聖人, 則吾事未了. 卷14, 雜
著/自警文

부끄러워야 사람이다

부끄러워야 사람이다

ⓒ 한국국학진흥원 2012

1판 1쇄 2012년 8월 13일
1판 2쇄 2013년 1월 4일

지은이 윤천근
기획 한국국학진흥원
펴낸이 강성민
편집 이은혜 박민수 김신식
마케팅 최현수
온라인 마케팅 김희숙 김상만 이원주

펴낸곳 (주)글항아리 | 출판등록 2009년 1월 19일 제406-2009-000002호

주소 413-756 경기도 파주시 문발동 파주출판도시 513-8
전자우편 bookpot@hanmail.net
전화번호 031-955-8891(마케팅) 031-955-2670(편집부)
팩스 031-955-2557

ISBN 978-89-6735-007-9 03100

글항아리는 (주)문학동네의 계열사입니다.

이 도서의 국립중앙도서관 출판시도서목록(CIP)은 e-CIP홈페이지(http://www.nl.go.kr/ecip)와
국가자료공동목록시스템(http://www.nl.go.kr/kolisnet)에서 이용하실 수 있습니다.
(CIP제어번호 : CIP2012003430)